W0181595

Robert Jacobi

Der wilde Kontinent

Meine Reise durch
Argentinien, Brasilien und Venezuela

Mit 24 Seiten Farbbildteil und 4 Karten

MALIK   NATIONAL GEOGRAPHIC

Mehr über unsere Autoren und Bücher:
www.malik.de

Für meine Geschwister

Bibliografische Information der Deutschen Nationalbibliothek
Die Deutsche Nationalbibliothek verzeichnet diese Publikation in der
Deutschen Nationalbibliografie; detaillierte bibliografische Daten
sind im Internet über http://dnb.d-nb.de abrufbar.

MALIK NATIONAL GEOGRAPHIC

Originalausgabe
1. Auflage September 2010
2. Auflage Juni 2011
© Piper Verlag GmbH, München 2010
Umschlaggestaltung: Dorkenwald Grafik-Design, München
Umschlag- und Innenteilfotos: Robert Jacobi
Karten: Eckehard Radehose, Schliersee
Satz: Fotosatz Amann, Aichstetten
Papier: Naturoffset ECF
Druck und Bindung: CPI – Clausen & Bosse, Leck
Printed in Germany   ISBN 978-3-492-40389-4

Das Papier wurde aus chlorfrei gebleichtem Zellstoff hergestellt.

Kurz waren die Tage, kurz die Nächte,
jede Stunde floh schnell hinweg wie ein Segel auf dem Meere,
unterm Segel ein Schiff voll von Schätzen, voll von Freuden.

Hermann Hesse, Siddhartha

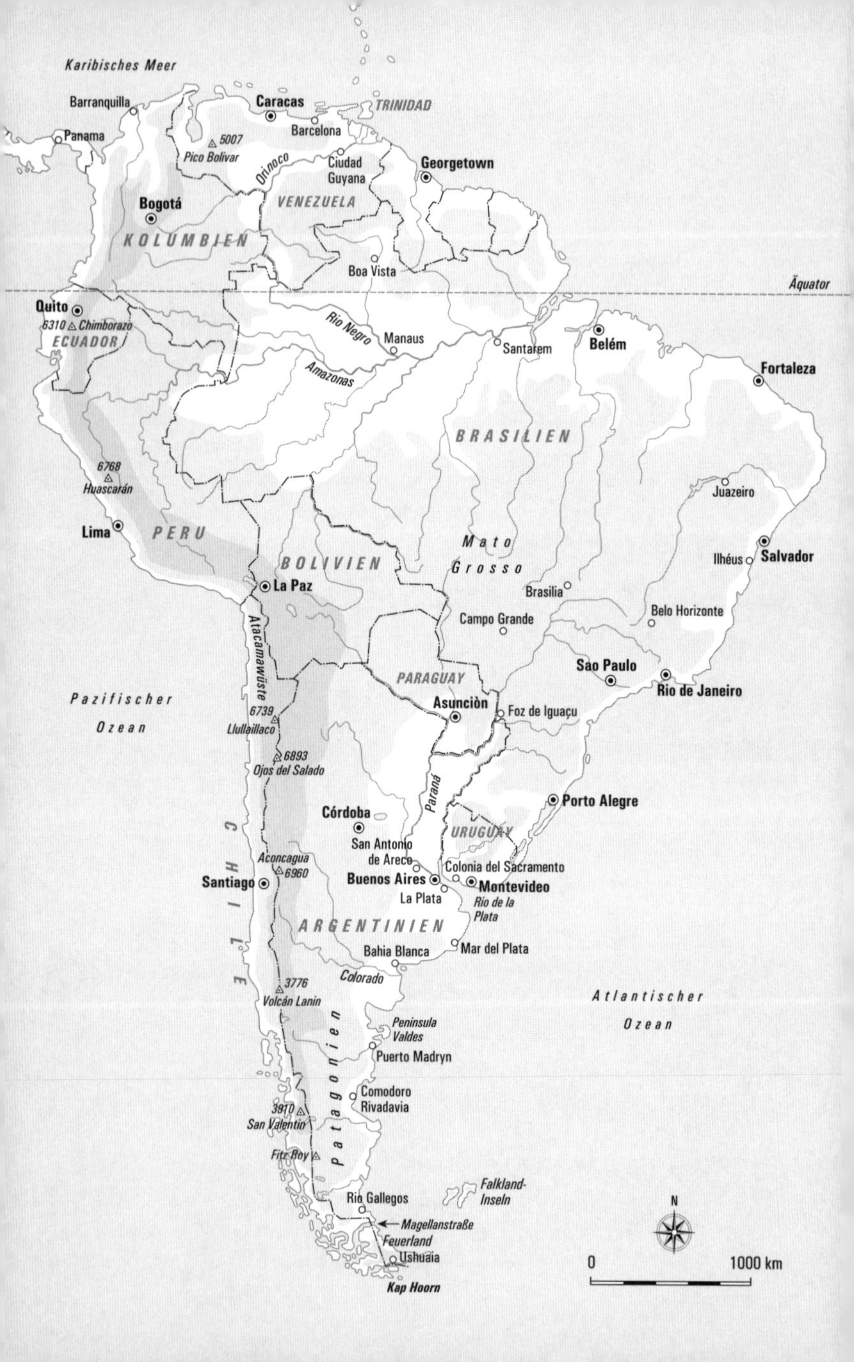
Karibisches Meer
Barranquilla
Panama
Caracas
TRINIDAD
Barcelona
5007
Pico Bolivar
Orinoco
Ciudad
Guyana
Georgetown
Bogotá
VENEZUELA
KOLUMBIEN
Boa Vista
Äquator
Quito
6310
Chimborazo
ECUADOR
Rio Negro
Manaus
Santarem
Belém
Amazonas
Fortaleza
BRASILIEN
6768
Huascarán
Juazeiro
Lima
PERU
Mato
Grosso
Salvador
Ilhéus
BOLIVIEN
La Paz
Brasilia
Belo Horizonte
Campo Grande
Atacamawüste
Sao Paulo
Rio de Janeiro
PARAGUAY
Pazifischer
Ozean
Asunciòn
Foz de Iguaçu
6739
Llullaillaco
6893
Ojos del Salado
Paraná
Porto Alegre
Córdoba
URUGUAY
San Antonio
de Areco
CHILE
Colonia del Sacramento
Aconcagua
6960
Santiago
Buenos Aires
Montevideo
La Plata
Rio de la
Plata
ARGENTINIEN
Bahia Blanca
Mar del Plata
Colorado
3776
Volcán Lanin
Atlantischer
Ozean
Peninsula
Valdes
Puerto Madryn
Patagonien
Comodoro
Rivadavia
3910
San Valentin
Fitz Roy
Falkland-
Inseln
Rio Gallegos
Magellanstraße
N
Feuerland
Ushuaia
0
1000 km
Kap Hoorn

Inhalt

Karte Südamerika   6

Detailkarte Argentinien und Uruguay   8

I   Tief im Süden   9

II   Die Dornen des Calafate   16

III   Silvester in der Großfamilie   34

IV   Trauertag-Tango   52

V   Auf den Spuren des Gauchos   78

VI   Kleines Land, großes Herz   98

Detailkarte Brasilien   119

VII   Überlebenstraining im Pantanal   120

VIII   Zwei Tore für Flamengo   145

IX   Roadtrip durch die Steppe   170

X   Leben in der Hängematte   194

XI   Slalom auf dem Rio Negro   217

Detailkarte Venezuela   237

XII   Planet der schwarzen Frösche   238

XIII   Hundert Bolívares für eine Frau   265

XIV   Vom Rasiermesser des Freiheitshelden   285

Meine Reiselektüre   300

Quellen   301

I Tief im Süden

Die Kulisse wirkte übernatürlich schön, als ich vom Gipfel um mich blickte. Schneebedeckte Berge türmten sich bis zum Horizont, viele von ihnen niemals bezwungen. Nur in Richtung Südwesten öffnete sich eine Schneise, durch die sich die Straße hinab nach Ushuaia schlängelte. Den ganzen Tag über war uns kein anderer Mensch begegnet.

»Wie wundervoll es heute ist«, freute sich Luis Turi, der Bergführer, mit dem ich gerade den Gletschergipfel des Cerro Alvear erreicht hatte, eines der höchsten Berge im argentinischen Teil Feuerlands. »Ich bin schon oft aufgestiegen, aber so gut war die Sicht selten. Trotzdem sollten wir nicht zu lange bleiben, dort hinten zieht schlechtes Wetter auf. Das kann jeden Augenblick hier sein.«

Luis ist einer der bekanntesten Bergsteiger der Insel. Nachdem er in den Anden so gut wie alle bekannten Gipfel bezwungen hatte, eröffnete er an der Hauptstraße in Ushuaia eine Bergschule. Kürzlich leitete er im Auftrag des spanischen Fernsehens eine Expedition ins indische Hochgebirge. »Die Natur ist beeindruckend dort, aber ich kann nicht verstehen, dass man als Tourist dorthin will, die Armut ist schrecklich«, berichtete er.

Bei unserem Aufstieg hatten wir uns über Weltpolitik und die Lage in Argentinien unterhalten. Manchmal blieb mir vor Anstrengung fast die Luft weg, und ich kam kaum mehr dazu, mich umzusehen und die Natur zu bewundern. »Wir sind eigentlich ein sehr reiches Land, aber unsere Politiker sind so unfähig, dass sie uns immer wieder zugrunde richten«, seufzte Luis. »Von der großen Krise haben wir uns immer noch nicht erholt.«

Wenn Argentinier von der großen Krise sprechen, meinen sie damit nicht die weltweite Finanzkrise, sondern den Zusammenbruch ihrer Wirtschaft kurz nach der Jahrtausendwende. Die künstlich aufgepumpte Landeswährung wurde abgewertet, jahrzehntelang ersparte Guthaben lösten sich in Luft auf. In den Städten brachen Unruhen aus. Bis heute ist Argentinien ein internationaler Großschuldner, der nur zögerlich zurückzahlt.

»Hast du denn auch Geld verloren?«, fragte ich Luis.

»Nicht so viel, ich hatte damals ja kaum etwas, weil ich noch jung war. Aber eine Katastrophe war es trotzdem. Meine Familie hat viel eingebüßt. Nur die Reichen haben ihr Geld rechtzeitig ins Ausland gebracht.«

Nach einem längeren Aufstieg durch knorrigen Südbuchenwald erreichten wir eine Talsenke. Der Gipfel über uns war noch von einer Wolke eingehüllt. Die dünnen, niedrigen Bäume waren fast alle verdorrt oder umgestürzt. Ein kleiner Fluss hatte sich gebildet, aus dem kahle Äste herausragten und der sich weiter unten zu einem See staute.

»Was ist denn hier passiert?«, fragte ich.

»Das waren Biber«, erklärte Luis und deutete auf die Wände aus totem Holz, die am Ufer übereinandergeschichtet lagen.

»Wie meinst du das? Sieht eher aus, als wäre hier eine Lawine runtergekommen.«

»Nein, es waren wirklich Biber. Die sind in Feuerland eine echte Plage. Kanadische Siedler haben sie vor fünfzig Jahren eingeführt, weil sie mit den Fellen Geld verdienen wollten. Aber die Tiere haben bei uns keine natürlichen Feinde, beißen die Wälder kaputt und verändern die Landschaft.«

Ich suchte die Dämme nach Bibern ab, doch ausgerechnet heute schienen sie sich einen Tag freigenommen zu haben.

»Das Problem ist, dass unsere Bäume extrem langsam wachsen, weil das Klima so kalt und der Boden ziemlich nährstoffarm ist. Das macht die Wälder sehr wertvoll. Der Schaden ist enorm. Nicht ganz so groß wie der, den amerikanische Holzfirmen anrichten, aber immerhin.«

Luis wusste so ziemlich alles über die Natur auf Feuerland. »Es gibt nur drei Arten von Bäumen hier, die beiden sommergrünen Nire und Lenga, dazu der immergrüne Guindo.« Fünf Minuten stöberte Luis im Wald zwischen Büschen, Pilzen und Kletterpflanzen, dann hatte er mir von jeder der drei Südbuchenarten ein kleines Blatt gepflückt. »Als Erinnerung für dich.«

Erfreut steckte ich die Blätter ein. Es hatte eine Weile gedauert, bis Luis und ich miteinander warm geworden waren. Während der Jeepfahrt von Ushuaia am frühen Morgen erschien er mir wortkarg und mürrisch. Er versuchte gar nicht erst zu verbergen, dass er, zwei Tage nach Heiligabend, lieber ausgeschlafen hätte, als in die Berge zu gehen. In Argentinien wird die Heilige Nacht typischerweise erst ruhig in der Familie gefeiert, aber ab Mitternacht dann gerne sehr feucht und fröhlich in größeren Runden bis zum frühen Morgen.

»Ich war bis nach Sonnenaufgang mit Freunden in der Stadt unterwegs«, erzählte Luis, der für einen Argentinier recht groß und kräftig war. »Ich habe eine Frau und zwei Kinder, aber sie leben in Mendoza, da komme ich auch her. Jetzt im Sommer kommen die Touristen, und ich muss hierbleiben, um Geld zu verdienen. Früher war ich Elektriker, der Beruf war nicht so abwechslungsreich, aber familienfreundlicher.«

Schon kurz nach dem großen Biberdamm erreichten wir die Baumgrenze auf rund siebenhundert Höhenmetern. Wir stiegen über ein Geröllfeld, dann erreichten wir den Gletscher und legten Steigeisen an. Auf weniger als tausend Höhenmetern beginnt in diesen Breitengraden das ewige Eis. Luis packte das Seil aus, und wir setzten unsere Helme auf.

»Und, läuft dein Geschäft gut?«, fragte ich Luis.

»Ehrlich gesagt, nicht so sehr«, räumte er ein. »Ich dachte ursprünglich, dass mehr Bergsteiger hierherkommen würden. Aber vielen geht es nur um die Höhe, da können wir nicht mithalten. Oder sie ziehen gleich zu den berühmten Klettergipfeln weiter nördlich in Patagonien, dem Cerro Torre oder dem Fitzroy. Dabei ist es hier wunderbar ruhig, und man muss nicht tagelang aufsteigen, um schwieriges Gelände zu erreichen.

Ein Nachteil ist vielleicht das brüchige Schiefergestein.« Er deutete hinüber auf den spitz zulaufenden, zackigen Monte Oliva, der von jeder Straßenecke in Ushuaia aus zu sehen ist. »Da stürzen immer wieder Kletterer ab. Man kommt nur im Winter gut hoch, wenn Schnee und Eis die Felsen zusammenhalten.«

»Hat deine Familie nicht manchmal Angst um dich?«

»Doch. Und ich vermisse sie sehr. Ein paar Jahre noch, dann mache ich die Bergschule dicht und kehre heim.«

Luis sollte mit seiner Warnung vor schlechtem Wetter recht behalten. Im Westen, über den chilenischen Gipfeln der Darwin-Kordillere, türmten sich die ersten Wolken. Auf Feuerland, das hatte ich schnell gelernt, wechseln sich Sonnenschein, Schneestürme und Regen oft binnen weniger Minuten ab. Gerade in den Bergen muss man deshalb vorsichtig sein. Auch war es trotz der Sonne nicht gerade warm auf dem kuppelförmigen Gipfel.

Wir entschlossen uns, rasch abzusteigen, und schon wenige Minuten später setzte ein Graupelschauer ein, gefolgt von dünnen Schneeflocken. Kalter Wind schnitt durch meine Jacke. Eine halbe Stunde später war der Spuk vorbei, und die Sonne begleitete unsere letzten Schritte hinab ins Tal. Ich schaute nicht auf den Boden vor mir. Auf einmal sank ich bis fast zum Knie im feuchten Untergrund ein, meine Schuhe sogen sich mit Wasser voll.

Da ich nicht mehr zurück nach Ushuaia wollte, sondern meine Reise Richtung Norden fortsetzen, hatte ich mein ganzes Gepäck in Luis' Jeep deponiert. Zwar dämmert es auf Feuerland um diese Jahreszeit erst eine Stunde vor Mitternacht, aber es war zu spät, um noch zu reisen. Auch fühlte ich mich viel zu erschöpft und wünschte nichts sehnlicher als ein Dach über dem Kopf, um mich aufzuwärmen.

»Ein Freund von mir hat hier in der Nähe eine Hütte. Im Moment ist er nicht da. Wenn du möchtest, kannst du dort übernachten«, bot Luis mir an, ganz so, als hätte er meine Gedanken gelesen. »Ich bringe dich gern hin.« Das Angebot war zu verlockend.

Eine Stunde später machte ich mir ein kleines Feuer vor der Holzhütte, deren schräge Wellblechdächer fast bis zum Boden reichten, um den heftigen Winden standzuhalten. Ich blickte zurück auf den Cerro Alvear, ein kleiner Fluss versorgte mich mit bergfrischem Trinkwasser, und eine Wildgans mit ihren braunen, zerzausten Jungen leistete mir Gesellschaft. Ich überlegte, es mir in meinem kleinen Reich für einige Tage einzurichten, doch mein Weg war noch weit. Nachdem das Feuer erloschen war, schlief ich auf einer alten, durchgelegenen Couch ein.

Nachts wachte ich auf, meine Glieder schmerzten. Ich betrachtete das dicht mit Sternen übersäte Firmament, sinnierte vor mich hin und fragte mich, was mich hierhin, ans Ende der Welt, gebracht hatte. Seit der Rückkehr von meiner letzten großen Reise von Alaska bis nach Patagonien waren drei Jahre vergangen. Schon lange hatte ich gewusst, dass ich irgendwann wieder zurückkehren und meine Erkundungstour fortsetzen würde.

Die Länder entlang der Andenkette, an der Pazifikküste, hatte ich schon ausgiebig bereist. Diesmal wollte ich mich auf der Atlantikseite des südamerikanischen Kontinents bewegen, von Argentinien über Uruguay nach Brasilien, durch Amazonien und schließlich hinauf nach Venezuela, vom südlichsten Punkt bis zum nördlichen Ende des Kontinents. Rund vier Monate hatte ich bis zu meinem Heimflug von Caracas eingeplant, mehr als zehntausend Kilometer würde ich zurücklegen. Erneut war ich alleine unterwegs, mit meinem großen schwarzen Rucksack, meiner Kamera, einem schmalen Budget und grenzenloser Neugier. Nur in Brasilien sollte mich Sandra, meine Lebensgefährtin, für ein paar Wochen begleiten. Die übrige Zeit war ich auf zufällige Begegnungen mit Einheimischen oder anderen Reisenden angewiesen, wenn ich mich nicht einsam fühlen wollte.

Für die Zeit in Brasilien hatte ich in den Monaten vor der Abreise versucht, Portugiesisch zu lernen, was allerdings in meinem Kopf zu einem ziemlichen Durcheinander führte: Spanisch und Portugiesisch sind einander so ähnlich und doch so unterschiedlich, dass sie sich im Gehirn verschränken und vermengen. Meine Gesprächspartner fanden mein Kauderwelsch lustig, mir war es eher peinlich.

Es war niemals mein Plan gewesen, über meine Reisen zu schreiben. Die letzten Jahre hatte ich als Unternehmensberater für die Medienbranche gearbeitet, erst fest angestellt, dann mit einer eigenen kleinen Firma. Als sich dann aber, nach dem Erscheinen meines ersten Reiseberichts[*], viele Leser dafür bedankten, dass ich sie angeregt hätte, sich selbst auf den Weg zu machen, fühlte ich mich bestärkt. Und nachdem mir mein Verlag die Fortsetzung unserer Zusammenarbeit vorschlug, war die Sache ziemlich schnell klar. Jemand wie ich, der keinen Globus anschauen kann, ohne gedanklich in die entlegensten Gegenden zu reisen, kann ein solches Angebot nicht ablehnen.

So packte ich also erneut meinen Rucksack und ließ mein Büro zurück. Ich wusste, dass mich auch diese Reise wieder verändern

---

[*] Amerika der Länge nach. Meine Reise auf der Panamericana, München 2008

würde, nicht sofort, aber schleichend. Wer über Monate hinweg jeden Tag Menschen trifft, Dinge sieht und Orte aufsucht, die er noch nie zuvor gesehen hat, braucht hinterher sehr lange, diese Erlebnisse zu verarbeiten. Viele Schnellreisende geben sich diese Mühe gar nicht, und so werden sie nur noch rastloser, statt inneren Frieden zu finden.

Karine, eine in München lebende Freundin aus Venezuela, hatte mir vor dem Abflug *Siddhartha* von Hermann Hesse geschenkt. Zwar suchte ich nicht wie Hesses Hauptfigur nach meinem Seelenheil und dem Sinn des Lebens, zumindest nicht in erster Linie, aber manche Sätze schienen meine eigenen Gedanken wiederzugeben: »Schön war die Welt, wenn man sie so betrachtete, so ohne Suchen, so einfach, so kinderhaft. Schön war Mond und Gestirn, schön war Bach und Ufer, Wald und Fels, Ziege und Goldkäfer, Blume und Schmetterling. Schön und lieblich war es, so durch die Welt zu gehen, so kindlich, so erwacht, so dem Nahen aufgetan, so ohne Misstrauen.«

II Die Dornen des Calafate

Eine Woche vor der Bergtour am Cerro Alvear war ich in der kleinen Pension von Monica und ihrer Familie in Ushuaia aufgewacht. Beim Frühstück, das in Argentinien typischerweise aus abgepacktem Süßgebäck und Marmelade besteht, unterhielten wir uns über das Leben in einer derart entlegenen Weltgegend.

»Ich bin vor mehr als zwanzig Jahren hierhergekommen. Damals war Ushuaia noch keine Stadt, sondern ein Dorf aus Holzhütten«, erzählte Monica. »Die Regierung hat viele Leute mit Förderprogrammen und niedrigen Steuersätzen hierhergelockt. Das hatte gute Gründe: Die Falklandinseln sind nicht weit weg, mit Chile gab es hier im Süden laufend Grenzstreitigkeiten, und man ahnte schon lange, dass in der Antarktis Bodenschätze verborgen sein könnten.«

Gerade erst hatte ich auf dem Flug von Buenos Aires nach Ushuaia in der Zeitung gelesen, dass die argentinische Präsidentin Cristina Kirchner die Ansprüche ihres Landes auf die Falklandinseln erneuert hat, die von Großbritannien besetzt sind. Der Kampf um das Archipel endete in den frühen Achtzigerjahren zwar mit einer Niederlage für Argentinien und vielen Gefallenen, doch bis heute weisen Schilder an jedem Grenzübergang darauf hin, dass die Islas Malvinas, wie ihr spanischer Name lautet, argentinisches Staatsgebiet seien.

»Wie war das damals hier unten? Hast du dich schnell eingelebt?«, fragte ich Monica, während ich mangels Alternative noch ein Stück Industriekuchen mit Aprikosenmarmelade beschmierte.

»An sich schon, ich habe einen guten Job in der Stadtverwaltung bekommen, meinen Mann hier kennengelernt und meine drei Kinder großgezogen. Der Winter bereitet mir bis heute Probleme, obwohl er längst nicht mehr so kalt ist wie früher. Du hast Glück, vor vier Wochen war hier noch alles zugeschneit. Jetzt, im Dezember, ist bei uns schon Frühsommer.«

»Und, sind viele Touristen in der Stadt?«

»Weniger als sonst. Für Argentinier ist es auf Feuerland zu teuer, und sie fahren lieber an den Strand. Die Europäer machen offenbar nicht mehr so viele Fernreisen, jetzt, wo die Zeiten schlechter geworden sind.«

Für Ushuaia war Monicas Pension zwar günstig, aber für mich trotzdem zu teuer. Nach dem langen Flug hatte ich zumindest eine Nacht bequem schlafen wollen, doch jetzt hieß es weiterziehen. Monicas Sohn half mir dabei, einen Großteil meines Gepäcks hinter dem lamettabehangenen Weihnachtsbaum im Wohnzimmer zu verstauen. Ich hatte vor, ein paar Tage im Zelt im Nationalpark westlich von Ushuaia zu verbringen und nur das Nötigste mitzunehmen. Danach würde ich meine Sachen bei Monica abholen und mich in einem Hostel einquartieren.

Zunächst aber ging ich hinab in die Stadt, auf Straßen, die »Darwin« oder »Magellan« in ihrem Namen trugen oder an Missionare aus Europa erinnerten, die den Indios in dieser abgelegenen Gegend die Zivilisation bringen wollten. Schon Charles Darwin, nach dessen Schiff der Beagle-Kanal benannt ist, hatte sich abfällig über die rohen Wilden geäußert. Unselig wirkten vor allem die Anglikaner und der Salesianerorden unter seinem Anführer Don Bosco, der bis heute nicht nur auf Feuerland verehrt wird: Die Mönche erzogen die Nomaden, gaben ihnen Kleidung und siedelten sie auf großen Missionsstationen an, wo sich Krankheiten ausbreiteten. Zugewanderte Großbauern holten sich die Indios aus den Missionen und richteten sie mit harter Arbeit endgültig zugrunde.

Heute ist die indianische Besiedlung dieser rauen Weltgegend nur noch Folklore, kein einziger Indio hat überlebt. An der Hauptstraße in Ushuaia verkaufen zahllose Souvenirläden geschnitzte Figuren, in Museen wird das Leben der einst stolzen Stämme nachgestellt. Ich brauchte keine Mitbringsel, sondern Proviant für die nächsten Tage. Im *La-Anonima*-Supermarkt kaufte ich Brot, Käse, Gemüse und Obst. An der Tankstelle am Hafen zapfte ich einen Liter Benzin für meinen Campingkocher. Die südlichste Stadt der Welt erschien mir sehr lebhaft, aber doch irgendwie vorläufig, der Natur abgetrotzt. Jahrzehntelang hatte sie vor allem als Sträflingskolonie gedient. Viele Häuser sind klein und baufällig. Durch die engen Straßen blies der Wind.

Im Hafen lagen große Forschungsschiffe, die auf die Fahrt in antarktische Gewässer vorbereitet wurden. Jenseits des tiefblauen Beagle-Kanals, auf chilenischem Gebiet, liegt Puerto Williams. Als einziger Ort könnte es Ushuaia den Superlativ der südlichsten Stadt der Welt streitig machen, doch handelt es sich nur um ein spärlich bewohntes Fischerdorf mit Militärstützpunkt. Dahinter kommen noch bergige Inseln, das sturmumtoste Kap Hoorn und die Antarktis.

Auf einem Parkplatz an der Uferpromenade kaufte ich eine Fahrkarte für den Pendelbus, der mich zum Eingang des Nationalparks bringen sollte. Es ging hinaus aus der Stadt, vorbei am Flughafen, der auf einer aufgeschütteten Insel errichtet ist, und an einer großen Torfstecherei. Bald erreichten wir den Wald, in dem viele Bäume umgeknickt waren. »Das kommt vom vielen Schnee«, behauptete die Fahrerin. Von Luis sollte ich später erfahren, dass es noch einen weiteren Grund gab: Nicht nur wachsen die Bäume auf Feuerland langsam, sondern organisches Material zersetzt sich auch nur in Zeitlupe. Ein umgefallener Stamm liegt deshalb jahrzehntelang auf dem Boden herum, und jedes neue Unwetter trägt zum Durcheinander im Wald bei.

Als ich mein Zelt an der Laguna Verde aufbaute, begann es zu regnen. Zwei Hasen hüpften um meinen Zeltplatz herum. Schopfkarakaras, bösartig aussehende Falken mit rotem Gesicht und gebogenem Schnabel, liefen übers Gras und schienen sich krächzend zu beschimpfen. Falklanddrosseln pickten mit ihren gelben Schnäbeln nach Futter. Ich verspeiste mein schlichtes Mittagessen und verzog mich in den Schlafsack, um auf besseres Wetter zu warten.

Nach fast zwei Stunden war es wieder halbwegs trocken, und ich machte mich auf den Weg zur Lapataia-Bucht, dem eigentlichen geografischen Ausgangspunkt meiner Reise. Dort beginnt die *Ruta 3*, die südlichste Straße Argentiniens, als Schotterpiste und führt über mehr als dreitausend Kilometer bis nach Buenos Aires. Von hier aus sollte es nur noch nach Norden gehen, bis zum anderen Ende des Kontinents. Im Gestrüpp gesellte sich ein Fuchs zu mir, deutlich größer als die mitteleuropäischen Arten, mit einem besonders buschigen Schwanz und einem Fell in verschiedenen Brauntönen, das sich erst an den Läufen etwas rötlich färbte.

Der Fuchs lief immer ein Stück vor mir her, blieb stehen, scharrte in der Erde oder rieb sich an einem Baumstamm und wartete. Vermutlich bettelte er um Nahrung, aber ich bildete mir ein, er wolle mich freundschaftlich begleiten. Ich überlegte, ob ich mit dem Fuchs, der vielleicht auch eine Füchsin war, ein Gespräch anfangen sollte, riss mich aber zusammen und ging weiter. Anhand eines Fotos identifizierte ich das Tier später als Feuerlandfuchs. Geführt wird er auch unter dem Namen Magellanfuchs oder Andenschakal, obwohl er gar kein Schakal und auch kein echter Fuchs, sondern ein Wildhund ist.

Unter den Südbuchen wuchsen in dem lichten Wald vielerlei Farne, scharlachrote Fuchsien und auf freien Flächen saftige Gräser, zwischen denen gewöhnlicher Löwenzahn blühte. Irgendwann verschwanden die Bäume ganz, und ich stapfte durch feuchte Tundra.

Ich erreichte die Bucht, als eine Busladung von Kreuzfahrttouristen gerade wieder an Bord ging, und hatte den Blick hinaus auf die felsigen Inseln für mich alleine. Die Luft war kühl und reinigend, zumindest nachdem sich die Abgaswolke des Reisebusses verzogen hatte. Seeschwalben und Raubmöwen zogen ihre Kreise über der glatten Wasseroberfläche. Die Anlegestelle war verwaist.

Entlang des südlichen Ufers war ein größeres Gelände abgesperrt. Dort hatten Archäologen die Hinterlassenschaften von Yamaná-Indianern entdeckt, die jahrhundertelang an dieser Bucht lebten. Sie bauten sich Kanus aus Lenga-Bäumen, auf denen sie sogar wohnten, und am Ufer Notunterkünfte aus Ästen, die sie mit Mauern aus Muschelschalen schützten. Manche davon sind noch heute, rund hundert Jahre nach dem endgültigen Niedergang des Volkes, als grasüberwachsene Halbkreise zu erkennen.

Auf dem Rückweg kämpfte ich mich durch ein Moor, dessen halbwegs trockene Inseln von roten, orangefarbenen und grünbraunen Pflanzen bewachsen waren. Als ich meine Campingstelle erreichte, war ich dort nicht mehr alleine: Von einer Anhöhe entdeckte ich zwei weitere Zelte. Am Wegrand standen ein Campingmobil mit Dortmunder Kennzeichen und ein schweres Motorrad aus Österreich, dessen Besitzer auf einem Campingstuhl vor seinem Zelt saß und mir zunickte. Ich verzichtete darauf, ein Gespräch anzufangen. Noch war ich nicht lang genug weg von daheim, um mich über solche Begegnungen freuen zu können.

Am frühen Abend stieg ein vollkommener Regenbogen über dem Küstengebirge auf. Ich holte Wasser aus dem Rio Ovando, der in einer weiten Kurve um die Wiese floss, und bereitete mir ein luftgetrocknetes Fertiggericht zu, wobei mein Campingkocher recht besorgniserregend röchelte und nur ein kleines Flämmchen erzeugte. Danach legte ich mich auf meiner Isomatte in die Sonne, die zwar nicht besonders warm war, aber den Kampf gegen den Regen knapp zu gewinnen schien. Es war der Tag der Sommersonnenwende auf der Südhalbkugel, und erst spät würde die Dunkelheit über die Talsohle hineinbrechen.

Drei Tage verbrachte ich im Nationalpark. Ich bestieg den Cerro Guanaco, von dessen Grat mit seinen meterhohen, scharfkantigen Schieferplatten, Schneehauben und trotzigen Disteln aus ich in alle Himmelsrichtungen blicken konnte. Am Ufer des Lago Roca erreichte ich die chilenische Grenze, die zu übertreten an dieser Stelle nicht gestattet ist. Die Calafate-Sträucher trugen zu dieser Jahreszeit noch keine ihrer kleinen süßlich bitter schmeckenden, weinroten Früchte, die ich seit meiner ersten Reise nach Patagonien liebte. Stattdessen riss ich mir an ihren Dornen meine Wanderhose kaputt, die eigentlich die ganze Reise lang halten sollte. Später reparierte ich sie notdürftig mit Heftklammern und Klebeband. Zum Glück hatte ich noch eine zweite lange Hose eingepackt.

Immer wieder trat ich auf die orangefarbenen, tennisballgroßen Pilze, die überall an den Bäumen wachsen und offenbar erschöpft herabfallen, wenn sie die Äste ihrer Gastgeber ausgesaugt haben. An der Meeresküste entlang wanderte ich auf einem für Feuerland fast schon übervölkerten Pfad zur Bahia Ensenada, einer langen, bananenförmigen Bucht, und schickte vom südlichsten Postamt der Welt eine Postkarte nach Hause. Es war Heiligabend, und ich fühlte mich bereit, in die Zivilisation zurückzukehren.

Ich holte meine Sachen bei Monica ab. Im Hostel Yakush, meiner neuen Unterkunft, lernte ich zwei Däninnen kennen, die von Puerto Montt in Chile eine Woche lang mit der Fähre nach Ushuaia gefahren waren. Beide stammten von Bauernhöfen im Süden Dänemarks und studierten Agrarökonomie. Wir beschlossen, gemeinsam ein Weihnachtsessen zuzubereiten. Ann-Kathrin und Camilla, typisch blond und von den argentinischen Mitarbeitern des Hostels intensiv angestaunt, waren für das Putenfilet und den Avocadosalat zuständig, ich für das Risotto und die Auswahl des Weines. Eigentlich mag ich Putenfilet nicht besonders, aber ich unterwarf mich den dänischen Vorgaben.

So brachten wir den Abend also in der Küche des Hostels zu. Später gesellten sich noch ein kanadisches Paar und ein Spanier zu uns, der ein halbes Dutzend Freunde aus Ushuaia und viele Flaschen billigen, süßen Cidré mitbrachte, der in Argentinien zu Weihnachten literweise getrunken wird. Dazu isst man Panettone, ein Brauch, den Italiener ins Land gebracht haben, nach den Spaniern die größte Einwanderergruppe.

Ich war recht müde von meinen Wanderungen und der Bootstour zu den Seehunden, Albatrossen und Kormoranen auf den Inseln im Beagle-Kanal, die ich am Nachmittag noch unternommen hatte. Camilla ging es ähnlich, sie verabschiedete sich früh ins Bett. Ann-Kathrin folgte, und da ich nicht alkoholisiert genug war, um mich der immer größer werdenden spanisch-argentinischen Runde anzuschließen, zog auch ich mich zurück in den Schlafsaal, in dem ich den letzten Platz in einem Stockbett ergattert hatte.

Den nächsten Morgen verbrachte ich damit, mich auf die kleine Expedition mit Luis vorzubereiten und meine nächste Etappe nach der Bergtour zu planen. Auf dieser Reise wollte ich unbedingt »Couchsurfing« ausprobieren, jenes Netzwerk im Internet, in dem Menschen auf der ganzen Welt einen Schlafplatz in ihrer Wohnung anbieten, ohne eine Gegenleistung zu erwarten, außer dass sie selbst auch auf ihren Reisen ein Bett finden.

In Río Grande, einer Stadt im Norden der Hauptinsel von Feuerland, fand ich gleich eine potenzielle Gastgeberin: Nancy, Mutter von zwei Kindern. In den letzten Monaten hatte sie mehrfach Couchsurfer aufgenommen, die begeisterte Bewertungen auf ihrem Profil hinterließen: »Sie steckt voller Leben und hat uns die ganze Stadt gezeigt«, schrieb Jennifer aus Melbourne. Roser aus Barcelona berichtete, sie habe sich »wie ein Mitglied ihrer Familie gefühlt, und das, obwohl Nancy sehr viel arbeiten musste«. Ich schrieb Nancy also eine kurze Nachricht und fragte, ob sie mich aufnehmen könne.

Während ich im Postfach meines Mailaccounts durch die vielen Weihnachtsgrüße stöberte, entdeckte ich eine Mail von Monica vom Abend zuvor. Sie lud mich ein, ab Mitternacht mit ihrer Familie und den Pensionsgästen Weihnachten zu feiern. Ich solle sie anrufen, sie würde mich mit dem Auto abholen, wenn ich ihr schrieb, wo ich untergekommen sei. Nur leider war das jetzt alles seit zwölf Stunden vorbei.

Ich ärgerte mich ziemlich, dass ich die Gelegenheit auf ein echtes argentinisches Weihnachtsfest verpasst hatte. In dänischer Gesellschaft den Abend zu verbringen war zwar durchaus angenehm, aber auch danach hätte ich noch genug Zeit für einen Besuch bei Monica gehabt. Eigentlich wollte ich während der Reise darauf verzichten, allzu oft meine Mails zu lesen, um nicht mit dem Kopf ständig woanders zu sein. Jetzt aber hatte ich gelernt, dass selbst ein Backpacker davon profitieren kann, wenn er sich der Technik nicht ganz entzieht.

Kurz entschlossen machte ich mich auf den Weg zu Monicas Haus, um mich für die Einladung zu bedanken. Eine Putzfrau öffnete und sagte, ich solle am frühen Abend wiederkommen, da die Hausherrin noch schlafe. Das tat ich, nur um dann Monicas hübsche Töchter anzutreffen, die mir die gleiche Auskunft gaben.

»Das Fest war wohl sehr unterhaltsam«, sagte ich. Sie nickten müde und boten mir einen Kaffee an. Ein schwacher Trost, den ich trotzdem dankend annahm.

Zwei Tage später stand ich rund dreißig Kilometer außerhalb Ushuaias am Rand der Straße, die übers Gebirge hinab nach Río Grande führt. Nach der Bergtour mit Luis hatte ich in der Hütte seines Freundes trotz meiner Gliederschmerzen recht gut geschlafen. Ich fühlte mich voller Energie für die nächste Etappe, war aber auf die Hilfsbereitschaft anderer Reisender angewiesen: Weil es in dieser Wildnis keine Bushaltestelle gab, suchte ich mir eine übersichtliche Stelle und streckte am Straßenrand den Daumen aus.

Erst dauerte es eine Viertelstunde, bis überhaupt ein Fahrzeug vorbeikam. Darauf folgten recht schnell ein Lastwagen und ein blauer Renault, der sein Tempo verlangsamte. Ich hatte Glück, schon das dritte Auto hielt an.

»Wo willst du denn hin?«, fragte der gedrungene Mann aus dem offenen Fenster hinaus.

»Nach Río Grande.«

»So weit fahre ich nicht, aber du kannst bis Tolhuin mitkommen, das ist in etwa die halbe Strecke. Da gibt es viel mehr Verkehr, da kommst du auf alle Fälle weiter.«

Schon hatte ich meinen Rucksack auf die Rückbank geladen und stieg ein. Mein Fahrer hieß Roque Daniel Ramirez und stammte aus Formosa im Norden Argentiniens. Er lebte mit seiner Familie in Ushuaia und arbeitete dort im Gepäcktransport auf dem Flughafen.

»Ich hole meine Kinder im Ferienhaus meines Bruders ab. Da haben sie Weihnachten gefeiert. Ich musste über die Feiertage leider arbeiten. Es war natürlich viel los auf dem Flughafen«, sagte Roque bedauernd. Ein großes Holzkreuz baumelte vom Rückspiegel, Bilder seiner beiden Töchter klebten am Armaturenbrett. »Aber halb so schlimm. Es ist wirklich ein guter Job, den ich da habe. Mein Chef behandelt uns anständig, und wir verdienen recht gut. Nur das Wetter ist manchmal hart da draußen auf dem Rollfeld. Was treibt dich hierher?«

Ich erzählte ihm meine Geschichte, und er war begeistert.

»Finde ich toll, was du da machst. Ich würde sehr gerne mal nach

Europa, aber es ist einfach viel zu teuer für uns. Früher bin ich durch ganz Argentinien, Chile, Bolivien und Paraguay getrampt, da kommen meine Eltern her. Sie sind schon vor langer Zeit über die Grenze gegangen, weil es daheim keine Arbeit gab. Wir sind Tupí-Guaraní, so heißen die Indios dort.« Tatsächlich hatten mich sein rundliches Gesicht und seine dunklen, wachen Augen an die Indios aus den Andenländern erinnert. Ich freute mich darüber, einen Nachfahren der Ureinwohner kennenzulernen.

In langen Kurven kletterte die Straße immer höher. Nur vereinzelt kamen uns Autos entgegen, es war Sonntag. Die Pflanzen wurden spärlicher, und wegen der zunehmenden Kälte fuhren wir die Seitenscheiben hoch. Ich schämte mich, weil der Benzingeruch aus meinem undichten Campingkocher im Rucksack stärker wurde.

»Gutes Auto, oder?«, fragte Roque, der den Gestank nicht zu bemerken schien. »Hier unten sind die Gehälter besser und wir haben einen höheren Lebensstandard als im Norden. Aber irgendwann wollen wir wieder zurück, allein schon wegen des Klimas.«

Diesen Satz hatte ich jetzt schon öfter gehört. Seitdem die einheimischen Indios ausgestorben sind und die Nachfahren der Großbauern das Land kaum mehr selbst bewirtschaften, gibt es auf Feuerland nur noch wenige erwachsene Menschen, die dort geboren sind. Und fast alle Zuwanderer wollen irgendwann wieder weg. Roque schien sich aber vorerst wirklich wohlzufühlen. »Diese Straße ist überhaupt erst seit ein paar Jahren durchgehend geteert«, berichtete er. »Davor kam man hier im Winter oft nicht durch, und man erreichte Ushuaia nur mit dem Flugzeug. Jetzt kommen wir gleich an den Passo Garibaldi, den höchsten Punkt, da kannst du aussteigen und Fotos machen.«

Auf eine Steinmauer an dem Gebirgspass hatte jemand den allgegenwärtigen Spruch *Islas Malvinas son Argentinas* gesprüht, dahinter öffnete sich der Blick hinab auf eine grünblaue Hügelkette, die Richtung Norden in flaches Land ausrollte, und auf den ziemlich großen Lago Fagnano. Auf einem Vorsprung sog ein Mann in einer blauen Windjacke an seinem Mate-Becher und verkaufte Armbänder und Ketten, seine Nachbarin bot an ihrem Stand geschnitzte Seehunde, Eulen und Pinguine an. Roque unterhielt sich mit den beiden fröstelnden Gestalten, als handle es sich um alte Freunde.

»Kanntest du die Leute?«, fragte ich, als wir wieder im Auto saßen, und ärgerte mich gleich über diese Frage.

»Nein«, antwortete Roque, und das hätte mich nicht überraschen sollen. Noch war ich nicht lange genug wieder in Südamerika, um mich an das zu gewöhnen, was in allen Ländern hier gleich ist, so unterschiedlich sie in anderen Dingen auch sein mögen: Die Menschen *sprechen* miteinander, ob sie sich nun kennen oder nicht, und dumm angeschaut wird nicht, wer im Bus oder an der Bar gleich losredet, sondern jener, der schweigt.

»Hitler war Deutscher, oder?«, fragte Roque unvermittelt, während er vor einem steilen Gefälle einen Gang runterschaltete.

»Ja, geboren in Österreich, aber Diktator in Deutschland.«

»War er wirklich schlimm?«

»Ja, natürlich. Er hat einen wahnsinnigen Krieg angezettelt und viele Millionen Menschen auf dem Gewissen.«

»Aber Verbrecher gibt es überall. Schau, in Argentinien gab es noch vor dreißig Jahren eine brutale Diktatur. Sie haben Leichen aus Flugzeugen in den Río de la Plata geworfen, um sie loszuwerden. Ich durfte erst gar nicht in die Schule gehen. Später dann schon, aber ich wurde ständig von meinen Mitschülern geschlagen. Viele Lehrer haben einfach nicht mit mir geredet. Als Indios waren wir Menschen zweiter Klasse. Immer wieder sind Bekannte von uns verschwunden. Niemand wusste, wohin.«

Darauf fiel mir keine Antwort ein. Ich war ganz froh, dass wir uns unserem Zielort näherten, denn wie hätte ich Roque bei seiner persönlichen Lebensgeschichte glaubhaft machen sollen, dass Hitler noch viel schlimmer wütete als die skrupellosen argentinischen Militärdiktatoren? Erst seit ein paar Jahren arbeitet Argentinien überhaupt seine jüngere Geschichte auf, davor wurde sie von staatlicher Seite weitgehend totgeschwiegen.

»So, ich lass dich da vorne an der Tankstelle raus«, kündigte Roque an. »Da kommst du sicher weiter. Ich schreibe dir noch meine Adresse auf. Wenn du das nächste Mal in Ushuaia bist, musst du unbedingt vorbeischauen!«

Ich schleppte meinen Rucksack in den Ort hinein, denn ich brauchte dringend ein Mittagessen und wollte im Internet nachschauen, ob Nancy geantwortet hatte. In einer großen Bäckerei gab es alles, was ich brauchte. Und tatsächlich, Nancy hatte mich eingeladen und mir ihre Telefonnummer geschickt. Ich rief sie gleich an, und sie diktierte mir ihre Adresse. Ein paar Minuten später machte vor der Bäckerei ein Bus halt. Ich kaufte mir ein Ticket und kam zwei Stunden später in Río Grande an.

Nancys Wohnung befand sich im vierten Stock eines Gebäudes inmitten einer Siedlung, die auf den ersten Blick an eine Kaserne erinnerte. An jedem Straßenzug standen beige gestrichene Wohnklötze mit grünen Dächern, Türen und Fensterrahmen. Graffiti bedeckten die Wände. Zwei Hunde streunten um die Eingangstür zu Nancys Gebäude. Die Wippe auf dem Spielplatz im Innenhof war mit Rost überzogen. Das Treppenhaus bestand aus dunklem, unverputztem Beton. Roter Lack blätterte von dem Eisengeländer ab. Ich klingelte. Eine junge Frau öffnete mir, die nicht gerade an Nancys Fotos im Internet erinnerte.

»Hi, ich bin Roser aus Barcelona. Komm rein. Nancy ist gerade bei ihrer schwangeren Tochter. Sie hat mir gesagt, dass du kommst. Ich bin momentan auch als Couchsurferin hier einquartiert.« Das scheint ja eine größere Gesellschaft zu werden, dachte ich mir und begrüßte Roser mit einem Wangenkuss.

»Hast du Hunger? Ich koche gerade, du kannst gerne mit uns essen. Aber erst mal zeige ich dir dein Zimmer.«

In Nancys Wohnung erinnerte nichts mehr an die trostlose Umgebung ihres Gebäudes. Im lilafarben gestrichenen Wohnzimmer standen ein großer Tisch und eine gemütliche Couch. Eine Wendeltreppe führte nach oben zu den Schlafzimmern, die mir Roser zeigte, nachdem wir die wichtigsten Informationen ausgetauscht hatten. Sie war vor ein paar Tagen ebenfalls aus Ushuaia gekommen und hatte sich schon auf dem Hinweg bei Nancy einquartiert. Ihre Empfehlung hatte ich auf der Couchsurfing-Website entdeckt. In den Zimmerecken klebten Fünfecke mit schwarzem Rand.

»Nancy ist Gnostikerin«, klärte mich Roser auf, die meinen fragenden Blick bemerkt hatte.

»Was ist das noch mal?«

»So ein esoterischer Glaube. Die Fünfecke stehen für den Gott Abraxas, der die fünf Urkräfte in sich vereint. Aber mehr weiß ich darüber auch nicht.«

Ich sollte also unter einem Dach mit einer Sozialpädagogin aus Barcelona und einer Gnostikerin aus Buenos Aires leben, die vor zwanzig Jahren aus der Großstadt nach Rio Grande geflüchtet war, wie ich auf ihrem Profil gelesen hatte. Ich packte meine von der Bergtour feuchte Kleidung aus und legte meine Hose zum Trocknen auf die Heizung. Wenig später ging die Tür auf, und da stand Nancy, eher klein, mit blondiertem, dauergewelltem Haar, einer großen Sonnenbrille und einer schwarzen Umhängetasche, die sie vor der Couch auf den Boden fallen ließ.

»Du bist also Hermann?«

»Nein, er heißt Robert!«, korrigierte Roser.

»Ach so, Robert. Aus Deutschland, oder? Willkommen. Ich hoffe, du hast es dir gemütlich gemacht. Wir essen schnell etwas, dann zeige ich dir die Stadt und die Umgebung. Roser kennt schon alles. Wir haben doch für Hermann noch etwas zu essen, oder?«

»Sein Name ist Robert!«, verbesserte Roser erneut und lachte. Etwas verschämt erzählten die beiden, sie hätten am Vormittag *Inglorious Basterds* von Quentin Tarantino auf DVD angeschaut. »Der schlimmste Nazi darin heißt Hermann, und irgendwie siehst du ihm ähnlich.«

Plötzlich zog ein brenzliger Gestank durch die Wohnung. In der Sofaecke qualmte es. Wir stürzten dorthin und zogen meine brennende Hose von der Heizung. Ich hatte nicht bedacht, dass in der Ölheizung ein echtes Feuer flackerte und sie zum Trocknen von Kleidung daher denkbar ungeeignet war. Jetzt waren beide Hosen, die ich eingepackt hatte, hinüber.

Nach dem Essen gingen wir hinunter zum Auto. Ich musste anschieben, denn Nancy hatte das Licht brennen lassen, und die Batterie schien altersschwach zu sein. Das sollte in den nächsten Tagen noch zweimal passieren. Während der Fahrt erzählte mir Nancy ihre Lebensgeschichte.

»Ich arbeite als Steuerberaterin in einer kleinen Kanzlei. In der Wohnung habe ich lange mit meinem Exmann und den beiden Kindern gewohnt. Meine Tochter ist 21, sie lebt inzwischen mit ihrem Freund ein paar Straßen weiter und wird bald Mutter. Eigentlich finde ich das zu früh, aber was soll's, es ist halt passiert«, sagte Nancy, während unter grauem Himmel das menschenleere Stadtzentrum an uns vorbeizog. »Mein Sohn ist ein paar Jahre jünger als sie und so anstrengend, dass ich ihn vor ein paar Monaten zu seinem Vater geschickt habe. Wir verstehen uns aber alle ganz gut. Manchmal fahre ich mit meinem Exmann sogar in Urlaub. Nur die Liebe war irgendwann weg. Die Kinder lernst du sicher kennen, du bleibst doch ein paar Tage, oder?«

Eigentlich hatte ich mehr an eine Nacht gedacht, aber das schien für Nancy nicht infrage zu kommen. »Morgen Vormittag muss ich arbeiten, aber danach könnten wir aufs Land fahren und uns eine Estancia anschauen.«

Wir waren auf die Küstenstraße gelangt und fuhren an rostigen Hafenanlagen vorbei. »Früher wurden hier unser Öl und Gas verschifft, aber dann haben sie eine Pipeline hinunter nach Ushuaia gebaut. Seitdem ist der Hafen verwaist. Es war immer schwierig hier, weil der Gezeitenwechsel und die Stürme so stark sind. Das ist in Ushuaia besser, weil es an einer Bucht liegt. Aber uns ärgert das sehr. Die Leute in den beiden einzigen richtigen Städten auf Feuerland pflegen eine große Rivalität.«

Auf einem Betonsockel inmitten eines Kreisverkehrs lag eine riesige, lilafarbene Forelle aus Beton.

»Sieht lustig aus, oder?«, fragte meine Gastgeberin. »Viele reiche Gringos kommen im Sommer hierher, um in den Flüssen zu fischen. Angeblich findet man hier die größten Forellen der Welt. Aber ich angle nicht, keine Geduld für so was. Warte, ich muss mal kurz anhalten.« Sie durchwühlte ihre Tasche, atmete erleichtert auf und fuhr weiter. »Manchmal bekomme ich Panikattacken, weil ich denke, ich hätte meinen Ausweis daheim vergessen. Das ist ein Überbleibsel aus der Zeit der Diktatur. Wenn man damals in Buenos Aires auf der Straße kontrolliert wurde und keine Papiere hatte, reichte das oft schon für eine schlimme Nacht auf dem Revier.«

Wir steuerten ein paar Kilometer außerhalb der Stadt einen Parkplatz an und spazierten im feinen Kies den Strand entlang. Der Wind blies Nancys lange Haare in alle Richtungen. Ich kletterte auf eine Anhöhe, von der ich die Stadt mit ihren flachen, zweckmäßigen Häusern überblickte. Im Süden breitete sich eine scheinbar endlose, steppenartige Hügellandschaft aus. Erst weit hinten am Horizont waren im Dunst die Berge zu erkennen, in denen ich herumgestiegen war.

Letztlich hatte ich keine andere Wahl, als meinen Aufenthalt in Rio Grande zu verlängern. Abends schauten wir uns Filme aus der Videothek an, in der Nancys Tochter arbeitete. Ihr Sohn Miyen unterhielt uns mit Zaubertricks, die er sich selbst beigebracht hatte. Regelmäßig veranstaltete er in der Stadt öffentliche Zaubershows, die gut besucht waren und über die er mir Berichte aus der Lokalzeitung zeigte.

Einen halben Tag verbrachten wir, wie Nancy angekündigt hatte, auf der Estancia Maria Behety, einer der größten Schaffarmen Feuerlands, über deren Gelände uns die Chefin persönlich führte.

»Ihr seid ein paar Wochen zu früh dran, sonst könntet ihr sehen, wie die Schafe hereingetrieben und geschoren werden«, erläuterte Inés Menendez Behety, die Inhaberin, als wir in einer riesigen Halle standen, die von außen wie eine Scheune ausgesehen hatte. »Dafür kommen eigens Arbeitsteams aus dem Norden. Pro Tag schaffen sie ungefähr 2500 Schafe. Insgesamt besitzen wir mehr als 40 000 Tiere, sodass die Leute eine Weile beschäftigt sind. Nur die Jungtiere waren schon dran. Da verkaufen wir nicht nur die Wolle, sondern auch das Fleisch.«

Entlang der Wände war Schafwolle im Rohzustand aufgehäuft. Ein paar Männer in blauen Arbeitsanzügen bedienten eine hydraulische Presse, Marke Fawcett Preston Engineers Liverpool, Baujahr 1917. Sie spuckte große, palettenförmige Pakete aus, eingewickelt in dicke Plastikfolie, die in die ganze Welt verschifft wurden. Unter der hohen Decke hingen unzählige Schafshäute zum Trocknen.

»Die Preise sind leider schon lange nicht mehr gut«, bedauerte Señora Behety. »Wir bieten ganz normale Wolle an, aber richtig anständig bezahlt wird nur noch für Kaschmir oder andere feine Produkte, die aus Asien kommen. Wegen der dünnen Böden ist es sehr aufwendig, hier zu wirtschaften. Ein Schaf braucht in etwa einen Hektar, um übers Jahr satt zu werden.«

Existenzgefährdend schien das nicht zu sein, die Señora in ihrer dunkelblauen Barbour-Jacke strahlte eine vornehme Aura aus. Stolz zeigte sie uns nicht nur die alten Unterkünfte für die Landarbeiter, sondern vor allem ein Nebengebäude, das sie zu einer Luxusunterkunft für Sportangler umgebaut hatte. »Manches erkenne ich selbst nicht wieder«, erzählte sie. »Als ich noch ein junges Mädchen war, ist die Estancia komplett niedergebrannt. Heute lebe ich die meiste Zeit des Jahres in Buenos Aires.«

Wir fuhren in Nancys Kleinwagen über die Schotterstraße zurück. Am nächsten Morgen setzte mich meine Gastgeberin an einer Wiegestation für Lastwagen ein paar Kilometer nordwestlich der Stadt ab, an der Landstraße, die zu den Anlegestellen führt, von denen aus die Fähren über die Magellanstraße aufs Festland übersetzen. Der Wind blies Regen übers Land. Gegenüber, auf der anderen Straßenseite, lagen Berge von Autowracks im Hof eines Schrotthändlers, etwas weiter nördlich stand die Salesianermission, die heutzutage keine Indios mehr bekehrt, sondern Argentinier im Agrarfach ausbildet.

»Heute werden nicht viele Lastwagen vorbeikommen. Es ist Urlaubszeit«, warnte mich der diensthabende Mann an der Wiegestation. »Von mir aus könntest du ja gerne in unserem Büro warten, da ist es wärmer, aber das geht leider nicht«, sagte er und deutete zu einem Hinterraum, in dem eine kleine Polizeistation untergebracht war. »Die Jungs sind ziemlich streng.«

So stand ich also draußen unter einem Vordach. Jeder der fünf Lasterfahrer, die in den nächsten Stunden an der Wiegestation hielten, winkte ab. Meine Laune verschlechterte sich mit jedem Auspuff, dem ich hinterherschauen musste.

»Kommen hier auch Busse vorbei?«, fragte ich den Beamten der Straßenaufsicht, der in Blaumann, orangefarbener Warnweste und Bommelmütze die schweren Laster über die Waage lotste.

»Ja, hast du nicht gesehen, da war doch grad einer.«

»Der war aber leer und hat leider nicht gehalten, obwohl ich gewunken habe.«

»Ja, sie halten hier eben nicht.«

Gegen Mittag gab ich es auf und nahm einen kleinen Linienbus zum Busterminal. Alle Linien Richtung Norden waren schon abgefahren, mir blieb nichts übrig, als ein Ticket für den nächsten Tag zu kaufen. Ich rief Nancy an, die sich überschwenglich freute, mich noch eine Nacht beherbergen zu dürfen.

Am frühen Morgen stieg ich mit meinem Rucksack das Betontreppenhaus hinab, wartete an der nächsten Straßenkreuzung erneut vergeblich auf den Stadtbus und ließ mich von einem Taxi zum Terminal bringen. Ein paar Stunden noch, dann würde ich Feuerland hinter mir lassen. Hinauf sollte es gehen, in wärmere Gegenden.

III Silvester in der Großfamilie

Innerhalb von fünf Stunden machte der Bus nach Norden an vier Grenzposten halt. Jedes Mal mussten alle Passagiere aussteigen und ihr Gepäck in die Baracken schleppen, um es durch das Röntgengerät fahren zu lassen. Eine komplette Doppelseite in meinem Reisepass ging drauf für die vielen Stempel von nicht mehr als zwei Ländern, Argentinien und Chile. Der südamerikanische Hang zur Bürokratie ist ein Erbe der Diktatoren und steht so sehr im Widerspruch zur Lebenshaltung der Menschen, dass ein Reisender nicht anders kann, als zumindest innerlich darüber zu schmunzeln.

Eineinhalb Stunden lang befuhren wir auf chilenischem Gebiet eine Schotterstraße. An meinem Fenster zog die patagonische Steppenlandschaft vorbei, die ich von meiner ersten Reise in diesen Breitengraden kannte und die mich die nächsten Tage begleiten sollte. Immer wieder hüpften Guanakos über die trockenen, baumlosen Hügel, jene schlanke, wilde Unterart der Lamas, die im äußersten Süden des Kontinents weit verbreitet ist. Ihr weißes bis hellbraunes Fell ist feiner als das der Alpakas. Mir sind die Tiere sympathisch, denn sie gedeihen nur in der Wildnis und lassen sich nicht domestizieren. Biologen glauben inzwischen, dass das eigentliche Lama von ihnen abstammt.

Auf Zaunpfählen saßen Geier, und in der Luft zogen Raubvögel ihre Kreise, als wollten sie sich auf eines der Lämmer hinabstürzen, die im Gestrüpp eng beieinanderkauerten. Immer wieder passierten wir die Einfahrt zu einer der Estancias mit ihren riesigen, streng abgegrenzten Ländereien. Bald hieß es wieder aussteigen, diesmal aber nicht, um eine Grenze zu überqueren, sondern um das Transportmittel zu wechseln: Wir hatten das südöstliche Ufer der Magellanstraße erreicht und warteten auf die Fähre.

Nicht weit von dem Ort entfernt, an dem sie anlegen sollte, hatte sich die Mannschaft von Magellans Flotte im Oktober 1520 geweigert, in die sturmumtoste Meerenge hineinzufahren. Zwar schien die Durchfahrt vom Atlantik in den Pazifik endlich gefunden zu sein, doch längst gingen die Nahrungsvorräte zur Neige, und Stürme fegten übers Meer. Die Besatzung eines der vier Schiffe meuterte und kehrte auf eigene Faust nach Sevilla zurück.

Magellan ließ sich von seinem Vorhaben nicht abbringen. Logbuchschreiber Antonio Pigafetta übermittelt seinen Satz, dass er durch diese Straße fahren werde, »selbst dann, wenn er wüsste, dass er das Leder am Segelwerk der Schiffe verzehren müsse«. Seine Entschlossenheit sollte Magellan den Tod bringen – wenige Monate später starb er in einem unnötigen Gefecht mit Indios auf einer Pazifikinsel –, aber auch ewigen Nachruhm. Die Meerenge wurde nach ihm benannt, ebenso die dort lebenden Pinguine; auch hat er Begriffe wie Patagonien, Pazifik oder Feuerland geprägt.

Mir fiel es an diesem Tag schwer, das damalige Drama nachzuvollziehen. Die Zeiten hatten sich geändert. Eine kleine Bar auf einer Anhöhe am Ufer verkaufte Sandwiches und Kekse, dazu Schnitzereien und bedruckte Sweatshirts. Kein Reisender musste hier mehr Leder essen. Grasbewachsene Dünen fielen ab zu einem unberührten Strand aus Kies, Sand und Algen. Türkisblaues Wasser, dessen Reinheit den Blick bis zum Grund freigab, kräuselte sich zu zarten Wellen. Die salzige Luft, die ich tief einatmete, fühlte sich heilsam an. Ein Urlaubsparadies schien vor mir zu liegen, doch vermutlich standen die wenigen Grad Wassertemperatur, der kurze Sommer und der beständige Wind einem lukrativen Touristenressort im Wege. Ich hatte einfach ein paar schöne Stunden erwischt.

Die Magellanstraße hat hier ihre engste Stelle, und wir mussten zweieinhalb Seemeilen zurücklegen, um das nördliche Ufer bei Punta Delgada zu erreichen. Delfine begleiteten die Fähre, deren Name *Pionero* gut zur Gegend passte. Ihr Heimathafen Valparaiso war in großen, weißen Buchstaben auf die Schiffswand gemalt. Sie ächzte unter den schweren Lastwagen und Bussen, die hier *Micro* heißen, obwohl sie ziemlich groß sind. Die rot-weiß-blaue chilenische Flagge flatterte mit der Plastikplane auf einem Rettungsboot um die Wette. Es gab fettige Teigtaschen und Hotdogs, auf die sich die Buspassagiere geradezu stürzten.

Bald waren wir an das andere Ufer mit seinem kleinen, dicklichen Leuchtturm gelangt. Auf der Weiterfahrt im Bus nahm wieder die ältere Dame mit der großen Brille und der Bluse im Blümchenmuster neben mir Platz, mit der ich schon am Morgen ein paar Worte gewechselt hatte. »Noch etwas mehr als eine Stunde, dann noch ein Grenzübergang, und wir sind da«, informierte sie mich. Genauso wie ich wollte sie nach Río Gallegos, um dort nach kurzem Aufenthalt einen weiteren Bus zu besteigen. Die Strecken hier im patagonischen Süden zogen sich ziemlich: Für rund dreihundert Kilometer von Río Grande hatten wir bereits sechs Stunden gebraucht.

»Ich wohne in Puerto Madryn, das ist noch viele Stunden weiter nördlich«, erzählte die Dame, die sich als Maria Vega Locatelli vorstellte. »Ich habe über Weihnachten meine Tochter besucht, sie wohnt mit ihrer Familie in Ushuaia. Ursprünglich komme ich aus Uruguay, aber ich bin schon vor langer Zeit nach Argentinien ausgewandert. Damals gab es hier mehr Arbeit, inzwischen ist es eher umgekehrt.«

In diesem Augenblick verfiel ich in einen Schockzustand. Bei einem Griff in die abgenutzte grüne Umhängetasche, die ich auf Busfahrten bei mir hatte, fand ich den *Footprint*-Reiseführer nicht, meinen längst unentbehrlich gewordenen Dauerbegleiter. Hatte ich ihn etwa auf der Fähre vergessen? Was würde ich tun ohne diesen dicken Band mit Karten, Busfahrplänen und Telefonnummern? Ich bückte mich hinab und atmete auf, als ich entdeckte, dass das Buch nur tief unter meinen Sitz gerutscht war.

»Nach Uruguay will ich auch, das ist mein nächstes Ziel, wenn ich Argentinien durchquert habe«, sagte ich, während ich nach der richtigen Karte blätterte. »Ich war noch nie dort.«

Meine Nachbarin freute sich sichtlich, mir einige Reisetipps geben zu können. »Fahr nicht an den Strand nach Punta del Este. Der ist um diese Jahreszeit voll mit reichen Argentiniern und Brasilianern. Viel zu teuer und zu viele Menschen. Die Küste im Nordosten ist schöner, und auch das Landesinnere solltest du dir anschauen. Unser Land ist so klein, da brauchst du nicht viel Zeit einzuplanen.«

Sie nannte mir ein paar Ortsnamen, die ich im Buch markierte, und begann, durch eine Zeitung zu blättern. Ein großer Artikel berichtete über die erste Schwulenehe Südamerikas, vollzogen in Ushuaia von der Gouverneurin Feuerlands. Das heiratswillige Paar war eigens aus Buenos Aires in den äußersten Süden gereist, weil die Behörden in der Hauptstadt ihr Gesuch mehrfach abgelehnt hatten.

»Ich finde das nicht gut«, sagte Maria. »Nicht, weil ich prinizipiell dagegen bin, sondern weil sich diese Gouverneurin so aufspielt. Dazu hat sie doch gar nicht die Autorität. Sie sollte sich lieber um die vielen schlechten Straßen dort unten kümmern. Oder darum, dass die Häuser von Ushuaia die Hänge hinaufwuchern, was nicht nur schlecht für die Umwelt ist, sondern irgendwann auch Erdrutsche auslösen wird. Wenn die Bäume erst mal weg sind, dann hält nichts mehr die Lawinen und das Geröll auf.«

Ich las ein paar Seiten in den *Ficciones* von José Luis Borges, die mir in der Originalversion ziemlich viel abverlangten. Die surrealen Parallelwelten, in die der argentinische Schriftsteller mich hineinlockte, und die absurden Querbezüge passten zur monotonen, menschenleeren Landschaft. Ich klappte das Buch bald wieder zu, und Maria bedachte mich mit einem mitleidigen Blick: »Ich habe es auch nie geschafft, Borges zu lesen. Sehr anstrengend. Aber die Argentinier verehren ihn.«

Wir fuhren auf der einzigen Straße weit und breit, die inzwischen geteert war. Draußen, vor den hellbraunen, nicht besonders hohen, tafelförmigen Bergen, schritten Nandus durch die Ebene. Diese grauen Vögel mit ihren langen, spindeldürren Beinen schaffen es trotz ihrer enorm großen Flügel nicht, auch nur einen Meter weit zu fliegen. Ich erinnerte mich an eine Fernsehreportage über drei Nandu-Paare, die in Mecklenburg-Vorpommern aus einem Gehege ausgebrochen waren. Sie fühlten sich in der nordöstlichen Wildnis so wohl, dass sie sich stark vermehrten. Manche Bauern wollen sie abschießen, weil sie angeblich in größeren Gruppen auf Kälber losgehen. Das stellte ich mir lustig vor, und ich erzählte meiner Nachbarin die Geschichte.

»In Uruguay haben wir auch viele Nandus«, antwortete Maria, die sich über die deutschen Laufvögel nicht weiter zu wundern schien. »Wir essen sogar Nandu-Steaks, das ist eine Spezialität bei uns, die musst du unbedingt probieren, wenn du in Montevideo bist.«

Zum Abschied schenkte sie mir eine kleine, gelbe Plastikpfeife, die auf der einen Seite ein Thermometer und auf der anderen einen Kompass trug. »Ein Souvenir aus Ushuaia. Bei deinen Abenteuern kannst du sie sicher gut gebrauchen.« Ich war gerührt. »Ja, das stimmt. Aber ich pfeife mal lieber nicht hier im Bus, sonst mache ich mich unbeliebt.«

Jetzt trug ich also schon das zweite Geschenk mit mir: einen kleinen Keramikpinguin, den Ann-Kathrin mir an Weihnachten überreicht hatte, und diese Pfeife.

Das Ergebnis der Plackerei an den Grenzen war, dass wir uns am Ende der Reise wieder in Argentinien befanden. Genau da kam ich auch her. Manchmal ist Fliegen einfacher. Immerhin durfte ich mich in Rio Gallegos um ein paar Stempel im Pass, einige Stunden auf chilenischem Gebiet und ein unterhaltsames Gespräch reicher fühlen.

Am Busbahnhof gab ich meinen Rucksack auf. Ich wollte mich in der Hafenstadt umsehen, einem Umschlagplatz für Kohle, Erdöl und Gas, die in der Gegend gefördert werden. Das Präsidentenpaar Kirchner stammt von hier. Gerade standen Cristina und Néstor in den Schlagzeilen, weil sich ihr Privatvermögen trotz der Finanzkrise beträchtlich vermehrt hatte. Wie genau das vor sich gegangen war, wollten sie nicht sagen. Die Kirchners besitzen in ganz Patagonien große Immobilien – den Grundstock dafür sammelte der junge Kirchner als Anwalt und Schuldeneintreiber.

Ich setzte mich in eine Parilla, ein Grillrestaurant, an der Avenida Roca, benannt nach General Julio Argentino Roca, späterer Präsident und vermeintlicher argentinischer Nationalheld, der auch auf dem 100-Peso-Schein verewigt ist. Seit Historiker nachgewiesen haben, dass er auf seinen Feldzügen durch die Pampas in den Jahren vor 1880 Zehntausende Indios auf grausame Art umbringen oder gefangen nehmen ließ, sinkt allerdings sein Ansehen im Land.

Ich bestellte mir ein Schnitzel, weil es um diese Zeit noch keine Steaks gab. Auf dem Kopf der Roca-Statue gegenüber der Parilla saßen zwei Tauben und verrichteten ihr Geschäft.

Sonst gab es wenig in der Stadt zu sehen, und ich bedauerte nicht, den Nachtbus nach Comodoro Rivadavia gebucht zu haben, dem nächsten Ort, an dem ich mich länger aufhalten wollte. Nirgends sind die Langstreckenbusse in Südamerika komfortabler als in Argentinien. Ich bekam im Bus sogar noch ein Abendessen serviert, eine Lasagne aus der Mikrowelle. Dazu schenkte der Beifahrer in seiner dunkelblauen Firmenkleidung »Champagner ohne Alkohol« aus, wie er die Zitronenlimonade nannte.

Diesmal saß ich neben Cristian Rivas Rivas, einem jungen Autohändler aus Asunçion, der Hauptstadt Paraguays. Auch er hatte Weihnachten bei Freunden auf Feuerland verbracht. Ohne größere Zwischenstopps fuhr er gerade die 5000 Kilometer lange Strecke nach Hause zurück. Ich bemitleidete ihn, weil er sogar Silvester im Bus auf irgendeiner Landstraße im Norden Argentiniens verbringen würde. »Dafür war der Urlaub schön«, sagte er und zeigte mir die Fotosammlung auf seinem Handy, die aus nicht mehr als vier oder fünf Motiven bestand, die er dafür aber jeweils aus jedem vorstellbaren Winkel aufgenommen hatte.

Christian war neugierig und wollte alles über Deutschland und Europa wissen. Vor allem die Sache mit der Berliner Mauer interessierte ihn. Natürlich redeten wir irgendwann auch über Fußball, ein unvermeidliches Thema längerer Männergespräche in Südamerika. »Bei der Weltmeisterschaft spielen wir gegen Italien, das wird schwer«, informierte mich Cristian. »Aber wir haben ein paar gute Leute in der Mannschaft.«

Einige Wochen später las ich in der Zeitung, dass die Hoffnungen Paraguays auf fußballerische Erfolge deutlich getrübt worden waren: Der Stürmerstar des Landes, Salvador Cabañas, hatte in einer Bar in Mexico City einen Kopfschuss erlitten. Seine Genesung würde sich über viele Monate hinstrecken. Das Viertelfinale erreichten sie trotzdem.

Als Cristian irgendwann keine Fragen mehr hatte, schlief ich in meinem zurückklappbaren Sessel ein. Kurz nach Sonnenaufgang erreichten wir Comodoro Rivadavia, die größte Stadt im Süden Patagoniens. Bevor ich ausstieg, tauschten Cristian und ich unsere Kontaktdaten aus. Seitdem schreibt er mir mindestens alle zwei Wochen über Facebook, um zu fragen, wie es mir geht, und mir mitzuteilen, dass er unbedingt nach München kommen will. Noch haben wir es nicht geschafft.

Comodoro, wie die Argentinier abkürzend sagen, ist nicht nur eine der südlichsten, sondern auch eine der reichsten Städte des Landes. Der Grund dafür sind die Ölvorkommen, die vor über hundert Jahren bei der Suche nach Trinkwasser zufällig in großer Tiefe entdeckt wurden.

Damals war die Gegend weitgehend menschenleer, abgesehen von einzelnen walisischen Bauernhöfen, einigen Militärstützpunkten und den letzten Indianersiedlungen. Die Bodenschätze haben das geändert und viele Menschen aus dem Norden und den Nachbarländern angelockt. Der ganze Landstrich rund um Comodoro liegt auf einem Teppich aus schwarzem Gold, der sich unter der harten, trockenen Erdkruste ausbreitet und noch für ein paar Jahrzehnte Reichtum verspricht.

Wieder hatte ich mir über die Couchsurfing-Website eine Übernachtung organisiert. Nach der interessanten Erfahrung mit Nancy in Río Grande wollte ich das System noch einmal ausprobieren, das mir in einer solchen Stadt besonders hilfreich zu sein schien: Comodoro ist nicht gerade ein Touristenmagnet, weshalb es keine günstigen Hotels gibt, sondern nur ziemlich teure Unterkünfte für Geschäftsleute.

Die Suchfunktion führte mich zum Profil von María Eugenia, die mir auch sofort antwortet. Ich sei bei ihrer Familie willkommen, auch um Silvester zu feiern. Den Fotos auf der Website zufolge handelte es sich um eine ziemlich große Familie, in der mindestens drei Generationen zusammenlebten. Alle lächelten sehr fröhlich in die Kamera, das ermunterte mich.

Am Morgen meiner Ankunft holte mich María mit ihrer Mutter in der Nähe des Busterminals ab. Sie war eher klein, dunkelhaarig und hatte ein freches, hübsches Gesicht, das sie unter einer großen, dunklen Sonnenbrille verbarg. Die Mutter stellte sich als Laura vor. »Du wirst dich freuen, wir haben noch einen anderen Deutschen bei uns und einen Argentinier«, kündigte sie an.

Wo ich hinkam, war ich nicht der erste Gast. Ähnlich wie Nancy schienen auch María und Laura fast schon professionelle Gastgeberinnen für Backpacker zu sein. »Ist das normal, dass gleich drei Couchsurfer bei euch sind?«, fragte ich, auf der Rückbank des silbernen Mazda sitzend. »Das ist doch sicher anstrengend.«

»Drei nicht, zwei waren es schon öfter. Aber das macht nichts. Ist doch schön und unterhaltsam. Mich haben Freunde mal gefragt, ob meine Eltern Hippies sind, weil wir das machen«, erzählte María. »Aber ich finde das ganz normal, und von jedem Besucher lernen wir etwas.«

»Das stimmt«, ergänzte Laura, während sie auf eine Ausfallstraße einbog. »Außerdem hält es mich jung. Vielleicht gehen wir selbst mal auf eine lange Reise, und dann freuen wir uns über Hilfe.«

Die beiden fragten mich über meine Reise aus und warum ich gerade nach Comodoro gekommen war. »Mich hat diese Sache mit dem Öl fasziniert und dass zugleich in erneuerbare Energien investiert wird. Und vor allem brauchte ich einen Zwischenstopp auf der langen Reise hinauf nach Buenos Aires.«

»Ja, da oben, auf einem der Berge, liegt der größte Windpark Südamerikas«, sagte Laura. »Du musst mit meinem Mann darüber reden, der unterrichtet Ingenieurwesen an der Universidad Nacional de la Patagonia San Juan Bosco. Ich bin auch Dozentin dort, aber für Krankenpflege.«

Rechts unterhalb der vierspurigen Straße lag der Hafen mit seinen Öltanks, links schnitten grüne Täler in die staubigen Hügel, die direkt hinter der Stadt aufstiegen. »Wir sind gleich da, schau, da oben, die grünen Häuser.« María deutete auf eine Anhöhe. »Wir wohnen erst seit ein paar Monaten dort.«

Die Zufahrtswege der Neubausiedlung mit ihren Bürgersteigen waren noch nicht geteert, einzelne Mauern nicht verputzt. Baugruben lagen offen in der Sonne. Die fertigen Häuser sahen modern aus und glichen einander: pistaziengrün angestrichen, mit schrägen Blechdächern, auf denen Wassertanks standen. Ich fühlte mich in eine deutsche Stadtrandsiedlung aus den späten Siebzigerjahren versetzt.

Im Haus war ordentlich Betrieb. Emilio, der älteste und recht beleibte Sohn, kam mir entgegen und umarmte mich. In der Küche standen Martin, ein Programmierer aus Buenos Aires, der den Weihnachtsurlaub nutzte, um sein Land zu erkunden, und Till, ein blonder, hagerer Schäfer aus Ravensburg. Der Vater der Familie, eher klein und mit dunklem Teint, stand vom Computer auf, um mir die Hand zu schütteln. Wo wir alle schlafen würden, war für mich noch nicht zu erkennen. »Wir waren gerade auf dem Weg, einen Spaziergang in die Stadt zu machen. Emilio bringt uns auf den Cerro Chenque, von da hat man eine tolle Aussicht«, teilte María mit.

Ich konnte gerade noch meinen Rucksack abstellen, dann ging es los.

»Leider muss ich noch ins Büro wegen einer Silvesterparty«, entschuldigte sich Emilio, als er uns nach vielen Kurven oben auf dem Berg absetzte. »Ich arbeite als Eventmanager. Aber wir sehen uns später.« María nutzte die Gelegenheit für eine kleine Beichte: »Ich werde leider gar nicht daheim sein, weil ich in einem Hotel als Aushilfe arbeite und bis in die frühen Morgen dort sein muss.« Das fand ich schade, denn unser Abend würde damit unter einem sehr großen Männerüberhang leiden.

Vom Cerro Chenque aus überblickten wir die ganze Stadt und einen breiten Abschnitt der Atlantikküste, die sich unter klarem Himmel in eine smaragdfarbene Bucht nach der anderen teilte. Der Wind blies so heftig den Berg hinauf, dass ich mich fast gegen ihn lehnen konnte, ohne umzufallen. Auf dem Gipfel über uns drehte sich ein großes, weißes Windrad.

»In Argentinien wird Comodoro auch die Stadt des Windes genannt«, erzählte María, deren offene blaue Jacke wie eine Fahne um ihren Rücken flatterte. »Manchmal erreicht der Wind, der immer vom Meer her kommt, Geschwindigkeiten von mehr als zweihundert Stundenkilometern. Die Häuser müssen auf eine bestimmte Art gebaut werden, damit sie nicht irgendwann umgeblasen werden. Es gibt Tage, da kann man nicht vor die Tür gehen. Es wäre zu gefährlich.«

Die vielen zweckmäßigen Flachbauten an rechteckig angeordneten, breiten Straßen, dazwischen einzelne mittelgroße Hochhäuser, verliehen Comodoro das Aussehen einer mittelgroßen Stadt in Texas. An einer Fassade bleichten die großflächig aufgemalten Logos amerikanischer Softdrinkmarken. Der Wind trug den Verkehrslärm ungefiltert zu uns, als stünden wir an einer der Ampelkreuzungen.

María, Martin, Till und ich gingen zu Fuß in die Stadt hinunter. Die Mauern entlang der Straße waren mit großen Graffiti beschmiert. »Öl und Gas verstaatlichen!«, stand da. »Die radikale Linke muss sich vereinigen!«, lautete ein weiterer Spruch, oder: »Tod dem Kapital!« Dicke Stromkabel liefen über unseren Köpfen zu Masten, an denen sie sich zu einem undurchdringlichen Knäuel vereinten. Eine Mutter mit zwei Kindern schleppte schwere Einkaufstüten eine steile Straße hinauf.

»Es gibt in Argentinien ziemlich viele radikale Leute, das ist ein Überbleibsel der Krisenjahre«, erzählte Maria. »Manchmal blockieren sie einfach tagelang die Straßen oder plündern ganze Supermärkte. Das organisieren Gewerkschaften oder Arbeitslose, die Probleme haben, ihre Familien zu ernähren. Ihr müsst wissen, für Ausländer ist hier alles billig, für uns nicht.«

Wir schlenderten durch die Innenstadt, kauften uns in einer Bäckerei Empanadas, die mit Hackfleisch und Käse gefüllt waren, und blieben enttäuscht vor der Tür des Regionalmuseums stehen, das wegen der Feiertage geschlossen hatte. Geöffnet hatten dagegen mehrere Geschäfte, die gänzlich dem Verkauf von *pirotecnia*, Feuerwerkskörpern in allen Formen und Farben, gewidmet waren. Es würde in dieser Nacht ordentlich krachen über Comodoro.

María wollte zurück nach Hause, Martin, Till und ich besorgten Wein und Bier für den Abend, die wir als Gäste beisteuern wollten. Ich hatte meine Neugier noch nicht befriedigt und setzte die Erkundungstour alleine fort, auch wenn ich von der Nachtbusfahrt müde war. Hinauf zum Windpark kam ich nur mit dem Taxi. Ich musste hart mit dem Fahrer verhandeln, der jammerte, dass seine Reifen auf den Schotterstraßen in den Hügeln kaputtgehen würden, und einen horrenden Preis verlangte.

Schon nach zehn Minuten kamen wir an den ersten Ölpumpen vorbei, die sich in gemächlichem Takt bewegten, wie zu groß geratene Metronome, die jemand achtlos auf die Seite gelegt hatte.

»Da unten sind die Slums, da ist gerade erst wieder einer erschossen worden«, sagte der Fahrer und deutete hangabwärts. »Die Mieten sind in Comodoro so teuer geworden, dass viele Menschen sich keine Wohnung mehr leisten können. Sie bauen Hütten auf Land, das ihnen gar nicht gehört. Es gibt viele Einwanderer aus Peru oder Bolivien, die sammeln sich dort. Geh lieber nicht hin.«

Nach ein paar weiteren Kurven sahen wir die Ausläufer der Stadt nicht mehr, dafür aber auf einer weiten Ebene ein Windrad neben dem anderen. So eng beieinander standen sie, dass ihre langen, weißen Arme in endlose Gefechte verwickelt zu sein schienen. Ich stieg aus und stellte mich unter einen der vielleicht fünfzig Meter hohen Türme aus Eisen und Stahl. Der Lärm betäubte meine Ohren.

»Lebensgefahr durch herabfallende Gegenstände«, warnte ein Schild. Ich stellte es mir unangenehm vor, von den Einzelteilen eines Geiers oder Adlers getroffen zu werden, den ein Rotorblatt halbiert hatte. Oder meinte das Schild lose Schrauben und Metallteile? Noch unangenehmer.

Eine verwitterte Tafel schildert die Geschichte des Windparks, der in den Neunzigerjahren errichtet wurde und ein Drittel des Energiebedarfs von Comodoro deckt. »Besonders viel investiert haben sie hier nicht mehr in letzter Zeit«, sagte der Taxifahrer, auf ein Wartungsgebäude deutend, dessen Farbe abblätterte. »Das Öl ist einfach lukrativer. Aber irgendwann ist es damit vorbei. Spätestens dann werden es auch unsere Politiker kapiert haben.«

Zurück in der Stadt, ging ich hinab zum kleinen Strand am Hafen, um Zeitung zu lesen und zu entspannen, bevor ich wieder in meine überfüllte Unterkunft musste. Über mir saß vor einer hellblauen Holzhütte ein fünfköpfiges Team der Wasserwacht, fast genauso viele Leute, wie sich zum Angeln und Sonnen am Strand aufhielten. Ein gelber Bauhelm wurde angeschwemmt. Draußen lag ein großer Tanker vor Anker.

In einem mehrseitigen Interview zum neuen Jahr versprach der Gouverneur, dass in der Kordillere im Westen mit ihren Gletschern und Seen weiterhin keine Rohstoffe abgebaut würden, auf dem Hochplateau zwischen Bergen und Meer dagegen schon. Außerdem werde er vermutlich für das Präsidentenamt kandidieren. Es sei an der Zeit, die selbstgefälligen Kirchners an der Macht abzulösen.

Bald nahm ich den Linienbus zurück zu meiner Leihfamilie. Martin und Till bauten gerade hinter dem Haus eine Feuerstelle, die sie in drei Richtungen mit aufeinandergestapelten Ziegeln vor dem Wind schützten. Auf dem großen Esstisch im Wohnzimmer nahm Emilio ein ganzes, gehäutetes Lamm aus und spießte es auf. Es sollte am Abend ein echtes patagonisches *cordero* geben.

Eine Regalwand teilte das Wohnzimmer, hinter der drei Betten aufgebaut waren. Ich vermutete, dass ich in einem davon schlafen würde, denn im ersten Stock hatte das Haus nur drei Zimmer: das Bad, das Schlafzimmer der Eltern und Marías Zimmer. Ich erkundigte mich bei Till, dem jungen, blonden Schäfer aus Ravensburg, der schon seit zwei Tagen hier war, wo wir denn alle unterkommen würden. »Das geht schon irgendwie«, antwortete er. »Auf den Betten, auf dem Sofa oder notfalls auf dem Boden.«

Dass erwachsene Kinder so lange mit ihren Eltern unter einem Dach leben, bis sie heiraten, ist in ganz Südamerika üblich, vor allem die jungen Frauen tun das. Bei meinen Gastgebern schien es sich um eine besonders harmonische Familie zu handeln, deren Angehörige fast ohne Privatsphäre miteinander auskamen. Zudem fiel mir auf, dass zwar eine gewisse Unordnung herrschte, aber insgesamt nur wenig Hausrat herumlag und -stand, sodass für die Bewohner halbwegs Platz blieb. Nur Marchita, die junge, räudige und schlecht erzogene Hündin, hatte einen Sessel ausschließlich für sich.

Laura bat mich auf einen Kaffee in die Küche. Der gebrechliche und schweigsame Opa schaute sich auf einem alten Sessel in einer Ecke vor der Treppe die Fernsehübertragung der Silvesternacht in Dubai an, wo das neue Jahr gerade begonnen hatte.

»Mein Vater ist ein sephardischer Jude aus Spanien und unter der Franco-Diktatur ausgewandert«, erzählte Laura. »Wir haben in der Familie nie über das Judentum gesprochen, sondern uns ganz brav und katholisch angepasst. Ich glaube, mein Vater hatte Angst, noch einmal wegen seines Glaubens unterdrückt und vertrieben zu werden. Spanien hat er nie wiedergesehen. Jetzt ist er zu alt und zu krank, um zu reisen.«

»Seid ihr auch heute noch katholisch?«, fragte ich. Im Regal hatte ich ein Jesusbild und eine Bibel entdeckt.

»Nein, wir gehören einer baptistischen Gemeinde an. Mein zweiter Sohn Jesús, den kennst du noch gar nicht, spielt gerade in der Kirche Gitarre und hält eine Predigt«, sagte Laura.

Francisco, ihr Mann, stand im Türrahmen und hatte unsere letzten Sätze gehört. »Ich würde nicht einmal unbedingt sagen, dass ich an Gott glaube«, fügte er hinzu. »Aber ich gehe mit in den Gottesdienst, weil in meinem Leben zu viele schöne Dinge geschehen sind, die nicht der Zufall herbeigeführt haben kann. Schau dir nur meine Familie an.«

Er erzählte, dass er aus Peru stamme, in den Siebzigerjahren zum Studieren nach Argentinien gekommen und geblieben sei. »Damals, unter der Diktatur, sind viele Freunde von mir verschwunden, gerade Einwanderer, die politisch aktiv waren. Manchmal sind ihre Eltern gekommen, um sie zu suchen. Dann hat die Militärpolizei behauptet, man habe sie nach Hause geschickt. Nur sind sie dort nie angekommen. Mich haben sie nie behelligt.«

Ich ging zurück ins Wohnzimmer, um meinen Rucksack zu verstauen. Aus den Boxen, die an den Familiencomputer angeschlossen waren, klangen patagonische Lieder von Hugo Giménez Agüero. Er hat die ganze Region besungen, von der *Amor sureño*, der südlichen Liebe, über *El Último Tehuelche*, den letzten Tehuelche-Indianer, bis hin zum *Canto del Viento*, dem Lied des Windes. Laura summte leise und sang einzelne wehmütige Zeilen mit: »Tierra, no tiengas tristezza, si es que llorando me ves, llora el rocío en la rosa y seca el llanto déspues.« (Mein Land, trage nicht Trauer, wenn du mich weinen siehst, weint der Tau in der Rose, und wenig später trocknen die Tränen.)

Versehentlich setzte ich mich auf den Schwanz von Marchita, der jungen Hündin, die in ihrem Sessel lag. Emilio nannte sie »unseren kleinen Rottweiler«, aber so richtig gefährlich sah sie nicht aus. Später, als niemand anderes zuschaute, rächte sie sich und kratzte mich an meinem rechten Arm.

Draußen schüttete Emilio einen halben Liter Bier über das Lamm, der zischend verdunstete. Der Wind trieb den Qualm zu den Nachbarn, die fröhlich winkten. So langsam bekam das gehäutete Tier eine dunkelbraune Kruste und machte einen höchst schmackhaften Eindruck.

»Du scheinst ja ein Profi zu sein«, sagte ich zu Emilio.

»Nein, gar nicht, ich mache das zum ersten Mal. Aber ein Argentinier hat das im Blut.«

Laura hatte mir erzählt, dass Emilio aus einer früheren Ehe stamme. Das erklärte, warum er mit seinem starken Übergewicht und den hellen, lockigen Haaren weder seiner Schwester noch seinem Bruder ähnlich sah. Jesús war inzwischen zurückgekommen und schenkte uns Fernet Branca mit Cola ein. Ich reichte mein Glas schnell weiter. Der italienische Magenbitter gilt zwar in Argentinien nicht als Supermarktfusel, sondern ist eine Art Nationalgetränk, mir war jedoch ein einfaches Quilmes-Bier allemal lieber.

Während Emilio das Lamm drehte und wendete, erzählte er von den Schattenseiten der Stadt. »Es gibt sehr viel Prostitution hier, weil viele Arbeiter und Ingenieure für die Ölförderung hierherkommen und ihre Familien daheim zurücklassen. Man sagt bei uns: Entweder wird ein *petrolero* betrogen, oder er betrügt selbst. Auch Drogen und Alkohol sind ein großes Problem. Immigranten aus Osteuropa haben den Wodka mitgebracht, der die Arbeit in Wind und Kälte erleichtert. Aber die Einheimischen sind nicht daran gewöhnt und werden schnell suchtkrank.«

Von diesen Themen hatten weder die modernen Fassaden der Bürohäuser noch die Zeitungsspalten berichtet.

»Aber du hast nichts mit dem Öl zu tun, oder?«, fragte ich.

»Nein, aber das Ölgeld durchdringt hier alles. Unsere Events, jegliche Art von Kultur, die ganze Stadt würde es in dieser Form überhaupt nicht geben ohne das schwarze Gold. Das ist Fluch und Segen zugleich. Das Problem ist, dass unsere unfähigen Politiker das Geld einstecken, aber nichts für die Gesellschaft tun. Der

Schlimmste von allen war Carlos Menem, unter ihm leiden wir noch heute.«

Bei diesen Worten griff sich Emilio deutlich sichtbar zwischen die Beine. Martin lachte, Till und ich sahen uns ziemlich verdutzt an. »Das ist eine Tradition im Land geworden«, sagte Emilio. »Wenn der Name Menem fällt, fassen sich Männer dorthin und Frauen an ihre linke Brust. Das drückt Missbilligung aus.« Ich fragte mich, was die Amerikaner dann wohl machen müssten, wenn jemand George Bush junior erwähnt.

Die Sonne ging unter und tauchte den Himmel in schönere Farben, als es je ein Feuerwerk vermocht hätte. Gegen halb elf kamen weitere Gäste, eine Familie mit drei Kindern und ein mittelaltes Paar. Jetzt war das Wohnzimmer wirklich voll. Emilio riss das gegrillte Lamm mit seinen großen Händen auseinander, zersägte die Knochen und warf die Einzelteile in eine große Schüssel, aus der sich jeder bediente. Es war nicht nur erlaubt, sondern erwünscht, das Fleisch mit der Hand von den Knochen zu ziehen. Dazu gab es Kartoffeln.

Bald flogen die ersten bunten Raketen über den schwarzen Himmel vor der Terrassentür. Als das neue Jahr hereingebrochen war, umarmten und küssten sich alle mehrfach auf die Backen, auch die Männer untereinander.

Die Busfahrt und der lange Tag hatten mich müde gemacht. Bald fiel ich auf eines der scheinbar freien Betten hinter der Regalwand, während die Gesellschaft munter weiterfeierte.

Am Nachmittag des Neujahrstags unternahmen die Eltern, Martin, Till und ich einen Ausflug nach Astra, einer alten, weitgehend verlassenen Ölarbeiterstadt nordöstlich von Comodoro Rivadavia. Auf der Fahrt dorthin kamen wir an einer Art Heiligenschrein vorbei, um den viele kleine rote Fahnen standen.

»Weißt du, was das ist?«, fragte Laura. Schon öfter hatte ich an argentinischen Landstraßen solche Andachtsstätten entdeckt und vermutet, dass sie an tödliche Unfälle erinnerten. Laura klärte meinen Irrtum auf. »Das sind kleine Wallfahrtsorte, die dem Gauchito Gil gewidmet sind. Normalerweise hupen Argentinier, wenn sie an einem solchen Schrein vorbeifahren, und erhoffen sich so eine gute Reise. Die Kirche hat ihn nie anerkannt, aber er ist ein Volksheiliger in Argentinien.«

»Was hat der Gauchito denn gemacht, dass er so verehrt wird?«

»Ich versuche, dir die Kurzversion zu erzählen. Er musste sich wegen eines unrechtmäßigen Verhältnisses im Wald verstecken, schlug sich mit Diebstählen durch und gab alles, was er nicht brauchte, den Armen. Irgendwann wurde er entdeckt und verurteilt. Als der Henker ihm die Kehle durchschneiden sollte, prophezeite ihm Gauchito, dass sein kranker Sohn sterben werde, wenn er nicht zu Gauchito bete. Der Henker vollstreckte zwar das Urteil, betete aber zu Gauchito, und sein Sohn genas. Das alles geschah in Corrientes, ganz im Norden. Dort hat der Henker ein Denkmal errichtet, das noch heute steht.«

»Und die rote Farbe steht für Gauchitos Blut?«

»Genau. Lustig, dass dich solche Geschichten interessieren. Es gibt noch eine, die Legende von der Difunta Correa, einer Frau, deren Mann im Bürgerkrieg verschwunden war. Auf der Suche nach ihm verirrte sie sich in der Wüste und verdurstete. Als man sie fand, lag ihr Säugling an ihrer Brust, deren Milch ihn am Leben erhalten hatte. Auch ihre Gedenkstätten finden sich im ganzen Land. Du erkennst sie an den vielen leeren Wasserflaschen.«

Dass die Argentinier ein Herz für Melodramen und Wundergeschichten haben, wusste ich, aber diese beiden Geschichten waren mir neu. Ich nahm mir vor, in Zukunft dem Gauchito Gil und der Difunta Correa aus dem Busfenster zuzuwinken, wenn ich schon nicht hupen konnte.

IV Trauertag-Tango

Noch immer war ich viele Hundert Kilometer von Buenos Aires entfernt. Wenn ich für den untersten Abschnitt des Kontinents bereits mehrere Wochen brauchte, wann sollte ich jemals an der Karibikküste ankommen? Mir kam es vor, als hätte ich mich in Argentinien verliebt und wollte das riesige, dünn besiedelte Land nicht so schnell verlassen. In Südamerika gelten die Argentinier als hochnäsig, mir waren bisher fast nur offene und gastfreundliche Menschen begegnet.

In Comodoro Rivadavia bestieg ich den Bus hinauf nach Puerto Madryn. Wieder lagen etliche Stunden auf der *Ruta 3* vor mir, jener Landstraße, die von der Lapataia-Bucht auf Feuerland bis hinauf in die Hauptstadt führt. Sie ist zwar nur zweispurig, aber weitgehend geteert, was sie zu einer der wichtigsten Routen des Landes und zur Lebensader Patagoniens macht.

Am Busterminal von Trelew, einer walisisch geprägten Stadt, stiegen am Abend ziemlich viele Passagiere aus. Ich blieb schläfrig sitzen, der Bus fuhr weiter. Eine Stunde würde es noch dauern bis Puerto Madryn. Wenige Minuten später erschrak ich: Der Bus blieb erneut stehen, alle Lichter gingen aus. Als ich um mich blickte, stellte ich fest, dass ich der einzige übrig gebliebene Passagier war.

Ich sprang auf, ließ meine Tasche liegen und eilte die schmale Treppe des zweigeschossigen Busses hinab. Die Tür stand offen, ich ging nach draußen. Im Halbdunkel war niemand zu sehen. Ich knallte mit dem Kopf gegen den Außenspiegel eines zweiten Busses. Mein Schädel brummte. Jetzt erkannte ich ein großes, abgeschlossenes Zufahrtstor, auf dem das Logo der Busgesellschaft prangte. Befand ich mich in einem Depot, in dem der Bus zur Nachtruhe abgestellt war?

Ein rauchender Mann trat aus dem Schatten hervor. In der rechten Hand trug er einen Eimer mit Putzlappen, in der linken einen Besen. Er blieb stehen und starrte mich verblüfft an.

»Was ist los? Wo bin ich?«, fragte ich.

»In Trelew, hier ist Endstation. Wir fahren nicht weiter. Hättest am Terminal aussteigen müssen.«

»Aber ich habe doch ein Ticket nach Puerto Madryn gekauft.«

»Wie ich schon gesagt habe: Von hier geht es nicht weiter«, brummelte er.

Schnell ging ich zurück nach oben, um meine Sachen zu holen. Unten im Bauch des Busses lag hoffentlich noch mein großer, schwarzer Rucksack. Diesmal traf ich an der Tür den Busfahrer, der mich ebenfalls recht verdutzt anschaute.

»Was machst du denn hier? Du hättest aussteigen müssen.«

»Ja, genau das hat mir der Kollege auch schon gesagt. Wie komme ich jetzt weiter?«

»Alles halb so schlimm. Wir putzen hier nur den Bus, damit es wieder angenehmer ist für uns alle, dann geht es zurück zum Terminal. Dort sammeln wir die anderen Passagiere auf, und es geht weiter.«

Ich holte tief Luft. Ein Stechen im Schädel erinnerte mich unangenehm an den Außenspiegel, schon war eine Beule zu spüren. Warum aber hatte mich der Putzmann, der leere Getränkedosen unter den Sitzen auf dem Unterdeck hervorzog, so erschreckt? War er falsch informiert? Oder hatte er sich einen Scherz erlaubt? Ich verzichtete darauf, das zu klären, und kehrte zu meinem Platz zurück.

Eine halbe Stunde später ging es in einem sauberen Bus weiter. Wir sammelten die anderen Passagiere, die sich ganz entspannt im Terminal mit Snacks versorgt hatten, wieder ein. Um elf Uhr abends kamen wir schließlich in Puerto Madryn an. Müde von der langen Reise, schleppte ich mein Gepäck zu einem Hostel, wo ich ein Achtbettzimmer für Männer mit einem Australier aus Melbourne und einem Kanadier aus Vancouver teilte.

Der Ort sollte mir als Ausgangspunkt für eine Fahrt auf die Halbinsel Valdés dienen, die auf einer Landkarte von Argentinien sehr klein aussieht, aber so groß ist wie Mallorca. Als ich am frühen Morgen die Treppe in den Garten meiner Unterkunft hinabstieg, unter einem Aprikosenbaum mit halbreifen Früchten hindurch, überkam mich große Freude: Es war bereits ziemlich warm, und das bedeutete, dass es mit dem Frieren für diese Reise vorbei sein würde. Auf Feuerland hatte ich mir manchmal noch ein wärmeres Oberteil herbeigewünscht, ab sofort reichte meine Kleidung aus.

Leider musste ich feststellen, dass die öffentlichen Busverbindungen zur Halbinsel schon seit Tagen ausgebucht waren. In Argentinien beginnt nach dem Neujahrstag die große Urlaubssaison. Mietwagen waren mir zu teuer, und so buchte ich bei einer Agentur eine Tour im Jeep. Der Fahrer hieß Santiago, er war ein Touristikstudent aus der Nähe von Buenos Aires, der für ein paar Monate in Puerto Madryn arbeitete.

Wir holten noch zwei weitere Fahrgäste ab, Sara und Stefano, zwei Chemiestudenten aus Pisa, die innerhalb von vier Wochen das ganze Land bereisen wollten. Sie setzten sich auf die Rückbank des silbernen Ford Explorers.

Wir fuhren Richtung Norden aus der Stadt hinaus, vorbei an einem großen Aluminiumwerk, dessen Transportschächte über die Straße bis hinab zum Hafen reichten. Bald hatten wir die letzten Häuser passiert. Büsche und Gräser standen dichter auf dem trockenen Boden, als ich es von der Steppe tiefer im Süden kannte. Die Kakteen waren gerade erst verblüht. Noch immer öffnete sich der

Himmel unendlich weit, bis hin zu einigen Hügeln, die in der Ferne flimmerten. Wieder überkam mich das Glücksgefühl der Endlosigkeit, das ich nur aus Patagonien und Nordamerika kenne.

»Die Vegetation in der Gegend nennen wir Monte«, sagte Santiago. »Komischer Name, hat eigentlich nichts mit Bergen zu tun. Bäume wachsen nur in geschützten Tälern wie am Chubut. Daran ist nicht nur die Trockenheit schuld, sondern auch der Wind, der einfach zu stark ist.«

Die beiden Italiener beugten sich nach vorne, um zuhören zu können. Das gestaltete sich aber als schwierig: Sara und Stefano sprachen kaum Spanisch oder Englisch, Francisco konnte kein Italienisch und beherrschte nur ein bruchstückhaftes Englisch. Ich ahnte, dass der Tag für mich anstrengend werden könnte, mit einem unbezahlten Nebenjob als Dolmetscher.

Nach eineinhalb Stunden erreichten wir die schmale Landbrücke, die zwischen zwei Buchten vom Festland auf die Halbinsel führt. Ihr Tierleben macht sie zum Pflichtaufenthalt für Reisegruppen und Kreuzfahrttouristen, deren Schiffe in Puerto Madryn vor Anker gehen. Entsprechend viele Busse standen am Besucherzentrum, das wir bald wieder verließen. Ich interessierte mich mehr für lebende Tiere als für sorgfältig ausgestopfte und langatmig beschilderte Exemplare.

»Leider habt ihr die Walsaison knapp verpasst«, erläuterte Santiago. »Vor ein paar Wochen war hier alles voll von den Tieren. Dieses Jahr sind besonders viele gekommen, um ihre Jungen zu kriegen. Im Oktober gab es einen schlimmen Unfall. Ein Fotograf, eine Wildhüterin und der Kapitän ihres kleinen Schiffes kamen dabei ums Leben. Vermutlich sind sie mit einem Südkaper, so heißt unsere Walart, zusammengestoßen.«

»Gibt es hier nicht sogar Orcas, die sich Seelöwen als Beute vom Ufer holen?« Ich erinnerte mich, in einer Tierdokumentation solche Bilder gesehen zu haben.

»Doch, das stimmt, und die kommen das ganze Jahr über. Aber wir müssten schon sehr viel Glück haben, um einen Raubzug mitzuerleben. Die Killerwale zeigen sich vielleicht alle zehn Tage, nicht öfter. Sie sind eigentlich viel enger mit Delfinen verwandt als mit anderen Walen.«

Wir fuhren inzwischen auf einer braunen Schotterstraße über flaches Land. Schafe grasten zwischen Disteln und Dornsträuchern. »Eigentlich hätte die Halbinsel längst zum Naturschutzgebiet erklärt werden sollen«, erzählte Santiago, »aber die Besitzer der alten Estancias wollen ihren Grund nicht hergeben. Zumindest nicht zu dem Preis, den die Regierung anbietet. In den Zeiten des Falklandkriegs war hier sogar ein Militärstützpunkt, wie fast überall an der Küste.«

Auf der Rückbank war es ziemlich leise geworden. Stefano hatte sich zurückgelehnt, Sara schaute sichtlich gelangweilt aus dem Fenster.

»Estan cansado?«, fragte Francisco. Er wollte wissen, ob seine Fahrgäste müde seien.

»Que?« Sara schaute ihn zweifelnd an.

»Are you tried?«, versuchte Francisco es noch einmal, in seiner Art Englisch.

»What?«

Die beiden Italiener tuschelten kurz miteinander, dann kam die Antwort in einer Mischsprache:

»Stanca? No, no tanto.«

Der gehemmte Gesprächsfluss zehrte etwas an meiner Geduld. Jetzt waren Sara und Stefano wieder wach, wollten genauso viel wie ich über die Natur um uns herum erfahren und Santiagos Erklärungen nicht verpassen. Ich war froh, als wir Punta Norte erreichten und dort ausstiegen. »Dann schauen wir mal, wo die Orcas bleiben.« Santiago schmunzelte.

Die Wege hinab zum Ufer waren um diese Zeit noch menschenleer. Mit dem schnellen Jeep hatten wir die Besuchergruppen in ihren Bussen abgehängt. Die Ebbe legte am Strand einen mehr als zehn Meter breiten, feuchten Streifen frei, auf dem zahllose Seelöwen so dicht beieinanderlagen wie die Urlauber am Strand von Mar del Plata, dem größten argentinischen Badeort.

»Seht ihr, wie sich die einzelnen Gruppen zusammenrotten?«, fragte Santiago, während wir die Stufen hinab zu einem Zaun stiegen, der neugierige Menschen von den wuchtigen Tieren fernhielt. »Das sind Harems. Unter Seelöwen herrschen ziemlich brutale Sitten. Die ausgewachsenen Männchen sichern sich ein ganzes Rudel an Weibchen und beherrschen sie wie Tyrannen.«

In diesem Moment stellte sich ein besonders kräftiger Bulle auf seine Hinterflossen, schüttelte Wasser aus seiner Mähne, reckte seinen wuchtigen Kopf in die Luft und begann zu brüllen. Das etwas ordinäre Geräusch erinnerte tatsächlich an einen Löwen, bewegte sich aber in etwas höheren Tonlagen und war deshalb nicht ganz so Furcht einflößend. Unbeirrt tauchten die niedlichen, schmalen Jungtiere durch die Wellen, deren Gischt bis zu uns hinaufflog, und kuschelten sich dann wieder eng an ihre Mütter. Durchs Fernglas kam mir jedes der braunen Tiere, insgesamt waren es an diesem Strandabschnitt mehrere Hundert, wie ein intelligentes Wesen mit einer eigenen Persönlichkeit vor.

»Zwei bis drei Monate leben sie an Land, um ihre Jungen auf die Welt zu bringen, danach verschwinden sie für den Rest des Jahres wieder im Wasser«, berichtete Santiago. »Die Männchen werden bis zu drei Meter lang und können vierhundert Kilo wiegen.«

Ich ging hinauf zu einem kleinen Leuchtturm. Dort war ein Wildhüter stationiert, der allerdings weniger auf die Seelöwen als auf uns neugierige Menschen aufpasste. An einer Tafel notierte er jede Orca-Sichtung, die letzte vor fünf Tagen um ein Uhr mittags. »Heute ist alles ruhig«, enttäuschte er mich. »Neulich hatten wir ein Film-team da, die haben zwei Wochen auf einen Killerwal gewartet. Dann ist er irgendwann gekommen. Hast du so viel Zeit?«

Das wäre mal eine andere Art des Reisens, dachte ich mir, aber Santiago wollte weiter. Wir kamen an einem Salzsee vorbei. »Das ist der tiefste Punkt Argentiniens«, erklärte Santiago, »liegt ungefähr dreißig Meter unter dem Meeresspiegel.« In diesem Moment schrie Sara von hinten. Sie hatte ein Guanako entdeckt, das sie fotografie-ren wollte. Santiago bremste. Als sei es dazu abgerichtet worden, blieb das wilde Lama stehen und schaute freundlich in unsere Rich-tung, bis alle Kameras sie abgelichtet hatten.

An einer Lagune bot sich wenig später ein besonders schönes Bild: Vier Flamingos standen säuberlich hintereinander aufgereiht im Wasser, jeweils ein Bein angewinkelt und unter dem zart rosafar-benen Federkleid versteckt. Ich stellte mir vor, dies sei eine Demons-tration für irgendein flamingointernes Anliegen. Oder meditierten die Vögel gemeinsam? Wieder hieß es aussteigen und ein Foto ma-chen, das gehörte zu unserer Safari hinzu. Nicht einmal ein zweiter Jeep brachte die Flamingos aus der Ruhe. Der Wagen hielt, der bär-tige Fahrer schimpfte: »Was macht ihr hier? Das ist Schutzzone, Aussteigen verboten.«

Verschreckt eilten wir zurück zu unserem Explorer, nur um eine halbe Stunde später wieder haltzumachen. »Hier gibt es eine Überra-schung«, kündigte Santiago an. Unterhalb der Böschung hatte sich eine ganze Kolonie an Magellan-Pinguinen versammelt. Im Hang streckten sie ihre Schnäbel aus den Löchern, die ihnen als Nester dienen, am Strand watschelten sie auf der Suche nach Futter herum. Die Behausungen teilten sie sich mit blau-grünen Geckos, die über den staubigen Boden huschten.

Noch war die Tour durch diesen natürlichen Zoo nicht vorbei. Vom Leuchtturm bei Punta Delgada unternahmen wir eine kleine Wanderung und erreichten nach einer halben Stunde eine Bucht mit graubraunem Sand, auf dem meterlange See-Elefantenweibchen herumlümmelten wie überdimensionale Silberfische. Das Sonnenlicht brach sich in der glänzenden Haut der Tiere.

»Die Männchen sind wohl schon wieder weg, nachdem sie die ihre Damen begattet haben«, sagte unser sachkundiger Führer. »Sie haben große Rüssel, die sie zur Paarungszeit aufblasen. Manchmal kämpfen zwei Rivalen so brutal miteinander, dass sie sich tödlich verletzen.«

Die letzte Station unserer Rundreise auf der Halbinsel sollte Puerto Pirámides sein, der einzige dauerhaft besiedelte Ort auf der Halbinsel. Auf dem Weg dorthin überfuhr Santiago beinahe einen Nandú, der sich ohne erkennbaren Grund dafür entschieden hatte, direkt vor unserem Jeep auf der Straße stehen zu bleiben. Das Bremsgeräusch und die herumfliegenden Steine beeindruckten den Laufvogel aber so nachhaltig, dass er auf die andere Straßenseite trabte, während wir schlitternd zum Stehen kamen.

Danach war für eine Weile außer sonnengebleichtem Gras, tiefblauem Himmel und gelblich blühendem Gesträpp nicht mehr viel zu sehen. Santiago und ich unterhielten uns. Die Italiener auf der Rückbank waren jetzt wirklich müde geworden und schienen zu schlafen.

»Wo fährst du denn als Nächstes hin?«

»Nach Buenos Aires. Ein paar Tage noch, dann bin ich dort.«

»Pass dort gut auf, es ist nicht ganz ungefährlich in manchen Vierteln. Vermeide menschenleere Straßen. Trage keine wertvollen Sachen herum. Nichts, was auffällig ist.«

»Das wird schwierig, meine Kamera brauche ich schon.«

»In der Innenstadt ist es auch nicht mehr so schlimm wie früher.

Die Kriminalität hat sich in die Vororte verlagert. Dort, wo meine Eltern leben, ist es zwar eigentlich ruhiger und weniger schmutzig als in der Stadt, aber dafür ist es in den letzten Jahren immer unsicherer geworden.«

»Hast du selber auch schon schlechte Erfahrungen gemacht?«

»Nicht direkt, aber vor vier Jahren ist einer meiner besten Freunde auf offener Straße erschossen worden, weil er nicht sofort sein Handy und seinen Geldbeutel hergeben wollte. Ein Onkel von mir erlitt einen Streifschuss, als er gerade in einem kleinen Geschäft einkaufte. Die Ladenbesitzer sind inzwischen schwer bewaffnet, weil sie nur so die Kriminellen fernhalten können. Besonders gefährlich ist es, mit dem Pendlerzug in die Stadt zu fahren, aber ich muss das tun, um in die Uni zu kommen.«

»Ist es denn nicht besser geworden, seit sich die Wirtschaft stabilisiert hat?«

»Könnte man denken, und eine Zeit lang war es auch so, aber inzwischen ist es wieder ziemlich schlimm. Oft geht es weniger um Geld als um Machtkämpfe. Politiker und Geschäftsleute heuern arbeitslose Jugendliche an, um die Gegend unsicher zu machen. Die Verbrechen nehmen sie dann als Vorwand, um den Bürgermeister oder die Provinzregierung zu stürzen und deren Positionen zu übernehmen. Was dann passiert, ist logisch: Das Ganze geht von vorne los, nur organisiert es diesmal die andere Seite. Das ist ein schwer zu durchbrechender Kreislauf.«

»Und was macht die Polizei?«

»Entweder sind die Beamten korrupt, schauen weg und ermitteln nicht, oder sie kommen mit der Arbeit nicht hinterher. Immer wieder hört man Menschen sagen, dass sie sich die Diktatur zurückwünschen. Es war sicherer auf den Straßen damals, überall Militär. Nachts durfte gar niemand raus. Die verdeckten Verbrechen haben die Leute nicht mitbekommen.«

Die Gewalt hat eine gewisse Macht über den Kontinent, vor allem in den großen Städten. So schlimm Santiagos Beispiele auch waren, in Argentinien ist die Situation immer noch besser als in Brasilien oder Venezuela. In einer Kurve geriet der Jeep erneut ins Schlittern, aber Santiago hielt das Gefährt in der Spur. So langsam überkam mich eine gewisse Müdigkeit, die grelle Sonne und das Herumsitzen im Auto hatten ihre Wirkung getan. Ich lehnte meinen Kopf an die Seitenscheibe und nickte ein.

Als ich aufwachte, drehten wir gerade eine Runde durch Puerto Pirámides. Der Ort war komplett überfüllt. Am Strand stand ein Zelt neben dem anderen, fast ausschließlich junge Leute flanierten durch die Straßen, darunter viele dunkelhaarige Mädchen im Lolita-Look in schmalen Bikinioberteilen und Denim-Hotpants. Aus allen Richtungen kam Musik, die sich zu einem gleichmäßigen Rauschen vermischte.

Zwar wirkten die Straßen mit ihren Kneipen und Souvenirshops touristisch, aber die durchhängenden Stromkabel, die Autowracks und das löchrige Pflaster gaben dem Ort ein patagonisch-vorläufiges Aussehen. Es war zu spüren, dass wir uns recht weit entfernt von einer größeren Ansiedlung befanden. Wir steuerten die einzige Tankstelle an, Santiago befüllte den Wagen, und ich kaufte mir ein Eis.

Ursprünglich hatte ich vorgehabt, hier ein paar Tage zu zelten. Ohne die Wale erschien mir das aber nicht mehr so spektakulär. Die jugendlichen Menschenmassen, die den Beginn ihrer Sommerferien feierten, bestärkten mich in meinem Entschluss weiterzufahren.

»Zu anderen Jahreszeiten ist der Ort so gut wie ausgestorben, außer den paar Gästen, die rausfahren, um Wale anzuschauen«, merkte Santiago an. »Möchtet ihr eine Weile hierbleiben, bevor wir zurückfahren?« Die Italiener und ich waren uns einig, darauf zu verzichten. Santiago bog wieder auf die Hauptstraße ein, wir verließen den Ort und kamen zwei Stunden später in Puerto Madryn an.

Zwei Tage später befand ich mich kurz vor Buenos Aires, jener Riesenmetropole mit dem luftig klingenden Namen, gelegen an einem schmutzigen Fluss. In Argentinien wird sie nur *la capital* genannt, die Hauptstadt, und ihre Bewohner *porteños*, die Hafenstädter. Die übrigen Landesbewohner schreiben ihnen genau jene Eigenschaften zu, die ein Chilene bei allen Argentiniern vermutet: Oberflächlichkeit, Arroganz, Geiz.

Die vergangene Nacht hatte ich in jenem Bus zugebracht, in dem ich immer noch nach Norden rollte. Meine Nachbarin, ein dicker weiblicher Teenager in pinkfarbenem Oberteil und schwarzen Leggins, lehnte immer wieder ihren Kopf an meine Schulter. Die Natur draußen veränderte sich, als wir den Río Negro überquerten, der als die nördliche Grenze Patagoniens gilt. Nicht mehr Schafe, sondern schwarze Rinder grasten auf Wiesen, die nun, statt staubig braun und trockengelb in der Ebene zu liegen, saftig grün leuchteten. Silberne Futtersilos reflektierten die Sonnenstrahlen und standen über den Höfen wie Raumschiffe, die gerade erst gelandet waren. Immer wieder entdeckte ich Seen und Bäche an Stellen, wo sie nicht hinzugehören schienen: Die Gegend war von starken Regenfällen und schweren Überschwemmungen heimgesucht worden.

Feuchte Weiden wechselten mit Wäldchen, in denen die ersten richtigen Bäume standen, die ich seit meinen Tagen an Feuerlands Südküste erblickte. Ein Mittelgebirge links der Landstraße schien fast bis zu den Gipfeln undurchdringlich grün bewachsen zu sein. Wir hielten in Bahía Blanca, einer Bucht, in der schon Charles Darwin mit seiner Expedition vor Anker gegangen war. Einst war die Hafenstadt hart umkämpft zwischen Siedlern und Indianern. Sollte ich hier eine Weile bleiben?

Die Neugier auf Buenos Aires entschied diese Frage. Zwar hatte ich ein bisschen Angst vor Lärm, Hektik und Menschenmassen, ohne die ich in den vergangenen drei Wochen ganz gut zurechtgekommen war, ich wollte aber endlich jene Stadt, die ich nur von zwei Kurzbesuchen kannte, für mich entdecken. Außerdem hatte ich mir im Internet zum ersten Mal auf dieser Reise über ein ziemlich günstiges Sonderangebot ein komfortables Hotelzimmer mit privatem Bad gebucht.

Bisher hatte ich, abgesehen von der ersten Nacht im Minizimmer in Monicas Pension, nur im Zelt, in Schlafräumen von Hostels, in Langstreckenbussen oder auf Matratzen in Privathäusern übernachtet. Damit hatte ich kein großes Problem, aber jetzt wollte ich zumindest für ein paar Stunden Urlaub von meiner Rucksackreise nehmen. Das aufregende, aber manchmal anstrengende Backpackerleben mit kargen Mahlzeiten, schnarchenden Nachbarn und schmutzigen Klos würde mich früh genug wiederhaben.

Am frühen Abend näherten wir uns dem Busterminal von Buenos Aires. Der letzte Kilometer führte durch ein Armutsviertel, in dem die mehrstöckigen Häuser derart schief standen, dass sie sich an der Dachkante berührten. In den engen Gassen schlichen hagere, schmutzige Gestalten, mit Müllsäcken beladen, zwischen spielenden Kindern und streunenden, krank aussehenden Hunden umher.

Ich gehorchte dem Rat, den mir Santiago und mein Reiseführer gaben, und buchte direkt an der Plattform einen Wagen, der mich zum Hotel bringen sollte. Das schmerzte, wenn ich an mein Reisebudget dachte, aber ich wollte kein unnötiges Risiko eingehen. Auf Facebook hatte ich eine unangenehme Geschichte mitbekommen. Erst vor ein paar Tagen hatte Frederic, ein Kollege aus München, in einem vegetarischen Café in dem als weitgehend sicher geltenden Stadtviertel Palermo gefrühstückt. Dort sind viele Galeristen, Bohemiens und Jungmanager beheimatet. Ein junger Mann trat an seinen Tisch, hielt ihm eine Pistole an die Stirn und forderte ihn auf, seine

Wertsachen herauszurücken. Alles ging sekundenschnell, dann war der Räuber verschwunden. Auf ein solches Erlebnis wollte ich ganz gerne verzichten.

Nach einer Viertelstunde erreichten wir mein Hotel im Recoleta-Viertel, nahe dem großen, ehrwürdigen Friedhof gleichen Namens, einer Art *Père Lachaise* von Argentinien. Die Fahrt hatte ich schon im Terminal bezahlt, aber ich wollte dem Fahrer ein kleines Trinkgeld geben.

»Bitte steck dein Portemonnaie sofort wieder weg«, zischte er und wehrte mit der Hand ab. »Ich will nicht, dass irgend jemand da draußen denkt, dass ich Bargeld bei mir haben könnte. Da kann ich mir gleich selbst eine Kugel in den Kopf jagen.« Jetzt war ich wirklich ausreichend gewarnt, auch wenn ich wusste, dass die Stadt so gefährlich nun auch wieder nicht ist.

Mein Zimmer hatte die Grundfläche eines kleinen Einfamilienhauses. Ich wusste gar nicht, ob ich mich auf das Sofa, das Bett oder an den Tisch setzen sollte. Erst einmal verstreute ich meine Sachen über den Boden, um einen Überblick zu bekommen, was ich so alles mit mir herumtrug. Der einsetzende Regen hielt mich nicht davon ab, den kleinen Pool im Innenhof aufzusuchen und ein paar Bahnen zu schwimmen. Ich musste jede Minute an diesem Ort genießen, denn so vornehm würde ich die nächsten Wochen nicht mehr residieren.

In einem italienischen Restaurant an der nächsten Straßenecke holte ich mir eine Pizza zum Mitnehmen, dazu zwei Flaschen Bier von einem Kiosk, machte es mir gemütlich und schlief bald gesättigt und zufrieden ein. Über Nacht sammelten sich noch dichtere Wolken über Buenos Aires, und ich wachte vom Dauerregen auf, der gegen die großen Scheiben meines Zimmers prasselte. Erst jetzt bemerkte ich, dass ich direkt auf eine Allee aus festungsartigen Grabstätten auf dem Friedhof blickte.

In Ushuaia, der südlichsten Stadt der Welt, sind die Straßen nach Entdeckern, Forschern und Missionaren benannt. Im Küstengebirge liegt auch im Sommer Schnee.

Mit Luis, einem Bergführer, bezwang ich den Cerro Alvear, einen der höchsten Berge im argentinischen Teil von Feuerland.

Die Wirtschaft boomt in Ushuaia, auch wegen niedriger Steuern. Viele Menschen leben dennoch in behelfsmäßigen Unterkünften, weil Baumaterial rar ist.

In den Hochmooren Feuerlands ist das Vorankommen schwierig, weil man bei jedem Schritt im feuchten Boden einsinkt. Dafür entschädigen die Blicke nach Chile.

Das Wrack der St. Christopher erinnert an die Gefahren des Beagle-Kanals: Eingesetzt zur Bergung der berühmten Monte Cervantes, lief sie selbst auf einen Felsen.

Am Stadtrand von Rio Grande, zwischen Meeresstrand und Landstraße, liegt dieser verfallene Friedhof, auf dem die Missionare früher Indios begruben.

Blick hinab auf Comodoro Rivadavia: wegen der großen Ölvorkommen im Umland eine der wohlhabendsten Städte Argentiniens.

Zehntausende Guanakos leben in Patagonien. Sie sind eher neugierig als menschenscheu, lassen sich aber nicht domestizieren.

Meine »Couchsurfing-Familie«: Die Eltern Laura und Francisco mit María Eugenia, Jesús und Emilio (vorne) und Martin (links neben mir).

Die Plaza de Mayo ist das Herz von Buenos Aires. Das weiße Haus, der Cabildo, stammt aus dem Jahr 1610 und diente lange als Sitz der Stadtregierung.

Amateur und Profi: Wenn in Buenos Aires die offizielle Müllabfuhr kommt, haben die *cartoñeros* oft schon alles eingesammelt, was sich weiterverkaufen lässt.

Zehntausende Menschen, vor allem Frauen, stehen am Kongressgebäude an, um dem Schlagersänger und Schauspieler Sandro die letzte Ehre zu erweisen.

Ein verfallenes Nebengebäude der Estançia La Porteña bei San Antonio de Areco, auf der Ricardo Güiraldes seinen berühmten Gaucho-Roman schrieb.

Leben auf der Straße: Allein von Ushuaia bis Buenos Aires legte ich rund
4000 Kilometer in Überlandbussen zurück, oft auf staubigen Schotterpisten.

Da es sich um ein Apartmenthotel handelte, musste ich mir das Frühstück aufs Zimmer bringen lassen, was mich nicht störte. Auf dem Flachbildschirm schaute ich *Mañanas Argentinas*, eine Art argentinisches Frühstücksfernsehen. Im Studio saßen drei Moderatoren an einem Tisch, dazu kamen zugeschaltete Reporter, und alle redeten permanent durcheinander, standen auf und setzten sich wieder. Es fiel mir etwas schwer, ihnen zu folgen, auch weil die Hauptstadtbewohner sehr schnell und schnoddrig sprechen.

Ich bekam mit, dass das Wetter schlecht war und so bleiben sollte. In den Außenbezirken wurden aus Angst vor neuen Überflutungen bereits Sandsäcke ausgeteilt. Ein Stau auf einer der Stadtautobahnen blockierte an diesem Montagmorgen den Pendlerverkehr. Ein General aus den Zeiten der Militärdiktatur legte Widerspruch gegen seinen Hausarrest ein, der Fußballverein Boca Juniors hatte das Training wiederaufgenommen und der Trainer seinen beleidigten Presseboykott beendet.

Nach den Kurzmeldungen schaltete der Sender zu einem Reporter in Mar del Plata, drei Stunden südlich von Buenos Aires. Auch dort war der Himmel bewölkt, aber das schien die Urlauber nicht zu stören. Das Thema des Beitrags waren Trends in der femininen Bademode. Die Kamera fing so ziemlich alle Formen und Farben ein, aber der Reporter zog ein klares Fazit: »Lavendelfarben und Weiß müssen diese Saison sein. Und ganz wichtig: auch am Strand viele Accessoires, Ketten und große Ohrringe.«

Mich erinnerte das an eine lange Nacht, die ich vor einigen Jahren mit meinem Freund Christian in den Strandclubs von Mar del Plata verbracht hatte. Versehentlich nahmen wir Aufputschmittel, was dazu führte, dass wir zum Beifall der Menge auf dem Dachgiebel eines Lagerhauses tanzten. Später landeten wir völlig abgebrannt in einem Dorf viele Kilometer südlich, bettelten zwei Kolumbianer um Geld an und warteten auf den ersten Bus, um zurück in die Stadt zu kommen.

Der nächste Beitrag in *Mañanas Argentinas* widmete sich einem traurigen Ereignis, das die Argentinier bis heute als nationale Tragödie betrachten und das sich gerade zum fünften Mal jährte: der Brand in der Diskothek *República Cromañón* in Buenos Aires, der während eines Konzerts der Rockband Callejeros ausbrach und fast zweihundert Menschenleben forderte. Ein zehnjähriges Kind hatte ein bengalisches Feuer entzündet und dadurch die niedrige, stoffbehängte Decke des überfüllten Clubs in Brand gesetzt.

Der Fall wurde schnell zum Synonym für lasche Sicherheitskontrollen, korrupte Stadtbeamte und skrupellose Geschäftemacher. Der Bürgermeister der Hauptstadt musste zurücktreten, Gesetze wurden verschärft. Der Clubbesitzer, der Bandmanager und der zuständige Polizeikommissar sitzen langjährige Haftstrafen ab. Im Land gilt das als einer der vermeintlich seltenen Fälle, in denen die argentinische Justiz sich nicht von kommerziellen oder staatlichen Interessen irritieren ließ.

Der Reporter sprach mit Zeugen und Angehörigen der Opfer, die noch heute Mahnwachen an dem Gebäude abhalten. »Es wurde Gerechtigkeit hergestellt«, schloss der Reporter, »aber die Wunden sind längst nicht geheilt.« Die Callejeros, die »Straßenjungs«, geben inzwischen wieder Konzerte, wenn auch nicht in Buenos Aires. Ihre Platten verkaufen sich um ein Vielfaches besser als vor dem Feuer.

Meine Stimmung passte inzwischen zur Trübnis dieses Morgens. Immerhin hatte der Regen aufgehört, und ich ging hinaus. Der Weg führte mich auf den Friedhof, wo ich an den Grabmälern argentinischer Generäle vorbei an die Ruhestätte von Eva Perón gelangte, die 1952 an Gebärmutterhalskrebs starb. Damals war sie erst 33 Jahre alt. Sie gilt bis heute als Nationalheldin, die den Arbeitern eine Stimme gegeben und den Frauen das Wahlrecht verschafft hat. Viele Argentinier verehren sie wie eine Heilige, und der Film mit Madonna hat ihr endgültig Weltruhm verschafft. Die Sympathie der Peróns für das Naziregime und ihre Fluchthilfe für Naziverbrecher passen nicht so gut in dieses Bild.

Zwei ältere Amerikanerinnen mit blondiertem Haar und gebleichten Jeans um die speckigen Hüften fotografierten das blank polierte Mausoleum aus schwarzem Marmor. Auch die Verwandten Evas aus der Familie Duarte waren dort beigesetzt worden, doch ihre Namen waren zwischen den frischen Blumengestecken und Ehrentafeln von Gewerkschaften und peronistischen Parteien kaum zu erkennen.

Bis zur großen Krise gehorchte die argentinische Politik einem klaren Ordnungsprinzip: Entweder man war Peronist, wie die Kirchners, oder eben nicht. In letzterem Fall gehörte man vermutlich der Unión Cívica Radical an. Seither haben sich viele Splitterparteien gebildet, die politische Landschaft ist unübersichtlich geworden.

An den Friedhof grenzte eine Mischung aus Kultur- und Einkaufszentrum. Schmetterlinge flatterten in einem tropischen Garten, an dessen Ende eine Installation stand, die das Schild am Berliner Wittenbergplatz nachahmte, das in gelber Schrift auf schwarzem Grund die »Orte des Schreckens« auflistet, die wir »niemals vergessen werden«. Auf dieser Version standen nicht Namen wie Auschwitz, Buchenwald oder Flossenbürg, sondern Begriffe wie *El Atlético*, *La Escuelita* oder *Automotores Orletti*. Jedem Argentinier jagen sie ein Schaudern über den Rücken, denn es handelt sich um die Folterstätten der Militärdiktatur. Rund 30 000 Menschen verschwanden in den schlimmsten Jahren von 1976 bis 1979. Viele von ihnen wurden betäubt und über dem Rio de la Plata, an dessen Mündung Buenos Aires liegt, aus dem Flugzeug geworfen.

Noch heute ziehen die *Madres de Plaza de Mayo*, die berühmte Gruppe von Müttern, die damals ihre Söhne und manchmal auch Töchter verloren, jeden Donnerstag über den zentralen Platz in der Altstadt. Néstor Kirchner hat zwar die Amnestiegesetze für die

Militärs aufgehoben, viele Sachverhalte sind aber noch immer ungeklärt.

Mit einem der billigen, rasenden Linienbusse erreichte ich wenig später die Plaza de Mayo, die das historische Herz nicht nur der Stadt, sondern des ganzen Landes darstellt. Die Sonne hatte sich entschieden, dem Wetterbericht aus dem Fernsehen nicht zu folgen, sondern eine tagelange Hitzewelle auszulösen, die gerade begann. An der Ostseite des Platzes strahlte die rosafarbene Fassade des Präsidentenpalasts. Die argentinische Flagge war nicht gehisst, die Präsidentin also nicht zu Hause. Vor dem Cabildo, dem alten Rathaus, boten zwei fahrende Händler allerlei Devotionalien in den Landesfarben an.

Ein paar Meter weiter standen mehrere Zelte aus löchrigen Plastikplanen.

»Was genau macht ihr hier?«, fragte ich einen bärtigen Mann, der gerade Eier in eine Pfanne schlug, die auf einem Campingkocher stand.

»Wir demonstrieren dafür, dass wir endlich auch Pensionen bekommen wie unsere Kameraden, die auf den Malvinas gekämpft haben.«

Erst jetzt las ich den Schriftzug auf dem Plakat hinter dem Zelt: *27 Jahre Vergessenheit und Diskriminierung: Die nicht vom Staat anerkannten Kriegsveteranen. Dauercamp auf der Plaza de Mayo* stand dort in schwarzer Schrift auf einem Tuch, das weiß und hellblau eingefärbt war.

»Aber warum seid ihr denn nicht anerkannt?«, fragte ich.

»Wir waren nicht auf den Malvinas selbst, sondern an der patagonischen Küste stationiert. Zwar haben wir nicht aktiv gegen die Briten gekämpft, aber die Entbehrungen waren für uns genauso groß, und auch wir haben unser Land verteidigt. Die anerkannten Veteranen bekommen Pensionen, wir gar nichts.«

»Und jetzt zeltet ihr hier rund um die Uhr?«

»Ja. Irgendjemand wird immer hier sein, so lange, bis die Präsidentin sich dazu herablässt, mit uns zu sprechen. Sie kommt doch selbst von dort unten und müsste wissen, wie schlecht es uns ergangen ist.«

»Vielleicht hat sie einfach nicht das nötige Geld.«

»Ja, das stimmt wohl, aber Gerechtigkeit muss sein.«

Ich fotografierte zwei der Dauercamper vor dem Plakat, was sie ziemlich stolz machte. »Wenn du uns groß rausbringst, verleihen wir dir einen Orden«, scherzte der Bärtige.

Mit dem Abend näherte sich ein trauriger Moment: Ich musste umziehen, von meinem schönen, bequemen Hotelzimmer in ein billiges Hostel. Zu Fuß marschierte ich zwei Kilometer mit meinem Gepäck durch die Straßen des Botschaftsviertels mit seinen Villen aus der Gründerzeit, den Galerien und Shops von Louis Vuitton oder Ralph Lauren. Als die Bürgersteige schmutziger und die geparkten Autos rostiger wurden, hatte ich mein Ziel erreicht.

Das mehrstöckige, alte Haus mit seinen schwindelerregend steilen Treppen war fast vollständig ausgebucht. Ich bekam ein Bett in einem Zimmer zugewiesen, das noch auf das Dach hinaufgebaut war. Darin hausten auf einer Fläche, die so groß war wie zuletzt mein Badezimmer, bereits drei Brasilianer mit großem Gepäck. Ein Fenster gab es nicht und auch keinen Ventilator. Selbst bei offener Tür waren Temperatur und Gerüche kaum zu ertragen.

Ich hatte meinen Schock schnell verkraftet. In wenigen Minuten hatten mich meine Mitbewohner Flavio, Victor und Douglas in ihre Runde integriert. Im ersten Stockwerk nahmen sie die Küche in Beschlag und luden mich zu einem großen Teller Spaghetti mit Tomatensauce ein. Danach säuberte ich ein paar Shirts im Waschbecken, und es begann ein langer Abend.

»Wir alle sind für mindestens eine Woche hier, um zu feiern und einzukaufen«, klärte mich Flavio auf. »Es ist alles so viel billiger als in Brasilien, das lohnt sich richtig.«

»Ich verstehe. Deshalb stehen so viele Tüten in unserem Zimmer herum.«

»Genau. Ich hab mir nicht nur Klamotten, sondern auch eine Playstation geholt.«

Flavio arbeitete bei einer Werbeagentur in Búzios, Victor in einem Museum in Rio, Douglas als Grafikdesigner in São Paulo. Bald stellte ich fest, dass das ganze Hostel mehrheitlich in brasilianischer Hand war. Auch Nathália zählte dazu, die ebenfalls in Rio lebte und im Marketing für eine chinesische Telekommunikationsfirma arbeitete. In wenigen Wochen würde ich in Brasilien sein und freute mich darauf, dort womöglich an meine neuen Bekanntschaften anknüpfen zu können.

Um Mitternacht schloss die Bar, und wir mussten uns aufs Dach zurückziehen. Nathália und Flavio hatten eine Flasche Wodka und irgendein schlimmes Softgetränk organisiert. Eine Stunde lang unterhielt uns mein deutsch-portugiesischer Sprachführer, aus dem Flavio für Brasilianer unaussprechliche Worte wie »Geschlechtsverkehr«, »Bundespolizei« oder »Zulassungsstelle« heraussuchte. Leichter von der Zunge ging ihm das Wort »Damenbinde«. Wir mussten sehr ausdauernd lachen. Bald war es drei Uhr morgens. und Nathália ging ins Bett.

Im Hostel herrschte nach einem lauten Abend jetzt Stille. »Ich bin ein wechselhafter Mann. Frauen und Männer mag ich gleich gern. Und wie sieht es bei dir aus?«, fragte Flavio unvermittelt.

»Interessant. Ich konzentriere mich eher auf Frauen.« Flavio schien ein wenig enttäuscht zu sein. Wir unterhielten uns noch ein wenig über die Unterschiede zwischen argentinischen und brasilianischen Frauen. Er hatte ein klares Urteil: »Hier sind sie einfach langweilig. Das ganze Land ist so streng und ernst. Ich bin froh, wenn ich wieder in Brasilien bin.«

Am nächsten Morgen bekam mein Aufenthalt in Buenos Aires eine weitere morbide Note. In einem Frühstückscafé sah ich die Zeile »Sandro gestorben: Leiche im Kongress aufgebahrt« über einen Bildschirm flimmern. Nun befand ich mich schon seit einiger Zeit im Land und wusste deshalb um die große Beliebtheit des Schnulzensängers und Heimatschauspielers, einer Art argentinischem Roy Black, wie auch um seinen bedrohlichen Gesundheitszustand. Tägliche Meldungen vom Krankenbett hielten die Nation in Atem.

Ich machte einen kurzen Spaziergang durch das supermoderne Viertel Puerto Madero, in dem sich weltberühmte Architekten in Hochhäusern im internationalen Standard verewigt haben. Norman Foster hat eine Brücke gebaut, die wie ein flach gelegtes Saiteninstrument ein stillgelegtes Hafenbecken überspannt. Kräne drehten sich über dem Ort, der wie ein Paradies der Immobilienspekulation wirkte.

Danach schaffte ich es nicht, mich meiner Neugier zu erwehren. Ich ging die ehrwürdig-verfallene Avenida de Mayo hinauf, vorbei am Obelisken, dem Wahrzeichen der Stadt, zum Kongress mit seiner klassizistischen Kuppel. Schon von Weitem sah ich Übertragungswagen des Fernsehens mit ihren langen Antennen. Kamerateams sprachen mit Passanten. An der Nordseite des Gebäudes hatte sich hinter einem Absperrgitter eine Menschenschlange gebildet. Ich ging fünf Straßenblocks an ihr entlang, und noch immer war kein Ende zu sehen. Zehntausende mussten es sein, die hier anstanden. Vor allem ältere Frauen warteten geduldig, bei mindestens dreißig Grad im Schatten.

»Wir warten alle darauf, dass wir dort hineinkommen«, erzählte mir Maria Marta, eine vielleicht sechzigjährige Dame, stark geschminkt und mit mächtiger, von einem schwarzen, eng anliegenden Baumwollshirt verhüllter Oberweite. »Sandro ist drinnen aufgebahrt, und man kann sich in ein Kondolenzbuch eintragen.« Ich verzichtete auf die Frage, warum denn ein Schnulzensänger im Kongress aufgebahrt werde, um ihre Gefühle nicht zu verletzen.

Maria Marta hielt mehrere Plakate mit dem Gesicht des Sängers in der Hand, dazu ein gerahmtes Foto, das sie mit dem Star zeigte. »Das Foto ist vor dreizehn Jahren entstanden, nach einem Konzert in La Plata.« Sie zückte ein Stofftaschentuch und wischte sich eine Träne aus den linken Augenwinkel. »Es war ein wundervoller Moment. Ich durfte sogar ein paar Minuten mit ihm sprechen, und er hat mir ein Autogramm auf die Konzertkarte gegeben. Hier ist sie.« Sie reichte mir die Karte und erwartete von mir, dass ich erstaunt und neidisch dreinblicken würde, was ich auch ehrlich versuchte.

Ich bat die Dame um ein Foto mit ihren Devotionalien. »Daheim habe ich alle Aufnahmen, die es von ihm gibt«, berichtete sie stolz. Nachdem ich sie mit ihren Plakaten fotografiert hatte, scharten sich immer mehr weibliche Fans um uns: Sie dachten wohl, ich sei ein Berichterstatter und würde ihre Trauer großflächig in eine der zahlreichen Klatschzeitschriften bringen.

Ein Zeitungsjunge kam vorbei und rief die Schlagzeilen der Sonderausgaben aus: »Sandro tot, aber er lebt für immer«. Ich kaufte eine Ausgabe, um etwas mehr über diesen Menschen zu erfahren und vielleicht mit den Argentiniern um ihr Idol trauern zu können. Der Kettenraucher war in der Nacht im Alter von 65 Jahren gestorben, an den Folgen einer Herz-Lungen-Transplantation. »Sandro in unserem Herzen«, titelte sogar die ehrwürdige *La Nación*: »Seine Lieder wird unser Volk nie vergessen.« Ein Mann trug einen riesigen Blumenkranz durch die Menge und verschwand im Kongress.

Ich fühlte mich inzwischen Sandro auch ziemlich nahe, immerhin trugen wir den gleichen Vornamen, er hieß bürgerlich nämlich Roberto Sánchez. Sein Spitzname war *El Gitano*, der Zigeuner, weil er aus einer Roma-Familie stammte. »Unser Sandro war besser als Elvis und wird es immer sein«, seufzte eine weitere Dame neben mir. Ein Notarztwagen brauste herbei, offenbar war jemand zusammengebrochen.

Um das Evita-Museum noch während der Öffnungszeiten zu erreichen, nahm ich ein Taxi. Der Fahrer gab mir Falschgeld heraus, was ich nicht bemerkte. Erst die Kassiererin im nächsten Supermarkt, in dem ich mir Obst und Empanadas kaufte, machte mich darauf aufmerksam. Sie musterte mich genau, schien aber an meine Unschuld zu glauben und schwärzte mich nicht bei den böse dreinblickenden Detektiven an, die in schwarzer Kluft an den Glastüren standen. Eine ältere Dame hinter mir war etwas ungehalten, dass mein Bezahlvorgang sich so lange hinzog, denn noch dazu hatte ich die Äpfel nicht abgewogen. Ich entschuldigte mich, sie erkannte meinen Akzent.

»Ach, Sie sind aus Deutschland. Das ist schön. Meine Eltern kommen von dort, sie sind in den Dreißigerjahren ausgewandert«, sagte sie in einem Sprachduktus, der an die Figuren in den frühen Heinz-Rühmann-Filmen erinnerte.

»Woher können Sie denn so gut Deutsch, wenn Sie hier aufgewachsen sind?«

»Meine Mutter hat immer darauf geachtet. Einmal war ich dort, wir stammen aus Niedersachsen. Aber das ist lange her. Was machen Sie denn in Buenos Aires?«

Ich erzählte ihr, dass ich Reisender, aber auch Autor sei.

»Ich heiße Celia Fetzer. Schreiben Sie unbedingt, dass in Argentinien nicht alles so schlecht ist, wie die Deutschen denken. Nehmen Sie die Kultur: In Buenos Aires gibt es jeden Tag tolle klassische Konzerte, die keinen Eintritt kosten. Schreiben Sie das!«

Auf dem zentralen Platz des Tangoviertels San Telmo standen Sonnenschirme mit Warsteiner-Logo, unter denen Touristen teures Pils tranken, bevor sie in eine der zahllosen, noch teureren Tangoshows gingen. Ein Paar in Schwarz und Weiß tanzte zu strengem klassischem Tango aus scheppernden Boxen, um für eine dieser Veranstaltungen zu werben. Ich besuchte stattdessen eine Milonga, eine Art zwanglosen Tanztee in einem grauen Kulturzentrum, zu dem die *porteños* an vielen Orten in der Stadt zu festgelegten Zeiten ein- oder zweimal in der Woche zusammenkommen.

Eine verspiegelte Wand ließ die zweckmäßige Halle aus den Siebzigerjahren größer erscheinen, als sie war. Die Musik kam aus sechs riesigen Lautsprechern. Es roch nach einer Mischung aus dem Qualm vergangener Jahrzehnte und dem Schweiß der Tänzer des Tages. Riesige Ventilatoren an der Decke machten die Luft in dem fensterlosen Raum überhaupt erst erträglich. Manche Dame hatte sich einen Fächer mitgebracht, und ich fragte mich, wann Fächer in unseren Breitengraden eigentlich ausgestorben sind.

Männer und Frauen im besten Alter saßen an Tischen rund um eine große Tanzfläche, auf der sich rund zwanzig Paare bewegten. Die Herren trugen zumeist helle Flanellhosen und kurzärmelige Hemden zu schwarz glänzenden Schuhen, bei den Damen schien alles erlaubt zu sein, von schwarzen Leggins über das grüne Sommerkleid bis zum rötlichen Blumenrock. Wichtig waren allein die Absätze, die mussten so hoch wie nur möglich sein. Ich kam mir in meinen Jeans und Trekkingschuhen ziemlich deplatziert vor, setzte mich aber trotzdem auf einen der Holzstühle mit rotem Kunstlederbezug und bestellte beim heraneilenden Kellner ein Bier.

Nach jeweils drei Tänzen kam eine kurze Pause, in der die Gesellschaft einzelne Liedzeilen mitsang. Nicht immer wurde Tango getanzt, manchmal auch ein besonders eingängiges, launiges Muster, das ich später mithilfe der argentinischen Aushilfe im Hostel als *Vals Criollo* identifizierte. Die Bewegungen erinnerten an Paarungstänze der Paradiesvögel: Die Männer umschwänzelten in kleinen Schritten die Damen, hoben ihre Hände fingerschnalzend in die Höhe und blickten den Partnerinnen tief in die Augen.

Ein Conferencier ging ans Mikrofon und sprach eine Trauerrede im Andenken an Sandro. Die Anwesenden erhoben sich zu einer Schweigeminute, dann verloste der Mann unter den Anwesenden zwei CDs, und es gab wieder Musik. Diesmal wurde eine echte Milonga getanzt, die als Vorläufer des Tango gilt, mit Gesang und aus der Welt der Gauchos stammend. Je länger ich die Szenerie beobachtete, desto mehr bedauerte ich, dass ich weder hier noch im Hostel geeignete Schuhe hatte. Aber vermutlich war es besser so.

Zwei weitere Tage verbrachte ich in der Hauptstadt. Niemand versuchte, mich zu bestehlen, niemand überfiel mich. Im Fußballstadion der *Boca Juniors* grüßte ich die goldene Maradona-Statue. In der vermutlich schönsten Buchhandlung der Welt, dem Ateneo an der Avenida Santa Fé, kaufte ich für meine nächste Reiseetappe eine Ausgabe der *Geschichte vom Gaucho Sombra* von Ricardo Güiraldes. Im Nationalmuseum lernte ich aus den historischen Tableaus und den Protestgemälden der Nachkriegszeit mehr über die argentinische Geschichte, als ich es mir hätte anlesen können.

Die für den Monat Januar typische Hitzewelle rollte. In ihrer Kampagne *Buenos Aires Playa* stellte die Stadt in den Parks gelbe Liegestühle und Getränkekiosks für die Menschen auf, die nicht im Urlaub waren. Bands spielten sommerliche Musik. Mit den Brasilianern im Hostel verabredete ich mich zu einem gemeinsamen Abend in Rio. »Da ist es gerade noch viel heißer«, verkündete Nathália. »Aber das ist nicht so schlimm, denn anders als hier haben wir schöne Strände.«

In einer Parrilla verzehrte ich gemeinsam mit Valeria, einer Mode-schöpferin mit eigener Boutique im Trendviertel Palermo, riesige Fleischportionen und Rotwein aus Mendoza, der Stadt, in der Sandro verschieden war. Ein Freund hatte uns aus der Ferne miteinander bekannt gemacht. Valeria suchte das Restaurant aus, ich übernahm traditionsgemäß die Rechnung – eine Summe, von der ich mich auf meiner Reise sonst fünf Tage lang ernährt hätte. Valeria musste zeitig ins Bett, denn am nächsten Morgen würde eine Gruppe japanischer Einkäufer aus Tokio landen und ihre neue Kollektion inspizieren.

Noch immer hatte ich kein klares Verhältnis zu dieser Stadt gefunden, aber sie tat ihr Bestes, um mich zu unterhalten. Kurioserweise traf ich sogar Ann-Kathrin und Camilla wieder, die beiden Däninnen, mit denen ich in Ushuaia Weihnachten gefeiert hatte. Sie hatten einen ganz anderen Weg genommen, waren aber zur gleichen Zeit hier angekommen. Der Kellner in dem Restaurant, das wir gemeinsam aufsuchten, flüsterte mir nach dem Hauptgang zu, wie glücklich ich mich mit zwei derart schönen Damen schätzen solle. Das männliche Personal spendierte uns jeweils ein Glas Champagner.

Danach zogen wir die ganze Samstagnacht durch verschiedene Clubs in Palermo, an Straßen gelegen, die noch um vier Uhr morgens so bevölkert waren wie die Calle Florida, die Fußgängerzone, an einem Werktag. Einer der Läden schien eher auf schwule Männer und Transvestiten als auf Durchschnittspublikum wie uns ausgerichtet zu sein. Das bemerkten wir aber erst, als wir den Eintritt schon bezahlt hatten, und so blieben wir eine Weile. Etwas über-rascht zeigte sich Ann-Kathrin darüber, dass auf der durchaus vor-handenen Damentoilette ganz ungeniert lange Linien Kokain ge-schnupft wurden.

Auch ohne Aufputschmittel vergnügten wir uns recht gut. Irgend-wann setzten wir Camilla, die recht müde war, in ein Taxi. Ann-Kathrin und ich gingen in noch einen Club, und angesichts meines Beziehungsstatus war ich ganz froh, als die Musik verebbte, die Putzteams kamen und uns draußen die Sonnenstrahlen des Sonntagmorgens empfingen. Ich schlief gar nicht erst, sondern packte im Hostel leise meine Sachen und setzte mich an den Frühstückstisch. Für den Vormittag hatte ich bereits ein Busticket nach San Antonio de Areco gekauft, denn vor mir lag eine Landpartie.

V Auf den Spuren des Gauchos

Aus Buenos Aires wegzukommen, war gar nicht so leicht. Im überfüllten Busterminal wartete ich, bis meine Verbindung nach San Antonio de Areco endlich angezeigt würde. Aus Langeweile warf ich
eine Münze in das Gerät, das vor meinem orangefarbenen Schalen-
sitz stand und wie die Kommandosäule eines futuristischen Raum-
schiffs aussah, aber nur einen Fernsehbildschirm enthielt. Für einen
Peso durfte ich zehn Minuten lang durch die Programme schalten.
Meine Nachbarn hörten mit.

Busse sind in Argentinien halbwegs pünktlich, und so langsam
machte ich mir Sorgen. Eine halbe Stunde nach der geplanten Abfahrtszeit ging ich zum Schalter der Gesellschaft, bei der ich das
Ticket gekauft hatte. Ein weitsichtiger Herr setzte seine Brille auf
und entzifferte die Daten.

»Dieser Bus geht heute leider nicht«, beschied er und zuckte bedauernd mit den Achseln. »Wir haben Probleme mit den Gewerkschaften.«

»Und was mache ich jetzt?«

»In drei Stunden gibt es eine andere Verbindung.«

»Vorher nicht?«

»Vielleicht von einer anderen Firma. Ich werde nachfragen.«

Die Fahrt sollte nur zwei Stunden dauern, aber wie es aussah,
würde ich zunächst den halben Tag am Busterminal verbringen. Der
Schalterangestellte kam zurück und schaute mich mitleidig an.

»Leider nein. Du musst warten. Da können wir nichts machen.«

Ich bekam ein neues Ticket und setzte mich wieder auf einen der
Schalensitze, verzichtete diesmal aber auf das Fernsehprogramm.

Stattdessen zog ich den *Gaucho Sombra* von Ricardo Güiraldes aus dem Rucksack, das Taschenbuch, das ich vor zwei Tagen gekauft hatte. Der Titelheld ist ein alternder Gaucho, an dessen Fersen sich der Erzähler, ein heranwachsender Junge, heftet.

Jeder auch nur halbwegs gebildete Argentinier kennt das Buch. Es war der Grund dafür, dass gerade San Antonio de Areco mein nächstes Ziel sein sollte. Ich hatte Santiago, dem Jeepfahrer und Fremdenführer auf der Halbinsel Valdés, erzählt, dass ich gerne das Landleben in der weiten Ebene kennenlernen würde, ohne wieder allzu viele Stunden im Bus zu sitzen. Er musste nicht lange nachdenken.

»Fahr nach San Antonio«, empfahl er, »und kauf dir vorher diesen Gaucho-Roman. Der Autor hat ganz in der Nähe der kleinen Stadt auf einer Estancia gelebt. Daher hat er seine Geschichten. Danach weißt du alles über die Pampa.«

Nach einer kurzen Recherche im Internet wusste ich, dass dieser Gutshof zwar gerade renoviert wurde, aber dennoch Besucher empfing. Ein schnell sprechender Mann namens Gonzalo Susini hatte mich am Telefon gewarnt: »Wir hatten ein schlimmes Hochwasser. Je nachdem, wie das Wetter gerade ist, kann es schwierig sein, zu uns zu kommen. In der Stadt ist nicht viel los, die meisten Läden, Hotels und das Museum sind geschlossen. Aber wir freuen uns, wenn du kommst.«

In der Zeitung hatte ich mehrfach über die Flut gelesen, die den nordwestlichen Teil der Provinz von Buenos Aires in den vergangenen Wochen heimgesucht hatte. San Antonio war besonders betroffen: Erst kam der Sturzregen, dann trat der Areco über seine Ufer. Inzwischen ging das Wasser zurück, dafür war eine Moskitoplage ausgebrochen.

Schon nach den ersten Seiten des Buches war mir klar, dass ich mich davon nicht abhalten lassen würde. Der junge Erzähler sprach mir aus dem Herzen. Nach einer zufälligen Begegnung mit dem Gaucho Sombra stiehlt er sich von seinen Tanten davon, die ihn in der Stadt aufziehen. Unter Sombras Anleitung will er selbst ein Mann der Pampa werden, die sich schier endlos in alle Himmelsrichtungen erstreckt. Als er mit seinen beiden Pferden die letzten Häuser hinter sich lässt, quillt ihm das Herz über:

»Um uns erstanden die schweigenden Weideflächen neu im Funkeln des Morgentaues. Und ich musste vor überströmendem, gewaltigem Glück lachen; lachen aus meinem unendlichen Freiheitsgefühl heraus, während meine Augen sich mit Tränen füllten, als ob auch sie in dieser stillen Morgenstunde sich erneuern müssten.«

Solche Glücksgefühle teilte ich in diesem Augenblick nicht, denn ich saß eingepfercht zwischen reisenden Familien und deren Gepäck am Busterminal der schwülen Hauptstadt. Die Stunden vergingen, und auch die Abfahrtszeit meines Ersatzbusses war längst verstrichen, als eine blecherne Stimme endlich meine Verbindung ansagte. Außer mir gingen nur ein Dutzend Leute an Bord. Der spontane Warnstreik des Buspersonals hatte sich offenbar herumgesprochen, und viele Menschen waren daheimgeblieben.

Nach ein paar Minuten waren alle Gepäckstücke verstaut, und wir fuhren los. Eine einzige lang gezogene Kurve schafften wir, dann blieben wir mit quietschenden Bremsen stehen. Vor der Ausfahrt hatte sich eine ziemlich lange Busschlange gebildet. Nichts ging mehr, weder nach vorne noch nach hinten, von wo schon die nächsten Busse herangerollt waren.

Kurz dachte ich über unsere Lage nach und fragte mich, wann es wohl weitergehen würde. Der Bus heizte sich immer stärker auf. Die ganze Nacht hatte ich in den Clubs von Palermo gefeiert, und so fiel ich bald in tiefen Schlaf, ohnehin die beste Option in dieser Lage. Nach gefühlten drei Stunden schreckte ich auf. Ich wusste nicht, wo ich mich befand. Hatte ich es verpasst auszusteigen? Ich blickte um mich und stellte fest: Wir standen noch immer an der Ausfahrt des Retiro-Terminals von Buenos Aires.

Außer mir waren nur noch drei andere Passagiere an Bord, der Rest war ausgestiegen. Auch ich ging nach draußen. Vor uns standen zwei weitere Busse, davor ein quer gestelltes, besonders großes Exemplar, vor dem die Mitarbeiter der Busgesellschaften einen Pulk gebildet hatten. Fotografen tummelten sich zwischen ihnen, Kamerateams führten Interviews.

»Was ist los?«, fragte ich. »Geht es irgendwann weiter?«

»Das weiß keiner«, erklärte mir unser Fahrer.

»Worum geht es bei dem Streik?«

»Es ist so wie immer. Wir sollen länger arbeiten, aber nicht mehr verdienen. Es gibt einen festgelegten Stundenlohn für alle Busfahrer, und der ist jetzt schon zu niedrig. Deshalb warten wir auf ein besseres Angebot der Arbeitgeber, und erst wenn das kommt, fahren wir weiter.«

Ich setzte mich in den kühlen Schatten eines Baumes und beobachtete die Szenerie. Die Motoren liefen die ganze Zeit, als helfe das Brummeln dabei, die gewerkschaftlichen Forderungen durchzusetzen. Eine Stunde würde ich noch warten, entschied ich, dann aufgeben und es am nächsten Tag wieder versuchen.

Kaum saß ich auf meinem Posten, riefen sich die Männer ein paar aufgeregte Wortfetzen zu. Die Menge zerstreute sich plötzlich wie von Geisterhand, und alle kehrten zu ihren Bussen zurück. Der Fahrer meines Busses winkte mir zu: »Auf geht's, wir fahren!«

Ich folgte im Eilschritt, stieg ein, und tatsächlich setzten wir uns in Bewegung, ganz so, als wäre nie etwas gewesen. Die Randbezirke von Buenos Aires hatte ich schon mehrfach durchfahren, sodass ich ohne etwas zu versäumen meiner anhaltenden Müdigkeit nachgeben konnte. Ich lehnte meinen Kopf an das Fenster, das angenehm vibrierte, und schlief wieder ein.

Als ich das nächste Mal aufwachte, sah ich auf beiden Seiten nur weite, grün bewachsene Felder und Weiden. Der Verkehr war spärlich, die Straße schmal. Ich fühlte mich unendlich weit weg von der großen Stadt. Nach meiner Rechnung mussten wir San Antonio de Areco bald erreichen. Schon bald standen die Robinen dichter am Straßenrand, und die ersten Häuser duckten sich unter dem weit ausladendem Geäst der Espinillo-Bäume und Akazien.

Ich befand mich in der Pampa, der Welt der Gauchos mit ihren riesigen Rinderherden.

Seit deren größter Zeit haben sich manche Dinge verändert. Statt an Gutshäusern und Viehtränken kamen wir an Werbetafeln für Traktorhersteller, Silos von Futterhändlern, dem Saatgutverkauf der *Compania Argentina de Granos* und zwei großen Tankstellen vorbei, bevor wir abbogen und vor einem schmalen, hellbraun gestrichenen Gebäude hielten, das ein Schriftzug als Busstation von San Antonio auswies. Kaum war ich ausgestiegen, überkam mich ein Gefühl der Ruhe und Friedfertigkeit. Die Luft erschien mir trotz der hohen Temperaturen angenehm frisch. Ein dicker, alter Mann saß auf einer Holzbank vor dem Gebäude und winkte mir mit seinem Gehstock zu.

»Buenas tardes, Fremder!«

»Gibt es denn Taxis hier?«, fragte ich ihn.

»Dort um die Ecke und zwei Blocks weiter. Da ist eine Remisestation.«

Am Telefon hatte mir Gonzalo angekündigt, dass ich ein Taxi nehmen müsse, um die fünf Kilometer vom Ort zur Estancia La Porteña zurückzulegen. Ich hatte mit ihm über den Zimmerpreis verhandelt, denn eigentlich konnte ich mir eine Nacht auf dem Gut nicht leisten. Letztlich einigten wir uns auf fünfzig Dollar für ein Bett, sämtliche Mahlzeiten und einen Ausritt. Auch das lag noch weit über meinem Tagesbudget, aber es zog mich zu sehr dort in die Pampa hinaus, um weiter darüber nachzudenken.

»Du hast Glück«, sagte der Taxifahrer, als wir seinen rostigen, klapprigen Ford bestiegen hatten. »Vor ein paar Tagen wärst du da gar nicht hingekommen wegen dem vielen Wasser. Inzwischen ist es besser.«

Wir fuhren genau den Weg aus der Stadt hinaus, der auch im Buch beschrieben wird. Zwei Kilometer legten wir auf der Landstraße Richtung Rosario zurück, dann bogen wir nach rechts auf einen holprigen Feldweg. Dort bewegten wir uns in einem Zickzackkurs vorwärts, um nicht in einer der tieferen Furchen stecken zu bleiben.

»Was sind das denn für grüne Pflanzen?«, fragte ich. Auf den Feldern stand großblättrig und dicht ein dunkelgrünes Gewächs, das ich von daheim nicht kannte.

»Das ist Soja. Es bringt ziemlich viel Gewinn, wenn es nach Asien verkauft wird. Die Regierung sähe es allerdings lieber, wenn die Bauern mehr Mais und Weizen für den heimischen Markt produzierten. Letztes Jahr hat sie deshalb die Exportsteuern in die Höhe gejagt. Aber die Bauern haben so ausdauernd protestiert und die Straßen blockiert, dass die Präsidentin die Sache rückgängig machen musste.«

»Das hört sich so an, als arbeiteten Sie auch auf dem Land?«

»Alle Menschen hier haben irgendwie mit der Landwirtschaft zu tun. Ich arbeite aber nicht auf dem Feld, sondern als Samenprüfer bei einem Großhändler. Ich schaue mir an, was die Bauern anliefern und was wir weiterverkaufen. Die Samen müssen möglichst rein sein und dürfen keine Spuren von Pilzen oder Krankheiten aufweisen. Taxifahren ist nur mein Nebenjob.«

Ein Schwarm hellgrüner Papageien stieg aus einem Baum am Straßenrand auf. Die Vögel schimpften, als wäre unser Vordringen auf ihr Gebiet ein krasser Verstoß gegen irgendein Pampagesetz.

»Lustige Vögel, aber eigentlich gehören sie nicht hierher«, sagte der Fahrer. »Sie sind zugewandert, vermutlich aus Paraguay oder Brasilien. Die Bauern jagen sie, weil sie mit ihren großen Schnäbeln die Pflanzen auf dem Acker kaputt hacken. Das ist ein echtes Problem.«

Ich fand sie lustig und hatte etwas Mitleid mit ihnen. Wenn sie aber nun einmal nicht hierhergehören, dachte ich mir, dann gibt es auch keinen Grund, sie zu verteidigen – wobei Soja auch kein typisch argentinisches Gewächs sein dürfte.

Linker Hand lag der Fluss. Umgefallene Bäume, ein breiter Moraststreifen und platt gedrücktes Gras erinnerten an die Tage der Überschwemmung, heute aber bewegte der Areco sich wieder brav und recht träge in seinem Bett. »Am Neujahrstag war es am schlimmsten. Da stand in den Straßen am Fluss das Wasser drei Meter hoch. Man kam nur noch mit dem Boot vorwärts.«

»Passiert das hier öfter?«

»Nein. Das ist ja das Seltsame. Es ist noch nie passiert. Niemand kann sich an so etwas erinnern.«

Wir fuhren durch ein kleines, schattiges Wäldchen und an einem Schild vorbei, das zu einem Campingplatz wies. »Kann man da günstig übernachten?«

»Normalerweise schon. Aber seit der Flut ist alles gesperrt.«

So richtig kam unser Gespräch nicht in Gang. Aber sollte mich das wundern? Die Menschen der Pampa neigen zur Schweigsamkeit, erst recht Fremden gegenüber.

Wieder passierten wir Felder, dann ging es in eine wilde Allee aus dichtem Gebüsch hinein. Einmal blieben wir im Morast hängen. Die Räder drehten durch, erst nach mehreren Anläufen kamen wir wieder vom Fleck. Schließlich bogen wir nach rechts ab und hatten das Ziel erreicht. Ich bezahlte den Taxifahrer und stieg vor einem flachen, gekalkten Gebäude mit Strohdach aus.

Ein Mann in Landestracht kam mir entgegen und lüftete seinen karmesinroten Chambergo, den schief sitzenden, dunkelblauen, flachen Hut der Gauchos, der entfernt einer Baskenmütze ähnelt. Er trug ein weißes Hemd mit verdeckten Knöpfen. Ein breiter Ledergürtel mit Metallmünzen hielt die dunkelblauen Bambechos, die an den Hüften weiten und unten verschlossenen Hosen. Die Füße des Gauchos steckten in Alpargatas, den leichten Hanfschuhen, die an die spanischen Espadrilles erinnern.

Wir reichten uns die Hand.

»Ist das der Aufzug, in dem Touristen empfangen werden?«, fragte ich scherzhaft.

»Was meinst du damit?«

»Du läufst doch nicht immer in diesen Sachen herum, oder?«

»Doch, natürlich. Das ist meine Arbeitskleidung. Ich heiße Carlos.«

Ich folgte ihm auf einem schmalen Weg um den Stall herum, und vor uns öffnete sich der Hof. Drei zweigeschossige, flache Gebäude umstanden eine große Rasenfläche, die von hohen, alten Bäumen überschattet wurde. In der Mitte stand ein rötlich angestrichener Ziehbrunnen, unter einem hohen Auffangtank für Regenwasser, den eine Fernsehantenne krönte. Fahrräder lehnten an den weißen Wänden, die von Rhododendron und Efeu berankt wurden. Am Wegesrand wuchsen Rosenbüsche. Eine argentinische Flagge hing schlaff neben einer schweren Glocke, die wohl zu den Mahlzeiten läutete.

»Hola, Robert!« Ein gepflegter, noch recht junger Mann in eher städtischem Aufzug kam uns entgegen. Es musste sich um Gonzalo handeln. »Schön, dass du gekommen bist! Ich hoffe, die Fahrt war nicht zu lang.«

Ich wollte antworten, ließ stattdessen aber mein Gepäck fallen und schlug um mich. Innerhalb von ein paar Sekunden hatte ich mindestens fünf Moskitos erwischt, die sich in meinem Gesicht und auf meinen Armen niedergelassen hatten.

»Du musst dich sofort einsprühen«, riet mir Gonzalo. »Es ist wirklich eine Pest, jetzt nach dem Hochwasser. Morgen mähen wir das Gras und begasen den Boden, anders geht es nicht. Ich muss mich noch um ein Fernsehteam kümmern, bin aber gleich bei dir. Setz dich dort hinten dazu.«

Auf einem Patio saßen bereits zwei Männer und eine Frau auf alten, gusseisernen Bänken und Stühlen um eine große Flasche Rotwein. Als ich mich näherte, hörte ich sie Russisch sprechen. Zwei Hunde sprangen an mir hoch. Ich legte meine Sachen ab und machte mich mit den Russen bekannt.

»Wir sind mit einem Mietwagen von Buenos Aires hier rausgefahren«, erläuterte Sveta, die eher stämmige Frau, in gebrochenem Englisch. Sergej und Konstantin, ihre Begleiter, sprachen nur Russisch. Meine wenigen Brocken dieser Sprache sorgten für einige Belustigung. »Wir überlegen aber, gleich wieder zu fahren, wegen der Moskitos. Das ist wirklich schlimm.«

Die Hunde machten sich an meinem Gepäck zu schaffen und schleppten schließlich meine Trekkingschuhe in den riesigen Garten. Ariana, die gemütlich aussehende Haushälterin in ihrer weißen Schürze, servierte Oliven und Empanadas. Längst zog der Geruch von garendem Rindfleisch zu uns herüber. Ich war pünktlich zu einem verspäteten Mittagessen gekommen, das aus Bergen von groben Schweinsbratwürsten und zartem, rosafarbenen Rindfleisch bestand. Dazu gab es ein paar Scheiben frisches Brot. Allein dafür hatte sich die unerwartet langwierige Anreise gelohnt.

Gonzalo war verschwunden, aber sein Vater Enrique setzte sich zu uns.

»Ich lebe eigentlich auf Mallorca, aber jetzt ist dort Winter, da bin ich lieber hier«, erzählte er. »Gonzalo kann etwas Hilfe gut gebrauchen. In ein paar Wochen wird hier eine Fernsehserie gedreht. Wir wollen eines der Nebenhäuser umbauen, damit wir noch mehr Gästezimmer haben.«

Bei diesen Worten trat eine etwas jüngere, magere, blonde Dame an den Tisch, die etwas verschlafen wirkte. »Das ist meine Freundin. Sie kommt aus Norwegen und ist heute erst gelandet. Wir haben uns auf Mallorca kennengelernt.« Auch später sprach Enrique meistens für sie, als würde er ihr so das Leben erleichtern.

So tafelten also drei Russen, ein Argentinier, eine Norwegerin und ein Deutscher unter einer Roteiche irgendwo in der Pampa.

»Die Estancia ist nach dem ersten Zug Argentiniens benannt, der im Volksmund Porteña hieß und zwei Stadtteile in Buenos Aires miteinander verband«, erzählte Enrique. »Don Manuel Guerrico hat sie erbaut, ein Unternehmer und Eisenbahnfan. Seine Tochter war mit einem José Antonio Güiraldes verheiratet und hat die Estancia geerbt. Ricardo, der Schriftsteller, war ihr Enkel. Dort oben hat er geschrieben.«

Enrique deutete hinauf zum ersten Stock des Hauses, vor dem wir saßen.

»Und wie kam eure Familie hierher?«, fragte ich.

»Gonzalo ist mit einer Großnichte von Ricardo Güiraldes befreundet. Sie betreiben die Estancia zusammen. Alles, was ihr hier seht, ist noch im Originalzustand. Den Garten mit seinen vielen alten Bäumen hat Charles Thays angelegt. Viele berühmte Leute haben hier übernachtet, darunter Borges, mit dem zusammen Ricardo Güiraldes eine literarische Zeitschrift herausgegeben hat, der Musiker Carlos Gardel oder auch Garri Kasparow.«

Mich überkam eine gewisse Ehrfurcht, die sich mit einem körperlichen Völlegefühl und einem geistigen Schwebezustand verband, den ich auf den Genuss mehrerer Gläser Rotwein am helllichten Nachmittag zurückführte. Als Ariana das Geschirr abräumte, wollte mir der Kopf auf die Brust sinken, und ich sehnte mich danach, mich im Gras auszustrecken – aber dann hätten die Moskitos versucht, mich umzubringen.

Ein Musikertrupp näherte sich dem Patio. Facundo Pellegrini, ein junger Gaucho aus dem Ort, setzte sich zu uns. Auf seiner Gitarre spielte er einige klassische Tangos und argentinische Volkslieder, seine Schwester sang dazu. Ich versuchte, mich in die Zeit des *Gaucho Sombra* zurückzuversetzen, als das Vieh noch Hunderte Kilometer übers Land getrieben und die Äcker mit der Hand bestellt wurden.

In Buenos Aires hatte ich nicht nur das Buch gekauft, sondern auch versucht, etwas über seine Geschichte zu erfahren. Güiraldes hatte zuvor schon einige Gedichtbände und Romane veröffentlicht, doch ohne Erfolg. Hunderte von nicht verkauften Ausgaben seiner Werke soll er in ebenjenen Brunnen geworfen haben, der vor uns auf der Wiese stand. Das Buch vom Gaucho aber war schon nach wenigen Wochen ein Bestseller, ein Erfolg, den der Autor allerdings nicht lange genießen konnte: 1927 starb er im Alter von 41 Jahren an Lymphdrüsenkrebs, kaum zwölf Monate nachdem er die letzten Zeilen des Romans geschrieben hatte.

Güiraldes hat eine moderne argentinische Legende geschaffen, literarisch wundervoll, aber zugleich auch manches ausgelassen. Das Leben in der Pampa war zu seiner Zeit nicht nur von fröhlichen Männerrunden und erfüllender Landarbeit bestimmt. Viele Gutsherren ließen die Indios wie Leibeigene schuften, Frauen wurden missbraucht und brutale Rituale vollzogen.

Manche Kritiker lehnen das Buch deshalb bis heute ab, aber das ändert nichts daran, dass es das kulturelle Erbe des Landes prägt, ähnlich wie das epische Heldengedicht *Martin Fierro* von José Hernández, das ebenfalls einen Gaucho beschreibt. Gemeinden wie San Antonio versuchen, den Mythos der Gauchos unbeschadet zu erhalten, denn sie locken damit Besucher in die Pampa. Am Ortseingang hatte ich aus dem Bus heraus ein Schild gesehen, das Bewohner und Besucher mahnte: »Die Tradition zu wahren ist die Grundlage unserer Zukunft.«

»Spiel noch einen«, rief Enrique, als Facundo sich verschwitzt verneigte und von dannen ziehen wollte. »Vielleicht will jemand tanzen!« Das war nicht der Fall, und wir standen auf, als das letzte Lied verklungen war. Carlos sollte mit uns ausreiten, und wir halfen ihm dabei, die Pferde zu satteln.

In gemächlichem Tempo ging es an einem Poloplatz vorbei hinaus auf die Felder. Vereinzelt standen Karnauba-Palmen und Kakteen am Wegesrand, zumeist aber erinnerten die Büsche und Bäume an nördlichere Breiten. Wenn die wilden Papageien gerade nicht krächzten, kam es mir so vor als wäre ich daheim, in der Nähe des Bauernhofs in Oberbayern, auf dem ich lebe. Ich dachte an einen Absatz aus dem letzten Kapitel des Buches vom Gaucho Sombra, als der Junge nach San Antonio zurückkehrt, um sein unerwartetes Erbe als Herr weitläufiger Ländereien anzutreten:

»Sowohl die Stuten wie die alten Gäule witterten die Heimat. Auch ich empfand mit verhaltener Freude diese Annäherung an die Orte, die ich in einem so abgebrannten und kümmerlichen Zustand verlassen hatte und die ich nie wiederzusehen geschworen hatte. Heimat ist ein kleines Vaterland, und so unabhängig wir uns auch machen mögen, sie ist doch in uns eingepflanzt mit Freud und Leid und verwächst mit unserem Fleisch.«

Es stimmt, einen Teil seiner Heimat trägt auch jeder moderne Fernreisende in sich. Mir ist es immer so gegangen, dass ich mich jenen Menschen, die sich dessen bewusst sind, näher fühlte als jenen, die den Begriff ablehnen und sich als Weltbürger definieren, die angeblich überall glücklich sind. Wer in die Fremde geht, ohne zu wissen, woher er kommt, wird sich verlieren, davon bin ich überzeugt.

Vor mir schnalzte Gaucho Carlos mit der Peitsche, hinter mir riefen sich die Russen einige Satzbrocken zu. Bald hatten wir das Ende des Hohlwegs erreicht und machten kehrt. Zurück auf La Porteña, fragte ich mich, wo ich eigentlich schlafen würde. Enrique und die Russen residierten in Zimmern im Herrenhaus, dort war kein Platz mehr. Gonzalo war in die Stadt gefahren, ohne sich weiter um mich zu kümmern. Wir erreichten ihn übers Handy, er hörte sich hektisch an: »Wir finden schon etwas, mein Vater hilft dir!«

Die beiden Susinis berieten sich kurz am Telefon, was sie mir zumuten konnten. »Ich habe überhaupt keine Ansprüche«, klärte ich Enrique auf, »nur ein Bett irgendwo wäre ganz schön. Notfalls baue ich mein Zelt auf, aber das könnte mit den Moskitos etwas schwierig werden.«

Es kam Besuch, um den sich Enrique kümmern musste. Ariana, die Haushälterin, nahm sich schließlich meiner an. In dem Gebäude, in dem die Küche und früher die Zimmer der Bediensteten untergebracht waren, führte sie mich auf einer Stiege nach oben. Dort stand ein schmales Bett. Ich streckte mich aus, um mich von dem langen Tag etwas zu erholen, und bat Ariana, mich zum Abendessen zu wecken, das sie gerade zubereitete. Diesmal saß ich nur mit den Russen im alten Speisesaal der Estancia, und Ariana servierte schlichte, überbackene Cannelloni nach einem Rezept ihrer italienischen Familie.

Am nächsten Morgen führte mich Ariana in das Herrenhaus, um mir das Zimmer zu zeigen, in dem Ricardo Güiraldes gearbeitet hatte. Sie ließ mich dort oben allein, und so kam es, dass ich diese Zeilen an seinem Schreibtisch in mein Notizbuch schrieb. Ein Kalenderblatt aus dem Jahr 1923 lag auf dem etwas verstaubten, dunklen Mahagoni, dazu eine Ausgabe des *Derecho Publico Provincial*, des öffentlichen Provinzrechts, aus dem Jahr 1917, ein Haushaltsbuch und ein Rechnungsblock.

Eine Vase mit asiatischem Drachenmuster stand auf der Ablage, darüber hing das Bild eines lassoschwingenden Gauchos. Ein sanfter Lufthauch wehte durch die geöffneten, am Boden ansetzenden Fenster des Eckzimmers. Von draußen drangen Vogelgezwitscher, das Muhen der Kühe und das entfernte Geräusch eines Flugzeugs an meine Ohren. Es roch nach gemähtem Gras. Ich fühlte mich friedlich.

In einer der Schubladen fand ich einen zerfledderten Stadtplan von Buenos Aires aus den Zwanzigerjahren und ein Tagebuch: »Gestern, am Sonntag, kehrte Papa nach Buenos Aires zurück, nachdem er neun Tage mit uns verbracht hatte. Keine weiteren Neuigkeiten.« Auch wenn der Eintrag offenbar nicht von Ricardo selbst, sondern vermutlich von einer Cousine stammte, fand ich es erstaunlich, dass diese Schätze einfach so hier herumlagen.

Ich schaute mich in dem ziemlich großen Raum um. Die alten Möbel waren frisch poliert, die Wände dagegen trugen gelbliche Flecken. Auf einer Kommode standen eine Talglampe und ein Teekessel aus Messing. Auf dem Kaminsims lagen ein Jagdgewehr und ein Messer in einer speckigen Lederhülle. Ich kam mir vor wie auf einer Zeitreise um mindestens hundert Jahre zurück. Eine elektrische Stehlampe mit vergilbtem Schirm war der modernste Gegenstand, den ich entdeckte.

Das Bücherregal in einem hinteren, dunklen Winkel zog mich an. Mehrere gebundene Ausgaben der *Revista Scientifico-Militar*, einer militärwissenschaftlichen Zeitschrift, aus den Jahren um 1890 standen auf dem obersten Bord, mit Artikeln wie »Methoden zum Erhalt der persönlichen Hygiene im Feld«. Daneben verstaubten die Tagebücher von Bartolomé Mitre, der in der Zeit des Tripel-Allianz-Kriegs das argentinische Heer anführte. Der sechsjährige blutige Krieg endete 1870 mit der Niederlage Paraguays, dessen Diktator versucht hatte, gleichzeitig gegen Argentinien, Brasilien und Uruguay zu kämpfen.

Schräg neben den Mitre-Bänden lag ein Deutschlehrbuch nach

der *Methode Berlitz für Kinder* aus dem Jahr 1903. Die erste Lektion enthielt einige mit Zeichnungen versehene Vokabeln, darunter »der Bleistift«, »das Tintenfass« und »die Feder«. Später ging es dann um Kutschen, Bergwerke und Segelschiffe. Wer heute daraus lernen würde, käme im Alltag nicht weit. Ich blieb noch ein paar Minuten, um den Geist dieses Ortes aufzusaugen, und ging dann wieder nach unten.

Enrique und die Russen warteten schon auf mich. Sie wollten einen Rundgang durch den Garten unternehmen, hin zu der riesigen Zeder, auf deren verzweigtem Stamm der Schriftsteller angeblich seinen Lieblingsplatz hatte. Gonzalos Vater erzählte gerade von seiner Familie.

»Ihr müsst mal im Internet nachschauen. Mein Großvater war ein Funkpionier und hat den ersten Radiosender Südamerikas aufgebaut. Später hat er eine Filmproduktionsfirma gegründet und als Regisseur gearbeitet«, berichtete er. »Einer seiner Filme lief sogar auf dem Festival in Venedig, und später hat er Inszenierungen an der Mailänder Scala geleitet.«

Mit den Susinis und den Güiraldes hatten sich also zwei ehrwürdige argentinische Familien zusammengetan. Ich war mittendrin, wenn auch nur als Gast zweiter Klasse.

»Dort hinten, das war früher die Zufahrt zur Estancia.«

Enrique deutete auf eine Allee mächtiger Zürgelbäume, die an einem Drahtzaun endete. Das Blattwerk der Bäume wuchs ineinander, sodass die Zufahrt wie ein Tunnel wirkte. Der Weg war unter dem dichten Gras kaum zu erkennen, offenbar wurde er seit Jahrzehnten nicht mehr benutzt. Auf einem Ast saß ein Bussard und suchte den Boden nach Beute ab. Nur selten war der blaue Himmel durch die Lücken zu sehen. Ein kühler Windstoß ging und vertrieb sogar die Moskitos.

Als wir an Kasuarinen, Akazien und Roteichen vorbei in ein feuchtes Wäldchen gelangten, holten uns die Plagegeister wieder ein. Mir erging es noch halbwegs gut, aber Sveta und Konstantin sprühten sich ohne Unterlass den Insektenschutz auf Gesicht und Kleider und wurden trotzdem zerstochen.

Nur kurz hielten wir es an der Zeder aus, die sich etwa einen Meter über dem Boden in vier starke Stämme aufteilte. Dort hatte sich ein bequemer, natürlicher Sessel gebildet. Ich konnte es mir gut vorstellen, dort ein paar Seiten zu schreiben – außerhalb der Mückensaison.

Die Russen boten mir an, mich mit nach San Antonio zu nehmen. Sie setzten mich am zentralen Platz ab, vor dem Zeitungskiosk *Don Segundo*. Ich schaute kurz über die Schlagzeilen. Die Präsidentin hatte es geschafft, Sandro von den Titelseiten zu verdrängen: Per Dekret hatte sie den Chef der Zentralbank gefeuert, obwohl das Parlament eigentlich hätte zustimmen müssen. Der Banker hatte sich dagegen gesträubt, Währungsreserven aufzulösen, um damit einen Teil der Staatsschulden zu tilgen.

In San Antonio fand ich schnell ein billiges Zimmer in einer Posada. Die Möbel standen schräg in den Räumen. »Vor zehn Tagen war alles unter Wasser. Wir versuchen, die Wände irgendwie trocken zu bekommen«, erläuterte der Chef. »Hier siehst du die Linie, bis zu der es gestiegen ist.« Auf rund zwei Meter Höhe zog sich ein gelblicher Strich über den Putz. Immerhin war meine Matratze trocken.

Gonzalo hatte mir die Nummer und die Adresse von Dolores Güiraldes gegeben, einer Nichte des Schriftstellers, damit ich mit ihr über ihren Onkel plaudern konnte. Sie ging nicht ans Telefon, und auch in ihrem zugewachsenen Haus, das ziemlich verwaist wirkte, war sie nicht anzutreffen. Ich versuchte es später noch einmal, denn gerne hätte ich mit ihr gesprochen, aber es war nichts zu machen.

Unten am Fluss kam ich an einer kleinen Touristeninformation vorbei. »Wir können dir leider nichts mitgeben«, sagte die freundliche alte Dame dort, »weil das Wasser alles zerstört hat. Aber das ist halb so schlimm. Manche Gauchos haben in den Fluten Dutzende Rinder verloren, was sind da schon ein paar Aktenordner und Prospekte.«

Für ein Sandwich und einen Salat setzte ich mich auf die schattige Terrasse eines Restaurants. Danach schlenderte ich durch die Straßen, die meisten mit Kopfstein gepflastert und gesäumt von eingeschossigen Häusern, die an der Dachkante mit Zierwerk versehen waren. Segundo Ramírez, ein Bekannter Güiraldes' und Vorbild des Gauchos im Buch, hat tatsächlich ein paar Jahre hier verbracht.

Ein paar kleine Jungs baten mich eindringlich, mit ihnen auf der Straße Fußball zu spielen. Eine Viertelstunde lang schossen wir also einen Gummiball auf das Blechtor einer Lagerhalle. Andere hielten auf ihren klapprigen Fahrrädern an, um mich neugierig zu fragen, woher ich denn komme. In einem Internetshop unterhielt ich mich mit dem Kassierer, der höchstens achtzehn Jahre alt war.

»Ist es dir nicht zu langweilig hier?«, fragte ich.

»Nein, gar nicht. Ist doch ein schöner Ort. Nicht zu groß, aber wir haben alles, was wir brauchen.«

»Und die jungen Leute wollen nicht lieber nach Buenos Aires?«

»Nein, im Gegenteil. Aus Buenos Aires kommen sie hierher, weil sie mehr Ruhe wollen.«

Nach meinen Tagen in der Hauptstadt konnte ich diese Menschen verstehen. Mir selbst war es ähnlich gegangen, obwohl München unvergleichbar entspannter, ruhiger und viel kleiner ist: Vor zwei Jahren hatte ich die Wohnung auf einem Bauernhof in unserem kleinen Dorf in Oberbayern angemietet und war ein Jahr später mit Sandra ganz dort hingezogen.

Unter Orangenbäumen mit überreifen Früchten hindurch gelangte ich zur Calle Segundo Sombra. In eine Hauswand waren bemalte Fliesen eingelassen, die einen idealisierten Gaucho zeigten, der an einem Matebecher saugt. Zwei Kreuzungen weiter sah ich mehrere Männer in Gauchokluft vor einem roten Ziegelbau stehen, der einen etwas windschiefen Eindruck machte. Sie hatten Biergläser in der Hand und rauchten. Es war fast schon Freitagabend, und die Gauchos hatten offenbar die Felder verlassen, um sich im Ort zu vergnügen.

Ich ging hinein. Wieder fühlte ich mich, als befände ich mich auf einer Zeitreise. Der glatte Steinboden hatte wohl schon so manchen Gaucho kommen und gehen sehen. Auch in Güiraldes' Buch spielt eine Pulpería eine wichtige Rolle, jene Mischung aus Dorfladen und Trinkstube, in der so mancher Händel ausgetragen wurde. In den Regalen hinter der Theke lagerten Ölflaschen, Kehrbesen, Alpargatas, Kaffee- und natürlich Matepackungen. Alles wirkte etwas staubig, als habe schon lange niemand mehr dort eingekauft. Neben der riesigen, mechanischen Kasse hing ein Revolver, als gelte es, Räuber abzuschrecken.

Der Schankraum war schmal und ziemlich lang. Vergilbte Ansichten von San Antonio zierten die Wände, daneben entdeckte ich ein paar Zeitungsausschnitte jüngeren Datums. Ich las, dass die Behörden vor ein paar Jahren die Pulpería geschlossen hatten, weil sie einsturzgefährdet war. »Gemeinsame Anstrengung der Bürger rettet die *Blanqueada*«, lautete eine Zeile. »Stammgäste halfen wochenlang mit, Stützbalken einzuziehen und die Mauern zu festigen.« So ganz stabil sah mir das alles dennoch nicht aus.

Eingerahmt hing an der Wand eine Porträtaufnahme von Juan Manuel Fangio, dem berühmten Rennfahrer aus den Fünfzigerjahren, auch er ein argentinischer Nationalheld. Erst Michael Schumacher ist es gelungen, mehr Rennen zu gewinnen als er. Unter dem Foto stand eine handschriftliche Ode: »*Fangio, rey del volante, es tu brillante trayectoria una pagina de gloria para el deporte nacional*« (Fangio,

König des Lenkrads, Deine glänzende Lebensbahn ist ein Ruhmesblatt für den nationalen Sport).

Ein einzelnes, eher städtisch aussehendes Paar saß auf den Stühlen, die nicht zueinanderpassten. Der Wirt servierte ihnen gerade Fernet-Branca, gemischt mit Pepsi. An der Decke summten zwei Ventilatoren gemächlich vor sich hin. Ich bestellte ein Bier und stellte mich zu den Gauchos in den Türrahmen. Das Prinzip, nach dem sie tranken, hatte ich durch Beobachtung erlernt: Aus einer frischen Flasche schenkt man der ganzen Runde ein, dann erst sich selbst, und dann bestellt der Nächste. Spätestens beim Zuprosten war die namentliche Vorstellung fällig. Die Gauchos um mich herum, die allesamt die typischen Bombachas und Alpargatas trugen, hießen Diego, Martín, Thomas, Damián und Facundo. Thomas fiel besonders auf, denn er hatte rötliches Haar und blaue Augen.

»Er ist Ire«, erläuterte Damián. »Davon haben wir ziemlich viele im Dorf.«

Erst jetzt bemerkte ich die fröhliche Musik, die von der Bar her tönte.

»Auf der Platte da, das ist Martín, der da etwas schief singt«, sagte Damián, der gesprächiger war als die anderen. »Er ist unser Star.«

»Hört sich doch gut an. Wie nennt sich die Musik?«

»Hat keinen richtigen Namen. Wir nennen es Estilo. Unsere Lieder halt. Haben die Gauchos schon immer gehört. Komm morgen vorbei, dann spielt eine ganze Gruppe hier in der Kneipe.«

Die Runde unterhielt sich über Viehpreise und über die Weizenernte. Im vergangenen Jahr war sie wegen einer großen Trockenheit schlecht ausgefallen. Dieses Jahr litt sie unter dem vielen Regen. »Aber das ist immer noch besser als diese Dürre, das war wirklich schlimm«, berichtete Diego.

Plötzlich krachte es hinter uns im Halbdunkel. Geschrei tönte von der Straße. Der Wirt und die beiden Gäste stürzten nach draußen. Damián rief: »Nichts passiert. Da ist nur einer umgefallen.«

Tatsächlich lag ein dicker Mann in kurzen Hosen neben seinem Fahrrad auf dem Kopfsteinpflaster. Er rappelte sich gerade auf und klopfte den Staub aus der Kleidung. »Er ist einfach gegen ein stehendes Auto gekippt. Muss ziemlich betrunken sein«, klärte uns Martín auf, der den besten Blick auf die Szene hatte.

Als der Mann wieder auf den Beinen stand, wankte er bedenklich. Martín und Damián mussten ihm helfen, das Fahrrad aufzuheben und an eine Hauswand zu lehnen. »Ich rufe seinen Nachbarn an, dass er ihn mit dem Truck nach Hause fährt«, sagte Damián und zog ein Handy aus der Seitentasche seiner Gauchohose. Ich nutzte den Aufruhr, um mich zu verabschieden, und kehrte in mein feuchtes Zimmer zurück. In ein paar Tagen würde ich Argentinien verlassen, mit der Fähre hinüber nach Uruguay, das im Vergleich zu seinen Nachbarn so winzige Land, über das man in Europa so wenig weiß.

VI Kleines Land, großes Herz

Die ersten Schritte in Uruguay ging ich im futuristisch anmutenden *Buquebus*-Terminal von Colonia del Sacramento, dessen frisch gewienerter Boden nach chemischer Seife roch. *Buquebus* ist keine Buslinie, sondern eine Flotte von Fähren, die von Buenos Aires aus in großer Regelmäßigkeit den Río de la Plata überqueren. Vermögende Argentinier legen sich gerne an die Strände von Uruguay, und Uruguayer mit ihrer stärkeren Währung kaufen gerne in Argentinien ein, sodass ein intensiver Grenzverkehr herrscht.

Ursprünglich wollte ich nach meinem Pampabesuch auf dem Landweg weiterreisen, doch selbst wenn ich einen großen Umweg in Kauf genommen hätte, wäre ich irgendwann an einer Straßensperre gelandet: Seit vielen Jahren blockieren argentinische Umweltschützer die Brücke, die bei Fray Bentos den Grenzfluss zwischen Argentinien und Uruguay überspannt. Sie protestieren gegen zwei Zellulosefabriken, die angeblich das Wasser des Río Uruguay verschmutzen, und haben irgendwann sogar eine Betonmauer quer über die Fahrbahnen gebaut.

Der Konflikt war sicher einmal begründet, aber inzwischen hat er sich auf eine absurde Weise verselbstständigt: Eine politische Kommission nach der anderen hat getagt, mehrere internationale Schiedsstellen haben gesprochen, die Weltbank hat ein Gutachten erstellt – alle mit dem gleichen Ergebnis: Die Fabriken, die inzwischen einem finnischen Konzern gehören, sind halbwegs sauber und dürfen weiterbetrieben werden. Die Argentinier lassen sich aber nicht gerne vom kleinen Nachbarn ärgern, weshalb der Protest längst auch offiziell unterstützt wird.

Umweltschutz ist in Südamerika ein Thema, das Politiker gerne für Machtkämpfe missbrauchen. Aufrichtiger Wille, die Natur zu schonen, ist eher selten zu finden, und meist stecken handfeste Interessen dahinter, wenn sich Abgeordnete oder Minister besonders engagieren. Überhaupt nicht gefragt ist es, wenn sich vermeintlich besserwisserische Europäer oder Nordamerikaner einmischen, deren Hunger nach billigen Importen die Zerstörung erst auslöst.

Zellulose ist ein gutes Beispiel dafür, wie unsere Bedürfnisse dazu beitragen, die Natur am anderen Ende der Welt zu schädigen. Das Problem stellen dabei weniger die Fabriken und ihre Abwässer dar, sondern die riesigen Eukalyptusplantagen in Uruguay oder Brasilien, in denen der Rohstoff heranwächst. Alte Wälder müssen dafür weichen, und deren Eigentümer gehen großzügig mit Pestiziden um.

Am Ende dieser gewinnbringenden und zugleich zerstörerischen Produktionskette stehen nicht vornehme, weiße Bütten, sondern ganz banales Klopapier, denn nur dafür ist die Qualität gut genug. Etwas verkürzt ausgedrückt, wird also Natur vernichtet und eine Brücke gesperrt, damit sanftes, mehrlagiges Papier über westliche Hintern streicht – ein besonders interessantes Beispiel für eher perverse Folgen der globalisierten Wirtschaft.

Abgesehen von den Eukalyptusfarmern und ihren wenigen Arbeitern bleiben den Menschen in den Erzeugerländern nur die Nachteile, denn für teures Klopapier können sie kein Geld ausgeben. Es ist ähnlich wie mit den Rindern, deren bestes Fleisch nicht in Argentinien, sondern in den Steakhäusern von New York, London, Paris oder Berlin verzehrt wird, oder dem hervorragenden Kaffee aus Ecuador, den die Einheimischen zwar pflücken und auslesen, aber sich selbst gar nicht leisten können.

Ziemlich traurig, dachte ich, dass unsere Welt so funktioniert. Noch aber scheint niemand ein besseres Modell gefunden zu haben, und ich freute mich schon jetzt auf einen richtig guten Espresso, zubereitet aus südamerikanischen oder afrikanischen Bohnen, deren Herkunft italienische Röstereien geschickt zu verschleiern verstehen.

Die Formalitäten im Terminal waren schnell erledigt, und ich trug mal wieder einen neuen Stempel in meinem Pass. Nach etwas mehr als einem Monat Reisezeit hatte ich auf der Fähre zum ersten Mal einen gewissen Überdruss an meinem Unterfangen gespürt. So vollgesogen war ich bereits mit Eindrücken, dass es mir schwerfiel, mich auf die nächsten Etappen zu freuen. Ich tröstete mich damit, dass solche Momente auf langen Reisen normal und meistens nur ein Signal sind, es etwas ruhiger angehen zu lassen.

Über Uruguay wusste ich nicht viel, außer dass es ein ziemlich kleines Land ist, das gute Fußballspieler hervorbringt und wegen seines strengen Bankgeheimnisses als die südamerikanische Version der Schweiz gilt. Klein ist es vor allem in südamerikanischem Maßstab: Auf dem Kontinent ist nur Surinam noch kleiner. Die Fläche beträgt in etwa ein Fünfzigstel Brasiliens und auch nur ein Fünfzehntel Argentiniens. Lange musste es seine Unabhängigkeit gegen die beiden großen Nachbarn verteidigen, heute kommt niemand mehr auf die Idee, sie den etwas mehr als drei Millionen Menschen streitig zu machen.

»Wir müssen uns unterhalten. Ich habe noch nie jemanden aus Uruguay getroffen«, sagte ich zu Evelyn, die am Empfang der Jugendherberge arbeitete.

»Gerne. Das ist ja kein Wunder, es gibt ja nicht so viele von uns.«

Sie sprach einen ähnlichen Akzent wie die Argentinier, deren Spanisch sich ziemlich von dem der anderen lateinamerikanischen Länder unterscheidet und angenehm klingt, aber anfangs etwas schwer zu verstehen ist. Schuld daran sind die eingewanderten Italiener, die viele harte Konsonanten abgeschliffen haben.

»Aber du hättest mich treffen können«, sagte Evelyn. »Ich war nämlich schon in Europa, und zwar in Frankreich, Deutschland und in Ungarn, woher meine Familie ursprünglich stammt.«

Mir fiel ein, dass ich nicht ganz die Wahrheit gesagt hatte: Im Bus tief unten in Patagonien hatte ich ja Maria kennengelernt, die mir die gelbe Pfeife geschenkt hatte. Zumindest war Evelyn aber die erste Uruguayerin, die ich sprach und die auch wirklich in ihrem Land lebte.

»Gewöhn dich gut ein!«, wünschte sie mir noch, bevor sie sich dem Telefon zuwandte, das schon seit Längerem klingelte.

Ich räumte meine Sachen ins Zimmer und unternahm einen Spaziergang durch die Altstadt von Colonia del Sacramento, das 1680 von den Portugiesen gegründet wurde und heute zum Weltkulturerbe zählt. Kaum zu übersehen war, dass die Uruguayer eine Vorliebe für Fastfood und Eiscreme haben: Auf wenigen Hundert Metern kam ich gleich an mehreren Eisdielen vorbei und auch an qualmenden Imbissbuden, die *chivito*, eine Art Burger mit Rinderlende, und fettige Grillwürste anboten.

Das weckte meinen Appetit, aber erst einmal brauchte ich Bargeld. Als der Geldautomat gehorsam die angeforderten Banknoten ausgespuckt hatte, bemerkte ich freudig, wie schön sie gestaltet waren. Auf einem größeren Schein war ein Stich eines fröhlichen Volkstanzes abgedruckt, auf einem anderen eine halb nackte Frauengestalt, die ein Schriftzug als »Allegorie auf die Legende der Heimat« auswies. Sehr anmutig, dachte ich mir, und ungewöhnlich viel Busen für ein so katholisches Land.

In einem Sportladen kaufte ich ein kleines, faltbares Campinghandtuch, denn mein altes hatte ich in einer der letzten Unterkünfte vergessen. Abgesehen von diesem Handtuch und einer kleinen Shampooflasche trug ich noch alles bei mir, was ich für die Reise eingepackt hatte. Das war keine schlechte Quote, denn wenn man fast jeden zweiten Tag woanders nächtigt und dabei seine Sachen aus- und wieder einpackt, lässt sich ein gewisser Schwund nicht vermeiden.

Bevor ich mir ein *chivito* einverleiben würde, ging ich zum Leuchtturm und entdeckte ein paar Angler, deren Fang aus dem trüben Wasser ich nicht freiwillig gegessen hätte, auch wenn keine Zellulosefabriken zu sehen waren. Tiefe Wolken hingen über dem Fluss, nur am Horizont war es hell. Dort zeichnete sich die Skyline von Buenos Aires ab, aus der Entfernung nicht größer als mein Fingernagel.

Die alten Gemäuer um mich herum hätten tatsächlich auch in einer portugiesischen Hafenstadt stehen können. Aus meinem *Footprint*-Reiseführer wusste ich, dass Colonia nicht nur die älteste Stadt Uruguays ist, sondern einst auch eine Hochburg für Piraten und Schmuggler war. In der Kolonialzeit machten sie gute Geschäfte, indem sie die hohen Schutzzölle der europäischen Machthaber umgingen. Auch afrikanische Sklaven und Indianer wurden hier gewinnbringend umgesetzt.

Manche der Gassen wirken noch heute so geheimnisvoll, dass ich mir solche dunklen Geschäfte gut vorstellen konnte. Ich kam an einem Kulturzentrum vorbei, in dem ich durch eine ziemlich grelle Ausstellung eines zeitgenössischen Malers schlenderte. Für den Abend war ein kostenloses Konzert von Horacio Berdini angekündigt, der Milongas und Volkslieder singen sollte, begleitet von einer Gitarre. Das hörte sich ganz nett an, und nach zwei *chivitos* und einer Stunde Schlaf im Hostel machte ich mich wieder auf den Weg dorthin.

Außer mir waren gerade noch zwei Dutzend weitere Menschen ins *Teatro Bastión del Carmen* gekommen, das an das Kulturzentrum angeschlossen war. Beim ersten Lied, das Horacio sang, war noch alles in Ordnung, doch beim zweiten begann das Mikrofon zu quietschen. Das passte so gar nicht zu den liebevollen Zeilen aus dem »Elogio del Viento« von Armando Tejada Gómez, einem argentinischen Dichter, der in ganz Südamerika beliebt ist:

El viento va de pueblo por la vida,
Le amanece, muchacha, al continente,
Escribo al pié del viento porque el viento
No es el viento que va, sino el que vuelve.
América Latina, compañera,
El viento es el verdugo de la muerte.

Der Wind zieht durchs Dorf hin zum Leben.
Er lässt, mein Mädchen, den Kontinent erwachen.
Ich schreibe am Fuß des Windes, denn dieser Wind
Ist nicht der Wind, der geht, sondern der Wind, der zurückkommt.
Lateinamerika, meine Begleiterin,
Der Wind ist der Henker des Todes.

Allein während dieser Strophe quietschte das Mikrofon dreimal ohrenbetäubend, und nicht einmal die bösen Blicke des Publikums in Richtung des Tontechnikers halfen. Ungerührt spielte Horacio, der einen Schnauzbart und ein dunkelrotes Hemd trug, auch noch ein Video ein, in dem er in einem Garten einer blonden Frau hinterherstieg. Damit wollte er offenbar die *»Palabras para Julia«*, die »Worte für Julia«, unterstreichen, die er sang und die ursprünglich vom Spanier Paco Ibáñez stammen.

So langsam fühlte ich mich wie in einem technisch mangelhaft ausgestatteten Musikantenstadl. Wieder quietschte es. Horacio hatte meine Geduld erschöpft, auch weil sein dünnes Stimmchen die großen Gefühle, von denen er sang, nicht wirklich übermittelte. Als er beim nächsten Lied nicht nur ein Video einspielte, sondern auch der Gesang von einem schlecht aufgenommenen Band kam, ging ich nach draußen in die laue Abendluft.

Am nächsten Abend, ich hatte Colonia verlassen und war nach kurzer Fahrt in Montevideo angekommen, entschied ich mich nach diesem Misserfolg für ein weniger anspruchsvolles Programm und ging ins Casino. Im Bus nach Montevideo hatte ich einen Geldschein gefunden, ein unerwartetes Geschenk, dessen umgehender Verlust nicht allzu sehr schmerzen würde. Mir war während der Fahrt meine Brille in die Spalte zwischen Sitz und Innenverkleidung gefallen. Nach der Ankunft krabbelte ich auf dem schmutzigen Boden herum und entdeckte außer der leicht verkratzten Brille auch noch die Banknote, auf deren Eigentum niemand Anspruch zu erheben schien. Vermutlich reiste sie schon lange in diesem Bus.

Die Roulettetische waren besetzt, aber ich wollte ohnehin nicht viel Geld verlieren. So widmete ich mich den Automaten. Die erste Maschine namens *Filthy Rich* weigerte sich, meine Scheine anzunehmen. Die Schweinchen grinsten mich schadenfroh an, ganz so, als hätte ich wirklich die Chance gehabt, auf schmutzige Weise reich zu werden.

Besser lief es bei *Cleopatras Gold*. Zwar verstand ich die Regeln des Automaten nicht und drückte mal hier einen Kopf, mal dort, während sich die Rädchen drehten. Offenbar hatte ich es aber richtig gemacht, denn schon nach einer Minute hatte sich mein Einsatz von zwanzig uruguayischen Pesos vervierfacht. Noch einmal verdoppelte ich meinen Einsatz, dann entschied ich mich, den Gewinn in ein Getränk zu investieren.

Dafür erlitt ich im Hotelzimmer einen Schock: Ich vermisste einen substanziellen Teil meines Bargeldvorrats. Angestrengt dachte ich nach, bis mir ein Versteck wieder einfiel, das ich vergessen hatte und wo ich dann die fehlenden Dollars auch fand. Längst hatte ich die Gewohnheit entwickelt, auf meinen Reisen das Geld auf möglichst viele Taschen und Körperteile zu verteilen, um bei einem Raub, der nun einmal nicht auszuschließen war, nicht ganz abgebrannt dazustehen.

Um die Uruguayer besser kennenzulernen und etwas Geld zu sparen, hatte ich es mal wieder mit Couchsurfing versucht, diesmal aber ohne Erfolg. Selbst die Gastgeber, die sich im Onlineverzeichnis als empfangsbereit darstellten, antworteten entweder nicht oder waren am Strand, was ich angesichts der schwülen Hitze, die über der Stadt lag, gut verstehen konnte. So landete ich also in einem etwas altersschwachen Gebäude genau zwischen dem neuen, sicheren und dem alten, zwielichtigen Teil der Stadt.

Die Dame an der Hotelrezeption hatte mich eindringlich gewarnt, dass die Altstadt von Montevideo vor allem abends zu meiden sei und ich keinesfalls alleine durch die Straßen laufen solle. Nach dem Casinobesuch wollte ich mich daher nicht allzu weit vom Hotel entfernen und setzte mich auf einen der Plastikstühle, die vor der *Red Bar* zwei Straßenblocks weiter auf dem Bürgersteig standen. Am Nachbartisch saßen drei Männer, sonst war die Bar leer. Der Kellner hinkte.

Es dauerte nicht lange, da winkten mich die Männer an ihren Tisch. Da ich neugierig war, was sie mir zu erzählen hatten, setzte ich mich zu ihnen. Sie sprachen von Uruguay und davon, dass in ihrem Land nicht alles zum Besten bestellt sei.

»Unser Bildungssystem ist eine Katastrophe«, sagte Hugo. »Schon die Schulen sind schlecht, die Kinder lernen nichts, und wer vernünftig studieren will, muss sowieso ins Ausland.«

»Ganz so schlimm ist es nicht. Immerhin hat dir doch jemand das Lesen beigebracht«, scherzte Mario.

»Woher weißt du, dass ich lesen kann?«, fragte Hugo.

Wir lachten und bestellten frisches Bier.

»Hugo hat schon recht«, nahm Mario das Gespräch auf. »Unsere Politiker sind ziemlich unfähig. In den letzten Jahren ist es bei uns eher rückwärtsgegangen als vorwärts. Die Steuern steigen, und die Inflation frisst unsere Ersparnisse auf, die ohnehin klein sind. Dabei waren wir auf einem guten Weg.«

»Unser System ist schuld«, erhob Berbi, der bisher geschwiegen hatte, seine Stimme. »Ich finde es beeindruckend, was Castro auf Kuba erreicht hat. Da sollten wir uns ein Beispiel nehmen. Dort sind alle Menschen gut ausgebildet, die gesundheitliche Versorgung ist ausgezeichnet. Vielleicht müssen sie auf manche Dinge verzichten. Aber die Vorteile überwiegen.«

Das hörte Mario nicht gern. »Fang doch nicht wieder damit an! Kuba ist eine Diktatur, und eine Diktatur kann gar nicht gut sein. Frag nur einmal unseren deutschen Gast, oder denk an unser Militär damals. Fidel Castro redet zwar viel von Gerechtigkeit, aber letztlich ist er auch nicht besser als die Diktatoren, die wir bei uns im Land hatten, auch wenn sie von der anderen politischen Seite kamen.«

»Mag sein. Aber ich bleibe dabei. Fidel Castro bewundere ich. Hoffentlich lebt er noch eine Weile.«

»Warst du eigentlich schon mal auf Kuba?«, fragte Mario prüfend.

»Nein, aber alles, was man mitbekommt, macht einen guten Eindruck.«

»Unser neuer Präsident versteht sich ja angeblich gut mit Castro.«

»Wer ist denn der neue Präsident?«, fragte ich.

»José Mujica. Er war früher bei der Guerilla, den Tupamaros. Ziemlich links. Viel zu links, wenn du meine Meinung wissen willst«, antwortete Mario.

So ging es noch eine Weile weiter. Einig waren sich die drei Männer, dass man sich über die Zukunft ihres Landes Sorgen machen müsse, und doch lebten sie recht gut.

»Weißt du«, sagte Hugo zu mir, »das funktioniert bei uns anders als bei euch. Wir drei haben kleine Geschäfte. Mario, dem gehört diese Kneipe, ich habe einen Elektronikladen. Wenn wir alles ehrlich versteuern würden, bliebe nicht viel übrig. Das macht hier keiner. Sonst kämen wir gar nicht über die Runden. Wir verdienen einfach am Staat vorbei.«

Nach dem zweiten Bier verabschiedete ich mich, was Mario zum Anlass nahm, die Runde aufzulösen. Er sammelte die Gläser ein, wischte die Tische ab und schaltete drinnen das Licht aus. Berbi musste in meine Richtung, wir gingen noch ein paar Schritte zusammen, dann verabschiedete er sich: »Ich hoffe, du wirst eine sichere Reise haben!«

Mir war noch nicht danach, in mein einsames Hotelzimmer zurückzukehren, und so ging ich in eine deutlich lebhaftere Bar, in der die Liveband *El Chino Hernández* lateinamerikanische Rhythmen spielte. Ein paar junge Leute tanzten. An der Bar saugte ein hübsches Mädchen einsam an einem orangefarbenen Drink, der mit einer Kokosscheibe garniert war. Ich überlegte, sie anzusprechen, denn so ganz alleine war mir etwas langweilig. Nach jedem Lied wurde die Stimmung ausgelassener.

»Wo kommt ihr her?«, fragte der Bandleader.

Ein wildes Stimmenwirrwarr ertönte, aus dem wenig herauszuhören war. Noch einmal versuchte er es, und diesmal war klar zu vernehmen: Kolumbien, Brasilien, Uruguay, Chile, Argentinien. Südamerika funktioniert genau andersherum wie Europa: Die Staaten rivalisieren miteinander, aber die Menschen stehen sich nahe, allein schon wegen der gleichen oder zumindest ähnlichen Sprache. Zwar pflegen sie ihre Vorurteile, aber meistens mit Humor. Auf der politischen Ebene dagegen gibt es laufend Rangeleien, und die wirtschaftliche Integration geht nur sehr schleppend voran.

Es war inzwischen weit nach Mitternacht, und die Jungs von *El*

Chino Hernández spielten einen letzten Song. Vor lauter ernsthaften Gedanken über südamerikanische Völkerverständigung hatte ich das Mädchen mit dem orangefarbenen Drink ganz vergessen. Das war auch ganz gut so, denn es stellte sich heraus, dass sie die Freundin des Sängers war. Nach dem Schlussakkord fiel sie ihm küssend um den Hals.

Am nächsten Morgen nahm ich mein Frühstück in einer Buchhandlung mit angeschlossenem Café ein. Ich nutzte die Gelegenheit, etwas mehr über die Guerilla zu erfahren, die Mario in der *Red Bar* erwähnt hatte. Die Tupamaros, wie sie sich nach dem einstigen peruanischen Rebellenführer Túpac Amaru nannten, waren aus dem Gewerkschaftslager hervorgegangen und vor allem in den Sechziger- und frühen Siebzigerjahren aktiv. Zunächst eher friedlich, radikalisierten sie sich später und schreckten auch vor politischen Attentaten nicht zurück.

Die Militärdiktatur ging hart gegen die Tupamaros und ihre Familien vor. Wen sie nicht gleich töteten, der wanderte in dunkle Verliese. Als die Generäle in den Achtzigerjahren abdankten und die Demokratie ins Land zurückkehrte, erhielten die Guerilla um des lieben Friedens willen eine Generalamnestie. Auch José Mujica, der heutige Präsident, kam aus dem Gefängnis frei, und die Tupamaros bildeten eine politische Partei, die seither eine wichtige Rolle spielt – in etwa so, als säße eine Nachfolgeorganisation der Rote-Armee-Fraktion heute im Bundestag.

Ich erinnerte mich an einen anderen von Marios Sätzen: »Bei uns kann jeder machen, was er will, irgendwann wird er begnadigt.« Das hatte er auf beide Seiten gemünzt, Guerilla und Diktatoren. »Da sind die Argentinier konsequenter, die arbeiten ihre Vergangenheit wirklich auf.« In einer Zeitschrift fand ich die Ergebnisse der allgemeinen Wahl aufgeschlüsselt, die erst vor ein paar Wochen abgehalten worden war. Nicht nur stellten die Tupamaros den Präsidenten, sie hatten auch die Mehrheit im Parlament.

Ein paar Hundert Meter weiter, im Schreibwarengeschäft von Alberto Glandulia, fand ich endlich einen brauchbaren Ersatz für mein schwarzes Notizbüchlein, das ich im ersten Monat meiner Tour komplett vollgeschrieben hatte. Lange habe ich das Notieren meiner Erlebnisse als eher lästig empfunden, inzwischen kann ich nicht mehr anders, sowohl auf Reisen als auch im Alltag: Es ist meine Form der Meditation, die mir hilft, mein Leben zu sortieren, mich von sorgenvollen Gedanken zu lösen und unbeschwert jene Dinge zu tun, die mir wichtig und sinnvoll erscheinen.

Die Menschen auf der Straße erschienen mir im Vergleich zu meinen letzten Tagen in Argentinien äußerst freundlich und zuvorkommend. Manche grüßten mich sogar mit einem leichten Kopfnicken, und das in einer Millionenstadt: Vier von zehn Uruguayern leben in Montevideo, von wo aus das Land in sehr zentralistischer Form regiert wird. Auf der Anreise hatte ich schon die lustige Art bemerkt, auf die einzelne Ortschaften im Hinterland identifiziert werden: Es reichen die Angabe der Kilometerentfernung von der Hauptstadt und die Nummer der jeweiligen Bundesstraße.

Je länger ich in Uruguay war, umso mehr kam es mir vor, als erlebe ich das Original jener Kultur, die Argentinien wie ein Abziehbild für sich beansprucht. Ich kam an einem Gauchodenkmal und zwei Gauchomuseen vorbei. In der Fußgängerzone boten Händler alle Arten von Zubehör fürs Matetrinken an. Junge Mädchen genauso wie alte Herren trugen Thermoskannen mit heißem Wasser bei sich, um den Tee jederzeit frisch aufgießen zu können. Irgendwo stand sogar ein Denkmal für Gerardo Matos Rodríguez, den Komponisten der berühmtesten Tangomelodie *La Cumparsita*. Der Mann war kein Argentinier, sondern wurde in Montevideo geboren, wo er auch lebte und starb.

Jetzt, am helllichten Tag, wagte ich mich recht tief in die angeblich so unsichere Altstadt und das Hafenviertel vor. Klaffende Baulücken wechselten mit frisch renovierten historischen Gebäuden. Die Bürgersteige waren schmutzig, die verrammelten Kneipen machten einen zwielichtigen Eindruck. An einer Kreuzung kam mir ein Mann entgegen, der weder eine Uniform noch sonst irgendwelche offiziellen Abzeichen trug, dafür aber zwei kaum verdeckte Revolver an der Hüfte.

Im Hafen lag ein mächtiges Containerschiff namens *Gustav Schulte*, offenbar von einer deutschen Reederei. Als ich mich näherte und meine Kamera zückte, kam ein Sicherheitsmann auf mich zu und bedeutete mir unmissverständlich, ich solle das Gelände verlassen. Ich nahm das zum Anlass, mich wieder in sicherere Straßenzüge zu begeben. Noch länger bleiben wollte ich in der Stadt ohnehin nicht.

Auf einen Besuch in Punta del Este, wo sich zur Ferienzeit die Reichen und Schönen Südamerikas treffen, verzichtete ich und nahm stattdessen nach zwei Tagen in der Hauptstadt eine wenig befahrene Route ins Landesinnere. Ich wählte die Stadt Minas als nächstes Ziel aus, den Heimatort des Unabhängigkeitshelden Juan Antonio Lavalleja.

Auf der Fahrt kam der Bus an einem Bauernhof vorbei, der gerade erst ausgebrannt war und in der Nachmittagssonne noch vor sich hin qualmte. Grüne Hügel rollten bis zum Horizont, als durchquerten wir die Toskana, und auf riesigen Weiden standen Rinder, die gesättigt und glücklich wirkten wie das Miesbacher Fleckvieh in meiner Heimat. Schon mehrfach hatten mich Uruguayer darauf hingewiesen, dass das beste Rindfleisch aus ihrem Land stamme, nicht aus Argentinien.

In einem kleinen Heimatmuseum gelang es mir, den Säbel, die

Schuhe und die Uniform von Lavalleja zu betrachten, bevor eine Wärterin den Riegel vor die große Eisentür schob. Mit seinen dreiunddreißig Orientalen, einer Kämpfertruppe, die jedes uruguayische Schulkind kennt, zog Lavalleja einst von Argentinien aus los, um sowohl die Spanier als auch die Portugiesen aus der Gegend zu vertreiben. Auf seinem Reiterstandbild, das den größten Platz der Innenstadt beherrschte, machte der Nationalheld eine gute Figur.

Den Sonnenuntergang erlebte ich am Rande des Städtchens in einem Park, durch den sich ein schmaler Flusslauf schlängelte. Um mich herum zählte ich sechs junge Paare, die sich streichelten und küssten, auf Bänken sitzend oder an Mopeds lehnend. Nur ich war allein und fühlte mich einsam. Die letzten Lichtstrahlen brachen sich in den Blättern der Maulbeerfeigen, bevor der Wind auffrischte und die Sonne verschwand. Von den Häusern her ertönte Hundegebell.

Nordwestlich stand noch lange der Schatten eines Tafelbergs, nicht besonders hoch, aber doch wuchtig und schroff. Dorthin zog es mich. Ich fühlte, dass ich endlich wieder eine Wanderung unternehmen musste. Zu lahm kamen mir meine Beine vor, vom langen Sitzen in Bussen und Treten auf Asphalt.

Auf den Cerro Arequita, den Tafelberg, musste ich dennoch verzichten, denn ich fand kein öffentliches Transportmittel dorthin und hatte keine Lust zu trampen. Dafür erreichte ich in Treinta y Tres, der nächsten Stadt, die nach den dreiunddreißig Orientalen benannt ist, per Telefon einen jungen Mann namens Pablo, der in einer alten Schule auf dem Land ein paar einfache Betten anbot. Von dort aus wollte ich in die Quebrada de los Cervos hinabsteigen, eine Schlucht, nicht besonders tief, aber wild und unberührt. Uruguay ist kein Land der Superlative, und vielleicht wirkt deshalb das Leben dort so entspannt.

Einen halben Tag musste ich warten, bis Pablo mit seinem Käfer angeruckelt kam. Ich stieg in das löchrige, rostige Gefährt. Auf der Rückbank kletterten Nazareno und Serafino herum, Pablos Söhne. Die Innenverkleidung fehlte, und der Auspuff war löchrig, sodass uns die Abgase direkt in die Gesichter bliesen. Den Ganghebel musste er geradezu in die nächste Stufe zwingen. Doch es ging vorwärts, und darauf kam es an.

»Wie hast du denn von mir gehört?«, fragte Pablo.

»Ich habe einen dicken Reiseführer dabei, da steht deine Telefonnummer drin.«

»Ach so, ja, die haben mich mal erwähnt. Seitdem kommen hin und wieder Ausländer. Aber insgesamt eher selten. Bei uns ist es ziemlich ruhig, wie du sehen wirst.«

»Überhaupt scheint mir das ganze Land ziemlich friedlich zu sein.«

»Ja, das stimmt. Die Menschen hier leben recht einfach, aber gut. Es gibt von allem etwas, wenn auch von allem nicht sehr viel. Man könnte meinen, wir leben im Paradies. «

»Und ist es nicht so?«

Wir hatten die Landstraße erreicht, und ich musste schreien, um den Motor zu übertönen. Eine große Petrobras-Tankstelle erinnerte mich daran, dass Brasilien nicht mehr fern war.

»Wenn man genauer hinschaut, laufen manche Dinge doch ziemlich falsch. Schau nur einmal diese Wiesen um uns herum an«, antwortete Pablo, nahm seine Hand vom Lenkrad und deutete nach draußen. »Früher haben sie einmal den Bauern selbst gehört. Das ist vorbei. Internationale Konzerne haben das meiste Land in Uruguay aufgekauft. Nicht, um darauf etwas zu produzieren, sondern um Spekulationsgeschäfte zu machen.«

»Und was ändert das für die Menschen hier?«

»Nicht viel, möchte man meinen. Früher haben die Bauern bei den Großgrundbesitzern gepachtet, heute eben bei Managern in Chicago oder New York. Das Problem ist aber, dass die Pacht durch die Spekulation steigt, aber nicht die Preise für unsere Produkte. Sie fallen sogar, erst recht seit der Finanzkrise. Viele Gauchos machen trotzdem weiter, aus Leidenschaft. Ein paar Jahre wird das noch gehen, dann ist damit Schluss. Ich habe mit meinem Bruder selbst ein Dutzend Kühe, auch wir erzielen kaum mehr Gewinn, sondern machen das eher aus Liebhaberei.«

Das waren trübe Aussichten, die so gar nicht zur harmonischen Landschaft passen wollten, durch die wir mit dem altersschwachen Käfer ratterten. Die Kinder krakeelten laut auf der Rückbank; sie machten sich über ihre Zukunft offenbar keine Gedanken.

»Ich habe schon eine gewisse Sympathie für Hugo Chávez«, ergänzte Pablo, »auch wenn er ziemlich verrückt ist. Immerhin traut er sich, den Imperialisten zu widersprechen.«

»Warst du schon einmal in Venezuela?«

»Nein, aber man liest ja einiges über ihn.«

»Wenn du hinfährst, würdest du deine Meinung schnell ändern«, sagte ich. »Letztes Jahr war ich zum ersten Mal dort. Die Geschäfte sind leer, die Armut steigt rapide, und die Kriminalitätsrate explodiert. Die Rhetorik ist schön, die Realität sieht anders aus.«

Pablo schaute mich schweigend an. »Vielleicht hast du recht. Aber es wäre doch schön, wenn es auch einen anderen Weg gäbe als den reinen Kapitalismus.«

Mit einem derart tiefgründigen Gespräch hatte ich in dieser abgelegenen Gegend nicht gerechnet. Was Chávez betrifft, war es mir einst ähnlich wie Pablo gegangen. Auch ich empfand eine gewisse Sympathie für den Mann, der es wagte, den amerikanischen Präsidenten zu beleidigen. Seit meinem ersten Besuch in Venezuela wusste ich aber, dass er ein verrückter Scharlatan ist, der sein Land zugrunde richtet. Trotzdem freute ich mich, in ein paar Monaten wieder dort zu sein, denn das Land selbst ist wunderschön.

Pablo riss mich aus meinen Gedanken. »Ich setze dich am Eingang zur Schlucht ab, dann kannst du deine Wanderung machen. Im Abendlicht ist das am beeindruckendsten. Ich bringe unterdessen deine Sachen zu uns. In drei Stunden hole ich dich hier ab.«

So stieg ich also in die Schlucht hinab, durch die ein Bach aus reinstem Wasser floss. Ich war alleine mit den Vögeln, den Bäumen und den Blumen unter dem weiten Himmel, der sich in rosafarbenen Tönen färbte. Es war die Stunde, in der die Reisstärlinge und die Goldregenpfeifer noch einmal ihre Stimmen erheben, bevor sich die Nacht über die von der Sonne ausgelaugten Präriegräser senkt. Ich freute mich des Lebens und fühlte mich eins mit der Welt um mich herum.

Während ich durch die Natur spaziert war, hatte Pablo ein Brot gebacken. Auch dampfte ein Eintopf mit Chorizo, Maniok, Reis, Kartoffeln und Suppenfleisch auf dem Tisch, als wir an der alten Schule ankamen. Zu viert setzten wir uns an einen kleinen Holztisch. Nazareno und auch der zweijährige Serafino schlangen ihre Portionen in wenigen Minuten hinunter. Kurz danach begann Serafino zu quengeln: »Ich will zur Mama. Wo ist die Mama? Zur Mama will ich.«

»Die Mama ist in der Stadt. Morgen kommt sie hierher«, versuchte Pablo, ihn zu beruhigen, doch er weinte nur noch herzzerreißender.

»Komm, wir rufen die Mama an.« Pablo reichte ihm das Handy. Eine halbe Stunde lang hörten wir mit, wie seine Mutter versuchte, Serafino zu beruhigen. Es half nichts. Er jammerte danach nur noch lauter und begann, um sich zu schlagen, bis er sich irgendwann erschöpft in eine dunkle Ecke verkroch.

Der große, lange Raum, in dem wir saßen, hatte früher als Schulzimmer gedient. »Mein Vater hat hier noch unterrichtet«, erzählte Pablo. »Jetzt gibt es nur mehr wenige Kinder auf dem Land, und eine eigene Schule lohnt sich nicht.«

Es musste angenehm gewesen sein, hier zu lernen. Vor einem mächtigen Kamin, der einen leicht rußigen Geruch verbreitete, waren Schaffelle ausgebreitet. In einem schiefen Bücherregal lagen nur wenige Bände, darunter ein *Atlas Geográfico Universal* aus der Zeit des Kalten Krieges. Nur die breiten, durchgesessenen Sofas gehörten sicher nicht zum Schulmobiliar. An der lindgrün gestrichenen Wand hingen rostige Hufeisen und zwei Zeichnungen von Indiofrauen.

»Gibt es in Uruguay überhaupt Indios?«

»Nein, wir haben sie komplett ausgerottet«, antwortete Pablo. »Die Ironie dabei ist, dass der Name unseres Landes aus einer Indiosprache kommt. Er bedeutet ›Fluss der bunten Vögel‹. Möchtest du einen Mate mit mir trinken? Haben wir auch von den Indios.«

Ich wusste, dass ein solches Angebot in diesen Breiten als der Beginn einer Freundschaft betrachtet wird. Sofort nahm ich es an, und Pablo ging in die kleine Küche, um einen Wasserkessel auf die Herdplatte zu setzen. Serafino lag in einem Sessel und lutschte an seinem Daumen, Nazareno jagte eine Katze durchs Zimmer.

An einer Pinnwand hatte Pablo einige Pamphlete von Organisationen aufgehängt, die sich dem Umweltschutz widmeten, darunter eines der brasilianischen *Grupo Sepé Tiaraju*, das eine lange, schmerzvolle Geschichte in einem einzigen Absatz erzählte:

Tausende Jahre präkolumbianischer Kulturen haben die jungfräuliche Schönheit des Kontinents nicht verändert. Nur dreihundert Jahre hat es gedauert, bis die liberale Marktwirtschaft unsere Lebensgrundlage ernsthaft gefährdet hat.

Nicht ganz falsch, dachte ich mir, wenn auch etwas verkürzt dargestellt. Es stimmte, dass gerade in Uruguay nicht nur die Indios, sondern auch die tiefen Wälder und wilden Tiere weitgehend einer Kulturlandschaft gewichen sind, die der Mensch geschaffen hat.

Aber braucht es nicht Nahrungsproduzenten wie Uruguay, damit die vielen Milliarden Menschen auf dieser Welt überleben können?

Pablo brachte den Matebecher. Serafino war inzwischen eingeschlafen, sein Bruder blätterte in einem Buch. Wir tranken ein paar Schluck Mate, dann heizten wir gemeinsam den Ofen ein, denn der späte Abend hatte eine empfindliche Kälte mit sich gebracht, obwohl wir uns auf nicht mehr als dreihundert Meter über dem Meeresspiegel befanden.

»Morgen reiten wir zu einem Wasserfall«, kündigte Pablo an. »Wir sollten früh aufbrechen, denn über Mittag wird es ziemlich heiß. Später kommt dann María-Inés, meine Frau, und wir machen uns draußen im Garten ein gutes Asado mit frischem Lammfleisch. Danach bringe ich dich in die Stadt zurück, wenn du möchtest.«

Wir gingen nach draußen, um die Sterne zu betrachten. Pablo zeigte mir das Kreuz des Südens und einige andere Sternbilder, die auf der Nordhalbkugel nicht zu sehen sind. In einem kargen, kühlen Raum mit drei Stockbetten fiel ich in einen tiefen, ruhigen Schlaf.

Am nächsten Morgen hatte Pablo, der heute eine dunkelblaue Gauchohose, ein pinkfarbenes Shirt und eine graue Baskenmütze trug, schon die Pferde gesattelt, als ich mir noch den Schlaf aus den Augen rieb. Serafino stieg bei ihm auf, der vierjährige Nazareno bekam ein eigenes Pferd. Der Weg führte uns an kleinen Gehöften vorbei, deren Bewohner uns freudig grüßten. Kurz fiel ich in den Galopp. Die Hufe klapperten auf dem steinigen Untergrund, die Sonne blendete meine Augen, und mich überkam ein Gefühl großer Freiheit.

Aus dem Lauf heraus blieb mein Pferd so plötzlich stehen, dass es mich fast über seinen Kopf nach vorne katapultiert hätte. Vor uns hatten sich mehrere Schafe mitten auf dem Weg versammelt. »Du solltest das Tier etwas schonen«, ermahnte mich Pablo. Nach langem Zögern bequemten sich die Schafe endlich, uns den Weg freizugeben.

In einem Wäldchen aus Nussbäumen banden wir die Pferde an und begannen, eine steile Böschung hinabzusteigen. Nach einem guten Kilometer vernahm ich zum ersten Mal das Plätschern des Wasserfalls. Serafino rutschte an einer matschigen Stelle aus und weinte bitterlich. Pablo musste ihn das letzte Stück tragen. Kaum hatten wir den Talgrund mit seinem türkisgrünen Becken erreicht, in das das Wasser aus zehn Meter Höhe hineinbrach, verstummte das Wehklagen des kleinen Jungen.

Wir zogen uns aus und sprangen nackt in das kalte Wasser. Ich tauchte mit dem Kopf unter, und als ich die Augen öffnete, huschten zwei Fische an mir vorbei. Zum Trocknen setzte ich mich auf einen vom Wasser abgeschliffenen und von der Sonne gewärmten Stein. Pablo und Serafino bauten einen Staudamm aus Ästen. Die ganze Szene hatte etwas Archaisches, nichts in meinem Blickfeld erinnerte daran, dass wir in modernen Zeiten lebten, mit all den Problemen, über die Pablo und ich gesprochen hatten. Es waren die wohl friedlichsten und intensivsten Momente meiner bisherigen Reise.

Als wir wieder am alten Schulhaus ankamen, wartete María-Inés schon auf uns. Serafino sprang ihr in die Arme und schien endlich glücklich zu sein. Ich half Pablo, das Feuerholz aufzuschichten. Nazareno schaffte frisches Wasser von einer rostigen Pumpe herbei. Hungrig von unserem Ausflug, nagten wir einen Knochen nach dem anderen ab, bis die Blechschüssel von den Resten überquoll.

Pablo erzählte ein paar der Legenden, von denen diese Gegend voll zu sein schien. Da ging es um ein Heldenkind, das gerade erst Laufen gelernt hatte, aber nach dem tödlichen Unfall seines Vaters allein aus der Wildnis in die Stadt zurückgefunden hatte, oder um die Hexe, die noch vor hundertfünfzig Jahren unter dem Beifall der Bewohner auf dem Marktplatz verbrannt worden war.

»Die meisten Familien leben schon seit vielen Generationen hier, und sie wollen nicht weg, solange sie ihr Auskommen haben«, berichtete Pablo. »Jede dieser Familien hat ihre eigenen Geschichten. Ich würde dir gerne noch ein paar davon erzählen, aber dann müsstest du mindestens eine weitere Nacht bei uns bleiben.«

Doch es war an der Zeit, mein südamerikanisches Abenteuer fortzusetzen, und so trug ich meinen Rucksack zum altersschwachen Käfer. Wenige Minuten vor der Abfahrt meines Busses in Richtung Grenze kamen wir in der Stadt an. Pablo addierte noch schnell die Preise für Transport, Verpflegung und Unterkunft. Als er mir dann die Endsumme zeigte, hatte ich kurz den Eindruck, er wolle sich an mir für so manche Missetat westlicher Kapitalisten rächen. Ich zahlte dennoch brav, stieg ein und winkte ihm zum Abschied zu.

VII Überlebenstraining im Pantanal

In Porto Alegre, der ersten brasilianischen Stadt auf meiner Reise, kam ich ziemlich erschöpft und ausgehungert an. Ich hatte die ganze Nacht in einem altersschwachen Bus auf schlecht geteerten Straßen in meinem fleckigen, kaum gepolsterten Sitz zugebracht. Dass ich fast ganz Brasilien, das kaum kleiner als der gesamte europäische Kontinent ist, auf diese Weise durchqueren würde, stimmte mich im Moment nicht gerade zuversichtlich. Immerhin, weiter nördlich, im Amazonasgebiet, würde ich auf Schiffe umsteigen. Ob das mehr Komfort bedeutete, sollte sich noch zeigen.

Einen Ort, der übersetzt »fröhlicher Hafen« heißt, wollte ich auf keinen Fall schlecht gelaunt erkunden. Also kümmerte ich mich als Erstes um ein anständiges Frühstück. In einer Bäckerei an der großen, alten Markthalle bestellte ich belegte Sandwiches, einen frisch gepressten Maracujasaft und einen pechschwarzen Kaffee. Es war gerade mal halb sieben Uhr morgens. Um mich herum drängelten sich die Marktleute und tauschten Neuigkeiten aus, bevor sie die Stände für das Tagesgeschäft öffneten.

Die Gesprächigkeit der Brasilianer machte sich sofort bemerkbar. Egal, in welcher Situation und wie fremd der andere auch sein mag – nicht miteinander zu reden ist in diesem Land schlichtweg nicht vorgesehen. Für jemanden, der wie ich alleine unterwegs ist, ist dieser Wesenzug das reinste Glück. Die morgendliche Stille in einem deutschen Pendlerzug muss dagegen für jeden Brasilianer ein erschreckendes Erlebnis sein.

Eine vielleicht vierzig Jahre alte, dunkelblonde Frau saß auf dem Drehstuhl rechts neben mir. Gerade hatte sie sich noch eifrig mit ihrer dunkelhaarigen Nachbarin unterhalten, schon wandte sie sich mir zu.

»Und, wie schmeckt der Kaffee? Sicher ziemlich gut hier«, beantwortete sie sich die Frage gleich selbst.

Auch das überraschte mich nicht. Brasilianer sind unerschütterlich davon überzeugt, dass nicht nur ihr Kaffee, sondern ihre gesamte Küche die mit Abstand beste der Welt ist. Das stimmt nur in Ausnahmefällen, aber zugegebenermaßen war dieses Frühstück deutlich nahrhafter als das labbrige Süßgebäck, auf das sich eine typische Morgenmahlzeit in Argentinien und Uruguay beschränkt.

»Brauchst du Zucker?«, fragte mich die Frau, weil ich noch nicht geantwortet hatte. Inzwischen trug sie Sorgenfalten auf der Stirn, offenbar bekümmert, dass mir der Kaffee vielleicht doch nicht schmecken könnte.

»Nein danke, der Kaffee ist wirklich sehr gut«, sagte ich aufrichtig. »Ich trinke ihn immer schwarz.«

Jetzt schüttelte sie sich, als hätte ich ihr von einer ziemlich widerlichen Angewohnheit erzählt. Noch die auserlesensten Fruchtsäfte zuckern die Brasilianer kräftig nach, und auf dem Land bekommt man meistens nur vorgesüßten Kaffee aus einer Thermoskanne. Auch Fett ist ein wichtiger Bestandteil ihrer Mahlzeiten, und so kommt es, dass die vermeintlichen Traumkörper eher in europäischen Köpfen herumspuken und nur selten auf den Straßen zu sehen sind.

Mir fiel es schwer, das Gespräch mit meiner Nachbarin auf anspruchsvollere Themen als den Kaffee zu lenken, denn vor jedem Satz musste ich den Wörterwirrwarr in meinem Kopf sortieren. Über Nacht von Spanisch auf Portugiesisch zu wechseln, beides Sprachen, die ich vor noch nicht allzu langer Zeit erlernt hatte, wollte mir nicht so recht gelingen. »Ich verstehe nicht alles, wir müssen also langsam sprechen«, warnte ich.

»Kommst du aus Uruguay?«, versuchte sie, meinen Akzent zu deuten. Das fand ich sehr schmeichelhaft.

»Heute schon, mit dem Nachtbus. Eigentlich bin ich aber aus Deutschland und nur auf der Durchreise.«

»Ach, wie schön. Mein Vater auch. Er ist Schwabe«, sagte sie in brüchigem Deutsch, bevor sie wieder ins Portugiesische wechselte. »Deshalb heiße ich Karin, nicht sehr brasilianisch. Er hat hier einen Marktstand. Da kannst du Leberwurst und Pumpernickel kaufen. Jetzt ist aber noch geschlossen.«

»Ich werde später mal vorbeischauen.«

Der Süden Brasiliens ist die einzige Gegend in Südamerika, in der ich nicht sofort als Fremder auffalle. Der Anteil der Einwanderer aus Deutschland ist so groß, dass blaue Augen, eine gewisse Körpergröße und blasse Haut zum Straßenbild gehören, erst recht in Städten, die Blumenau oder Novo Hamburgo heißen. Von hier kommen die weltbekannten Models wie Gisele Bündchen, die so wenig gemein haben mit den indianisch- und afrikanischstämmigen Brasilianern im Nordosten.

Nicht nur die Menschen, auch die Natur nimmt in diesem Koloss von einem Land, das fast schon ein Kontinent für sich ist, nahezu alle vorstellbaren Farben und Formen an. Allein dauerhaft verschneite Berggipfel fehlen. Immer schon nahm Brasilien innerhalb Südamerikas wegen seiner Größe, seiner Sprache und seines Erfolgs als Weltmacht für Frohsinn und Leichtigkeit eine Ausnahmestellung ein.

Daran hat sich nichts geändert, aber in den letzten Jahren ist ein wichtiger Faktor dazugekommen: Die Exporte brummen, und die Wirtschaft wächst außerordentlich schnell. Zwar klaffen zwischen den Reichsten und den Ärmsten der knapp zweihundert Millionen Brasilianer noch immer riesige Lücken, doch unter Präsident Lula, dem früheren Arbeiterführer, haben immer mehr Menschen zur Mittelschicht aufgeschlossen. Dass dieses Wachstum auf Kosten der unermesslichen Naturschätze geht, sollte ich während meiner Reise noch lernen.

Ich verabschiedete mich von der Frau neben mir, um durch die Stadt zu spazieren. Porto Alegre war eines jener zufälligen Ziele, wie sie sich auf einer solchen Reise immer wieder ergeben. Hätte ich alle Etappen perfekt geplant, mit regelmäßigen Flügen und gebuchten Übernachtungen, wäre ich sicher nicht dort vorbeigekommen. Mein nächstes großes Ziel war der Pantanal, die riesige Sumpflandschaft im Landesinneren. Auf dem Weg dorthin wollte ich einen Zwischenstopp an den Wasserfällen von Iguaçu einlegen, und weil der nächste Bus dorthin erst am frühen Abend ging, war ich am Terminal von Porto Alegre gestrandet und hatte dort meinen Rucksack deponiert.

Zu dieser frühen Tageszeit waren die Straßen noch ziemlich leer und alle Geschäfte verrammelt. Fein herausgeputzte Kirchen und Verwaltungsgebäuden im Kolonialstil wechselten mit Hochhausschluchten, die verkommen und schäbig wirkten. Am Hafen rosteten riesige Ladekräne vor sich hin. Auf der Praça Marechal Deodoro, deren Name mich daran erinnerte, dass ich dringend eine Dusche brauchte, setzte ich mich auf eine Bank und wartete, bis die ersten Sonnenstrahlen hinter den Türmen der mächtigen Kathedrale hervorspitzen würden. Auf einer hohen Säule stand eine weibliche Kupferstatue, die auf einer Weltkugel balancierte und eine Fackel in der rechten Hand trug, als wolle sie mit der Freiheitsstatue konkurrieren.

»Bist du wegen des Weltsozialforums hier?«, fragte mich eine junge Frau, die sich, mit einem Maisfladen in der Hand, für eine Frühstückspause zu mir auf die Bank setzte. Ihrem dunkelgrauen Kostüm und der weißen Bluse nach zu urteilen, befand sie sich auf dem Weg ins Büro.

»Nein, ich bin eher zufällig vorbeigekommen. Wann ist das denn?«

»Ich glaube, in zwei oder drei Wochen. Porto Alegre ist dann voll von jungen Ausländern, und überall wird gefeiert. Solltest du nicht verpassen.«

Erst jetzt fiel mir ein, warum mir der Name der Stadt so bekannt vorgekommen war. Globalisierungskritiker hatten hier eines ihrer ersten weltweiten Treffen abgehalten. Ich studierte damals bei sehr marktliberalen Professoren in den USA und wollte die Sache nicht so richtig ernst nehmen. Das hat sich durch meine Reisen ganz entscheidend geändert. Ich wünschte mir, dass zu jedem ökonomischen Studium auch ein Pflichtbesuch in einem Großstadtslum oder einem armen Andendorf gehört.

»Was willst du denn hier machen?«, fragte mich die Frau.

»Weiß ich noch nicht. Ich habe nur einen Tag, dann reise ich weiter.«

»Das ist schade. Heute muss ich arbeiten, aber ich hätte dir gerne die Stadt gezeigt. Geh zum Gasometer, da ist ein Kulturzentrum drin mit tollen Ausstellungen. Eine Bootstour solltest du auch machen. Ich muss jetzt los. Gute Reise!«

In jenem Augenblick war mir weder nach einem wankenden Schiff noch nach einem Museum zumute, sondern nach einem weichen Bett, aber darauf musste ich noch ein paar Tage warten. Während die Hitze des Tages begann, sich wie ein Teppich über die sommerliche Stadt zu legen, dämmerte ich auf der Bank etwas vor mich hin.

Ich dachte an die ersten Tage meiner Reise zurück, als ich noch Probleme damit hatte, mein alltägliches Leben abzuschütteln und mich ganz auf neue Erlebnisse einzulassen. Viele Backpacker, denen ich begegnete, wirkten, als seien sie auf der Flucht. Andere suchten in der Ferne nach neuem Lebenssinn, weil sie etwa in der Finanzkrise ihren Job bei einer Investmentbank verloren hatten. Meine kleine Firma in München warf zwar keine Riesengewinne ab, aber sie hielt sich ganz anständig. Der Grund für meinen Aufbruch war einfach das Bedürfnis, einen weiteren Teil der Welt kennenzulernen.

Ich hatte etwas Kraft gesammelt und machte mich wieder auf den Weg durch die Straßen. In einem Internetshop recherchierte ich für meine Tour in den Pantanal. Mittags ging ich in eines der Büfettrestaurants, wie sie überall im Land üblich sind: Draußen ist einfach nur der Preis angeschlagen, man lädt sich den Teller voll und muss dann an einer Waage vorbei. Gesättigt landete ich später tatsächlich am Gasometer. Im obersten Stockwerk, an einem Ort, an dem damit nun wirklich nicht zu rechnen war, hingen Arbeiten des deutschen Künstlers Thomas Demand. Ich fühlte mich wie der scheinbar zufällig herbeigewehte Ahornsamen auf einer seiner Fotografien an der Wand.

Es war an der Zeit, zum Busterminal zurückzukehren. Mein Rücken schmerzte bereits, doch eine weitere anstrengende Nachtfahrt nach Foz do Iguaçu lag vor mir. Nach meiner Zeit in eher ruhigen Gegenden waren die berühmten Wasserfälle an der Grenze von Argentinien, Brasilien und Paraguay eine erschütternde Begegnung mit dem Massentourismus. Das galt besonders für die argentinische Seite, für deren Besuch ich für ein paar letzte Stunden in das erste Land meiner Reise zurückkehrte. Erst als ich direkt am Teufelsschlund über dem mächtigsten der vielen Fälle stand, vergaß ich für einige Minuten die Bimmelbahn, die Imbissbuden und die Souvenirshops am Eingang, zwischen denen ein versprengter Indiochor um Almosen singen durfte.

In regelmäßigen Abständen spritzte die Gischt so hoch, dass die Touristen ihre Kameras eilig unter ihren Plastikponchos verbergen mussten. Die Wassermassen ohrenbetäubend in die Dschungelszenerie herunterbrechen zu sehen, empfand ich trotz der vielen

Menschen um mich herum als großes Naturspektakel. Umso trauriger stimmte es mich, dass der Regenwald wenige Kilometer vom Flusslauf entfernt schon seit vielen Jahrzehnten komplett zerstört ist. Erst die bunten Schmetterlinge und putzigen Waschbären entlang der Wege heiterten mich wieder auf.

Als wolle der Himmel beweisen, dass er den Wasserfällen in nichts nachstehe, ergoss sich am Abend nach dem Ausflug auf die argentinische Seite ein mehrstündiger Sturzregen über mein gelbes Zelt, das ich im Garten einer Jugendherberge aufgebaut hatte. Innerhalb kürzester Zeit stand es in einer ziemlich tiefen Pfütze, hielt aber wie durch ein Wunder dicht. Ich empfand es als tröstlich, dass zumindest meine Ausrüstung zu mir hielt, wenn es schon der Himmel nicht so gut mit mir meinte. Es war ein treues Zelt, das mich schon in neunzehn Länder und ziemlich wilde Gegenden begleitet hatte.

Am nächsten Morgen schien die Sonne, als wäre nichts gewesen, und ich hängte meine Planen in einem Baum zum Trocknen auf. Am Busterminal kaufte ich mir ein Ticket für die Weiterreise ins Pantanal, bevor ich den Nationalpark auf der brasilianischen Seite besuchte. Ein Ökonom aus São Paulo, mit dem ich am Schalter ins Gespräch gekommen war und der in eine ganz andere Richtung wollte, brachte mich gänzlich uneigennützig über rund zehn Kilometer dorthin.

»In den nächsten Jahren wird man noch viel von Brasilien hören«, prophezeite Edinaldo. »Nicht nur wegen der nächsten Fußballweltmeisterschaft oder der Olympischen Spiele in Rio. Das Land entwickelt sich gerade sehr schnell und überholt die europäischen Volkswirtschaften. Und das geschieht, obwohl wir uns selbst im Weg stehen, durch Korruption, ausufernde Bürokratie und Gangstertum. Schau nur hier, die ganzen Autohäuser. Auf einmal können sich viele meiner Landsleute ihr erstes Auto leisten.«

Tatsächlich standen an der Ausfallstraße große Geschäfte mit glänzenden Neuwagen von Volkswagen, Fiat oder Toyota direkt nebeneinander.

»Und mit den Abgasen wird es immer schlimmer«, sagte ich.

»Das könnte passieren, aber dann sind eben die Deutschen gefragt. Ihr habt doch so gute Ingenieure, die werden sich da etwas einfallen lassen. Bei uns fahren schon jetzt alle neuen Autos mit Ethanol. Das ist billiger und sauberer.«

Wir waren am Eingang zum brasilianischen Nationalpark angekommen. Mir kam es vor, als wären wir auf dieser kurzen Strecke Freunde geworden. Diesen Gefühlsüberschwang schob ich darauf, dass ich in den letzten Wochen häufig allein gewesen war.

»Versprich mir bitte, dass du auf dich aufpasst«, bat mich mein großzügiger Fahrer zum Abschied. »Gleich, wie gut oder schlecht es uns geht, Gauner lauern in Brasilien überall. Das war schon immer so und wird immer so sein.«

Es fühlt sich manchmal etwas seltsam an, alleine unterwegs zu sein, aber unerwartete Begegnungen werden wahrscheinlicher. Dazu kommt, dass Brasilianer gerne reichlich essen und jeder Überlandbus mindestens alle vier oder fünf Stunden an einer Raststätte mit Selbstbedienungsbüfett hält. Schon während der ersten Stunden der Fahrt nach Campo Grande war mir eine junge hübsche Frau in einer der vorderen Reihen aufgefallen, die wie ich alleine reiste. Bei unserem ersten Aufenthalt kamen wir an der Salatbar ins Gespräch.

»*Olá, tudo bem?*«, fragte ich eher beiläufig, die in allen Lebenssituationen gebräuchliche Floskel benutzend, während sie ihren Teller mit Kopfsalat füllte.

»*Si, tudo bem*. Lange Fahrt.«

»Das stimmt. Wollen wir zusammen essen? Ich muss dringend mein Portugiesisch verbessern, wie du merkst. Außerdem ist es langweilig alleine.«

»Gerne. Lass uns noch Bier bestellen.«

Ich vertilgte zwei Teller mit Reis, Nudeln und Rindfleisch, während Bianca nicht einmal ihren Salatteller schaffte, oder besser, nicht schaffen wollte.

»Ich habe gerade ein Jahr lang als Model in São Paulo gearbeitet«, erzählte sie. »Jetzt gehe ich wieder an die Uni. Meine Eltern haben beschlossen, dass ich mich genug herumgetrieben habe.«

»Was hast du denn als Model gemacht?«

»Normale Sachen auf dem Laufsteg. Dazu Shootings für Kataloge und Magazine.«

»Und was verschlägt dich in diese Gegend?«

»Urlaub. Eigentlich wohne ich mit meinen Eltern in Boa Vista, ganz im Norden, ziemlich im Dschungel. Aber wir haben uns die Wasserfälle angeschaut und fahren jetzt wieder zu unseren Verwandten in Campo Grande. Meine Mutter und mein Vater kommen ursprünglich aus dieser Gegend. Im Auto war kein Platz mehr, da habe ich eben den Bus genommen.«

Bianca blickte durch die großen Scheiben nach draußen. An unserem Bus gingen gerade die Scheinwerfer an.

»Komm, wir müssen los. Es geht weiter. Setz dich doch zu mir, wenn du möchtest.«

Das tat ich gerne, denn mein Sitzplatz lag direkt über der Hinterachse und war deshalb besonders unbequem. Wir unterhielten uns lange über alltägliche Dinge wie ihr Studium, Dialekte in Brasilien und den Umweltschutz.

Zwischendurch nickte ich ein und wachte erst bei besonders tiefen Schlaglöchern wieder auf. Die Nacht draußen war mittlerweile finster wie ein Fass schwarzer Tinte. Bianca war offenbar nicht sonderlich müde, sie hörte Musik und kaute eifrig auf einem Kaugummi, das schon ziemlich zäh sein musste.

Irgendwo in der Prärie blieben wir mehrere Stunden stehen, um auf Passagiere aus einem verspäteten Bus zu warten. Wir kamen zwar nicht voran, aber die Ruhe war ganz angenehm. Als ich wieder aufwachte, ging gerade die Sonne auf. Jetzt schlief Bianca fest, eingewickelt in ihren Pullover und meine Jacke, denn die Klimaanlage hatte den inzwischen voll besetzten Bus in der Nacht auf ein frostiges Niveau herabgekühlt.

Wir hielten wieder, diesmal für eine Frühstückspause. Meine Hoffnung, den geplanten Anschluss ins Pantanal zu erwischen, hatte ich längst aufgegeben. Es war beinahe Mittag, als wir in Campo Grande ankamen. Versprochen waren zwölf Stunden Reisezeit, wir hatten siebzehn Stunden gebraucht, um die Hauptstadt des Bundesstaates Mato Grosso do Sul zu erreichen, was so viel wie »breiter Dschungel des Südens« bedeutete. Mein Bus war längst weg.

Biancas Schwager holte sie am Busbahnhof ab.

»Wir nehmen dich einfach mit, du bekommst etwas zu essen bei uns und kannst dich ausruhen«, sagte er, als ich mich gerade verabschieden wollte.

»Würde ich gerne, aber ich habe schon die Fahrt ins Pantanal gebucht.«

Sofort erkundigte sich José an den Schaltern im Terminal nach den nächsten Verbindungen. Erst am frühen Abend würde wieder ein Bus fahren.

»Siehst du, jetzt hast du keine Ausrede mehr.« Schon hatte er meinen Rucksack in den Kofferraum verladen. »Keine Sorge, wir bringen dich rechtzeitig wieder hierher.«

Kurz darauf wusch ich mich also im Haus einer brasilianischen Familie in Campo Grande, die mir ein paar Stunden zuvor völlig unbekannt war. Durch ein Luftloch in der Wand zogen Grilldünste zu mir hinein. Ich trocknete mich mit einem frischen, weichen Handtuch ab, betrachtete mich zum ersten Mal seit Längerem wieder in einem Spiegel und rasierte mich das erste Mal seit zehn Tagen.

Allerdings war meine einzige Klinge in meinem feuchten Kulturbeutel so stumpf geworden, dass ich hinterher sehr stoppelig aussah.

»Robert, wie lange brauchst du noch? Dein Steak wartet!«, rief Bianca von draußen. Mariela, ihre Halbschwester, bewohnte das Haus mit ihrem Ehemann José, der als Rechtsanwalt arbeitete. Außer Bianca waren noch etliche andere Leute im Hof zugange: Jagú und Liliana, die beiden jüngeren Geschwister von Bianca, ihre Mutter und mehrere Nachbarn. Es war zwar Montag, aber Ferienzeit, und so hatte sich eine entspannte Grillgemeinschaft gebildet.

Nach einer ausführlichen Mahlzeit verabschiedete ich mich von meinen Gastgebern. Mit Bianca vereinbarte ich, dass ich sie anrufen würde, wenn ich auf dem Weg nach Venezuela durch Boa Vista kommen würde. Die Stadt lag auf meiner geplanten Route.

»Du bist in unserem Haus immer willkommen, auch wenn du eine Unterkunft brauchst«, sagte ihre Mutter. »Wir sind spätestens in zwei Wochen wieder dort.«

Jetzt aber war es erst mal an der Zeit, die Wildnis des Pantanal aufzusuchen, die sich von Brasilien über die Grenzen nach Paraguay und Bolivien erstreckt. Das Feuchtgebiet bedeckt eine Fläche, die fast so groß ist wie alle westdeutschen Bundesländer zusammen. Auf den bewaldeten Inseln im Sumpf sammeln sich angeblich mehr wilde Tiere als im entferntesten Winkel des Amazonas.

Kaum hatte der Bus die Industriegebiete von Campo Grande verlassen, öffnete sich zu beiden Seiten der frisch geteerten Straße eine spärlich bewachsene Ebene. Der Abend nahte, und der Himmel zeigte noch einmal sein kräftigstes Blau. Nur im Westen spannte sich eine harfenförmige Wolke über die Steppe, wie eine Vorbotin dunklerer Stunden.

Vereinzelt standen graue, magere Rinder mit langen Hörnern auf ihren umzäumten Weiden. Verstört schauten sie zur Straße hin, als sie das seltene Motorengeräusch hörten. Bald erreichten wir ein erstes Sumpfgebiet, in dem Reiher und Ibisse, auf kahlen Ästen sitzend, das Wasser nach Beute abzusuchen schienen.

In der Dämmerung verlor die Landschaft an Tiefe. Die Bäume, das Gestrüpp und die Gräser hoben sich wie schwarze Scherenschnitte vor einem himmlischen Farbchaos ab, das zunehmend von höllenroten Tönen beherrscht wurde, nur um dann binnen weniger Minuten in pechschwarze Nacht überzugehen. Ich hörte eine der verschroben-polyphonen Kompositionen von Heitor Villa-Lobos, ein passender Soundtrack zu diesem unwirklichen Schauspiel.

Der Bus fuhr bis zur bolivianischen Grenze bei Corumbá. Zum ersten Mal auf meiner Reise hatte ich mich weit von der Atlantikroute entfernt, hinein in die Tiefen eines Kontinents, der mir immer rätselhafter und wilder erschien. Den Fahrer hatte ich gebeten, an einer Siedlung namens Barraca do Piranha anzuhalten. Dort sollte mich ein anderer Fahrer abholen und zur Fazenda Santa Clara bringen, einer der wenigen Farmen im südlichen Pantanal mit bezahlbaren Mehrbettzimmern.

So stand ich also nach fünf Stunden Fahrt mit meinem schweren Rucksack im Dunkeln und wartete. Nur aus einem kleinen Laden drang etwas Licht in die sternenklare Nacht. Nach einer Weile stellte ich mir vor, dass ich schutzlos der Wildnis ausgeliefert war. Ich wusste, dass hier Jaguare, Ozelote und andere Wildkatzen lebten, aber vermutlich nicht direkt an der Landstraße. Schließlich brauste ein schwerer Jeep heran, ein junger Mann stieg aus, und wir verluden mein Gepäck.

Auf holprigem Untergrund ging es in nördliche Richtung. Ich beschloss, die leichte Alkoholfahne meines Fahrers zu ignorieren. Schon nach wenigen Kilometern huschte ein Tierschatten über die Straße, in etwa so groß wie ein Feldhase.

»Was war das?«

Mein Fahrer stellte die Musik etwas leiser. Erst jetzt nahm ich das vielstimmige Insektenorchester wahr, das, unterbrochen von einzelnen, lauten Vogelrufen und anderen seltsamen Geräuschen, an unsere Ohren drang.

»Ein Waldhund oder vielleicht ein Nasenbär, war nicht genau zu erkennen.«

»Waldhund? Habe ich noch nie gehört.«

»Gibt es wirklich. Sehen eher aus wie Marder. Sind ziemlich selten hier. Wahrscheinlich war es doch eher ein kleiner Nasenbär.«

Mein wortkarger Fahrer drehte die Lautstärke wieder laut. Mir fiel auf, dass wir uns auf Spanisch unterhalten hatten.

»Bist du gar kein Brasilianer?«, fragte ich.

»Nein, ich komme aus Argentinien.«

Ein paar Minuten später bremste er, fuhr von der Straße ab und eine kleine Böschung hinunter. Wir hatten ein Flussufer erreicht.

»Vor ein paar Monaten konnte man hier noch über die Brücke fahren. Dann hat es ein Laster versucht, der mit dem Vierfachen des vorgesehenen Höchstgewichts beladen war. Kein Wunder, dass er eingebrochen ist. Seitdem hat die Brücke ein Loch.«

Der Fluss schien ziemlich breit zu sein.

»Wie kommen wir jetzt da rüber?«, fragte ich.

»Siehst du die kleinen Lichter dort? Das ist eine Fähre. Ich gebe ein Signal mit den Scheinwerfern, dann kommen die Jungs zu uns rüber, wenn sie nicht eingeschlafen sind.«

Es dauerte ein paar Minuten, dann bestätigten eine Schiffshupe und ein ratterndes Motorengeräusch, dass die Fähre ablegte. Wir gelangten sicher auf die andere Seite, und eine halbe Stunde später erreichten wir die Fazenda. Ich ging bald ins Bett.

Um vier Uhr morgens klopfte es an der Tür meines Zimmers. Ich hatte unter dessen drei leeren Stockbetten frei wählen können.

»Robert, aufstehen, wir gehen auf Safari«, rief eine Stimme.

Vor der Tür stand nicht mein Fahrer vom Vorabend. Es war Marcello, ein kleiner Brasilianer mit einem breiten Schlapphut, der sich als mein Führer vorstellte.

Im Zwielicht des frühen Morgens standen schon zwei Frauen und ein Mann mit Kameras und Sonnenhüten an einem kleinen offenen Lastwagen. Wir verteilten uns auf zwei lange Bänke, die an den Rand der Ladefläche geschraubt waren. Unter dem Schein meiner Taschenlampe sah ich, wie eine große, grünliche Eidechse die faserige Rinde eines Mangobaums hinunterkletterte, nach den Ameisen auf dem Boden züngelte, für den Bruchteil einer Sekunde zu uns blickte und wieder nach oben verschwand. Wir fuhren auf der Schotterstraße, über die ich erst wenige Stunden zuvor zur Fazenda gekommen war, bogen aber bald in nördliche Richtung ab.

Die Sonne schien ungeduldig zu warten, und ihre ersten Strahlen warfen lange Schatten. Drei Tukane mit ihren langen, gemusterten Schnäbeln flogen direkt vor uns auf. Um einen Tümpel stand eine Großfamilie von Wasserschweinen, die wie überdimensionierte Meerschweinchen aussahen und etwas müde von der nächtlichen Nahrungssuche wirkten.

Kaum war es ein paar Grad wärmer geworden, fielen die Moskitos über uns her, und ich machte mich mit meiner Familienpackung Insektenspray bei der Runde beliebt.

Wir hielten am Straßenrand an.

»Hier gehen wir hinab zum Wasser«, kündigte Marcello an. »Da gibt es eine kleine Überraschung. Oder besser gesagt, eine große.«

Wir schlugen uns durchs Gebüsch. Schon nach ein paar Metern schnitt ich mich an einem harten, trockenen Grashalm. Weiße und aprikosenfarbene Blüten öffneten sich für den neuen Tag. Ich hob den Kopf und blickte auf eine unwirkliche Szenerie: Am Ufer eines kleinen Sees lagen nicht zwei oder drei, auch nicht zwanzig, sondern mindestens hundert Krokodile dicht nebeneinander. Keines bewegte sich, und alle starrten in dieselbe Richtung, aufs Wasser hinaus. Wir hielten zunächst etwas Sicherheitsabstand.

»Das sind Kaimane, die sind friedlich und essen nur Fische. Im Pantanal gibt es ungefähr drei Millionen davon«, erläuterte Marcello.

Mit schlechtem Gewissen verstieß ich gegen das Gebot, wilden Tieren nicht zu sehr auf die Haut zu rücken, und machte eine Porträtaufnahme eines besonders bissig aussehenden Exemplars. Mit seinem rechten Auge, dessen Pupille größer war als eine Walnuss, musste der Kaiman mich wahrnehmen, reagierte aber nicht. Sein Maul hatte er zugeklappt, doch einige seiner spitz zulaufenden Zähne waren so lang, dass sie über den jeweils gegenüberliegenden Kiefer hinauswuchsen. Ein strenger Kotgeruch lag über dem Strand der Krokodile.

Wir blieben ein paar Minuten, ohne dass die wie mumifiziert wirkende Kaimangesellschaft sich regte. Auf dem Weg zurück zu unserem Transporter entdeckte ich vor einem Wäldchen, ungefähr siebzig Meter entfernt, drei Tiere, die den Rehen in bayerischen Forstgebieten recht ähnlich sahen.

»Das sind Sumpfhirsche«, klärte mich Marcello auf. »Siehst du die Geweihe?«

Unser Fahrer hatte in der Zwischenzeit ein kleines Frühstück mit Kaffee, Gebäck und Melonen hergerichtet, was noch mehr Moskitos anlockte. Das machte vor allem den beiden Däninnen zu schaffen, die bei dem Ausflug dabei waren. Ich weiß nicht, zum wievielten Mal ich in Lateinamerika zwei junge dänische Backpackerinnen traf und rätselte darüber, was dies bedeuten sollte. Ihr Heimatland ist bekanntermaßen klein, und so langsam musste ich jede zweite Dänin zwischen zwanzig und dreißig kennen. Gut gelaunt waren sie alle, insofern störte mich das nicht.

Marcello suchte mit den Augen den Sumpf am rechten Straßenrand ab.

»Ich will euch Schlangen zeigen. Es gibt hier alle möglichen Arten, auch welche, deren Gift tödlich sein kann.«

An diesem Morgen zeigten sie sich nicht, weshalb ich ersatzweise eine meiner Abenteuergeschichten zum Besten gab. In Venezuela war ich einmal einer sechs Meter langen Anakonda begegnet, die regungslos im Sumpf lag. Mein damaliger Begleiter, ein ziemlich durchgeknallter und trinkfreudiger Wildführer, kannte sich mit den Tieren aus und bezeichnete sie als ungefährlich. Mir war trotzdem sehr mulmig zumute.

Auch fiel mir ein Erlebnis beim Piranhafischen ein. Ich war schon kurz davor, die Geduld zu verlieren, als plötzlich etwas stark an meiner Angel zog. Das konnte kein Piranha sein. Die Raubfische sind zwar sehr gefräßig, aber doch ziemlich klein. Ich hielt dagegen und schaute angestrengt aufs Wasser unter der Brücke. Plötzlich reckte sich ein Kaiman aus dem Wasser und klappte sein großes Maul auf. Ein Piranha sprang daraus hervor, zappelte an meinem Haken und landete in hohem Bogen neben mir. Der Kaiman hatte dem Tier schon einen Teil des Gesichts weggebissen. Der Piranha zappelte noch kurz, dann hauchte er sein Leben aus, und ich konnte in Ruhe seine doppelten Gebissreihen untersuchen, die ziemlich gefährlich aussahen.

»Gute Geschichte«, sagte Marcello, der mich ein wenig um die Aufmerksamkeit der Däninnen zu beneiden schien. »Hast du den Piranha dann auch gegessen?«

»Ja, klar, frisch gegrillt. War aber wenig Fleisch dran, und wirklich gut geschmeckt hat er auch nicht. Ziemlich fad. Ich hätte mehr erwartet.« Die Däninnen waren fasziniert.

Auf der Rückfahrt erzählte uns Marcello von den vielen Fazendas mit ihren Rindern, die sich über den ganzen Pantanal erstreckten. »Vermutlich ist es eine zweistellige Millionenzahl, aber niemand weiß das so genau«, sagte er. »Die Rasse ist ziemlich widerstandsfähig, man muss sich nicht groß um die Tiere kümmern.«

Auch wenn die Fazendas ziemlich alt aussehen und ihre Bewohner eine romantische Gauchokultur vortäuschen, handelt es sich um eine besonders schändliche Landnahme. Noch vor drei bis vier Generationen war das schwer zugängliche Feuchtgebiet nur von Indios besiedelt, die im Einklang mit der Natur lebten. Sie wurden von den Weißen erst ihres Landes beraubt und dann bis auf einige wenige Familien ausgerottet.

Nicht nur die Viehwirtschaft, auch der Soja- und Zuckerrohranbau mit seinen Pestiziden gefährdet das riesige Biotop, in dem es nur ein einziges, winziges Naturschutzgebiet gibt. In der Zeitung hatte ich von einer weiteren Kehrseite des brasilianischen Fortschritts gelesen. An fast jeder Tankstelle kann man vergleichsweise sauberen Biokraftstoff tanken, doch die Ethanolfabriken, die ihn herstellen, lassen ihre Abwässer ungefiltert in das Flusssystem laufen, das den Pantanal speist. Manche Umweltschutzorganisationen warnen, dass die natürliche Schönheit des Sumpfs schon in wenigen Jahrzehnten zerstört sein könnte, wenn nicht größere Gebiete dem menschlichen Zugriff entzogen werden.

»Stimmt es eigentlich, dass viele Flüsse im Pantanal schon so verschmutzt sind, dass die Fische sterben?«, fragte ich Marcello, als wir gerade über eine der vielen kurzen Brücken holperten.

»Darüber weiß ich nichts und habe es nicht gesehen«, antwortete er. »Ich bin einfach nur hier draußen mit den Gästen unterwegs, da bekomme ich von solchen Dingen nichts mit. Aber es wäre sehr schade, wenn es so ist.« Diese Sätze interpretierte ich als freundliche Mitteilung, dass er über dieses Thema nicht sprechen wollte.

Nicht nur Industrie und Landwirtschaft, auch der Tourismus bringt Menschen, Lärm und Abfälle in Gegenden, in denen auf wenigen Quadratkilometer mehr Tierarten leben als in ganz Europa. Experten vermuten aber, dass die Wirkung insgesamt eher positiv ist. Der Pantanal liegt zu weit abseits, um die Massen anzulocken, aber es kommen genug Touristen, um den Farmern eine alternative Einkommensquelle zu verschaffen. Auch haben die meisten Reiseveranstalter inzwischen gelernt, dass sich umweltverträgliche Programme besser vermarkten lassen. Zugleich wird jeder, der auch nur einen Tag im Pantanal verbracht hat, unweigerlich zum Botschafter eines natürlichen Reichtums, den es so nur selten auf diesem Planeten gibt.

Wir fuhren langsam. In einem Cambará-Baum direkt neben der Straße saßen drei Hyazintharas, ziemlich große, dunkelblaue Vögel mit gelber Haut rund um die Augen und dem typischen Schnabel.

»Vor fünfzehn Jahren waren sie beinahe ausgestorben«, sagte Marcello, der eindeutig besser informiert war, als er eben gerade hatte zugeben wollen. »Wilderer haben sie in großen Mengen gefangen und als Ziervögel nach Amerika oder Europa verkauft. Inzwischen gibt es bewaffnete Patrouillen und strenge Kontrollen an den Grenzen. Seither sieht man die Aras wieder viel öfter hier. Auch die Kaimane werden kaum mehr gejagt.«

»Wo kommst du eigentlich her?«, fragte ich unseren Führer.

»Ich bin nicht weit weg von hier aufgewachsen, in einem kleinen Dorf in der Nähe von Corumbá. Wie du mir vielleicht ansiehst, habe ich Indios als Vorfahren.«

Es war mir tatsächlich noch nicht aufgefallen, dass er indianisches Blut in sich trug, wahrscheinlich weil er sein Gesicht immer noch unter dem großen Schlapphut versteckte.

»Welchem Volk gehörst du denn an?«

Marcello schaute mich verwundert an. »Ich bin Brasilianer, was sonst?«

Es war das einzige Mal, dass wir uns mit dem Laster fortbewegten, und das war mir auch recht so. Die schleichende Erosion entlang der Wege ist ein weiteres Problem des Pantanal. Es entstehen künstliche Dämme, die vor allem die Tiere, die auf das Wasser angewiesen sind, bei der Nahrungssuche behindern. Sedimente rutschen in die Flüsse ab und lagern sich auf den Pflanzen ab. Der Boden versandet, Fische finden keine Nahrung mehr.

Am Nachmittag nahm mich Marcello mit auf eine Wanderung zu einem nahe gelegenen Urwaldgebiet. Ein Stück des Weges begleiteten uns drei Aras, die aufgeregt und ziemlich tief über dem Boden flatterten, als wollten sie uns eine Nachricht überbringen. An der Gegenwart zweier Menschen schienen sie sich überhaupt nicht zu stören.

Wir wechselten auf einen schmalen Pfad. Marcello ging ein paar Meter ins Gestrüpp und winkte mich zu sich. Im Gras saß ein rostbraunes Gürteltier. Es hob seine spitze Schnauze in die Luft und schaute uns verschreckt an. Ich musste schmunzeln, denn mit den weißen Borsten, die zwischen den Gürtelstreifen auf dem Panzer hervorsprossen, und seinen abstehenden Ohren sah das Tier doch ziemlich drollig aus.

»Es gibt eine Art von Gürteltieren, die sieht so ähnlich aus wie dieses Exemplar, die sich komplett zu einer Kugel zusammenrollen können. Keiner ihrer natürlichen Feinde schafft es, die Kugel zu knacken. Gürteltiere sind sehr wendig und schnell, sie können sogar schwimmen.«

Wir hatten nicht mehr als einen Kilometer zurückgelegt, doch mir lief bereits der Schweiß über den ganzen Körper. Die Sonne verbarg sich zwar hinter einer Wolkenschicht, aber die Luft war so feucht, dass bald jeder Schritt anstrengend war.

»Hörst du das?«, fragte Marcello.

Tatsächlich vernahm ich ein entferntes, tiefes Geräusch.

»Das sind Brüllaffen. Ich hoffe, wir sehen gleich welche.«

Wir kletterten unter dem Stacheldrahtzaun einer benachbarten Fazenda hindurch und erreichten den Wald. Es fiel uns schwer, zwischen den Bäumen, Schlingpflanzen und anderen Schmarotzern einen Weg zu finden. Die Pflanzenwelt war so sehr ineinander verstrickt, dass schon wenige Meter über dem Boden alles in ein einziges, undurchdringliches Chaos zu wachsen schien.

»Die Affen können sich darin sehr gut fortbewegen«, flüsterte Marcello. »Wir müssen leise sein. Dort vorne stehen ein paar Chimbuvas, das sind die Lieblingsbäume der Brüllaffen. Vielleicht haben wir Glück.«

Wir blickten nach oben, und tatsächlich turnten etwa sieben oder acht Meter über dem Boden drei braune Affen herum. Es schien sich um eine Familie zu handeln, denn zwischen den ausgewachsenen Tieren entdeckte ich noch ein Brüllaffenjunges, das vielleicht halb so groß wie die beiden anderen war. Sie schwiegen gerade, was ich ganz erholsam fand.

»Wenn man das Gebrüll hört, denkt man, die Tiere müssten ziemlich nahe sein«, sagte Marcello, »aber sie haben einen überdimensionalen Kehlkopf und sind deshalb so laut, dass man sie drei oder vier Kilometer weit hören kann.«

Nachdem die Affen wieder irgendwo in den Wipfeln verschwunden waren, gab Marcello mir eine Lektion aus seinem Programm für Überlebenstraining. Aus dem Ast einer Acuri-Palme schälte er eine große, längliche Fruchthülle, schlug sie mit seiner Machete entzwei und zog ein gelbliches Büschel hervor. Dieses Büschel steckte er in die eine Hälfte der kelchförmigen, holzartigen Fruchthülle und hielt die zweite Hälfte darunter.

»Das ist ein perfekter Wasserfilter. So bekommt man noch das schlammigste Flusswasser sauber, wenn man im Dschungel unterwegs ist.«

Er zog das Büschel wieder hinaus und reichte es mir. »Aus diesem seltsamen Gewächs entstehen die einzelnen Früchte, wie sie dort drüben in einer Traube hängen. Vor allem die blauen Hyazintharas essen sie gerne. Deshalb gibt es so viele bei uns in der Gegend.«

Marcello setzte eine der leeren Hüllen an seinen Mund und blies hinein. Es entstand ein Geräusch, das sich wie der tiefe, gleichmäßige Ton einer Tenorflöte anhörte. »Früher haben sich die Indios damit verständigt. Wenn du mal bei einer Dschungeltour deine Gruppe verlierst, kannst du dich so zu erkennen geben.«

Bald hatten wir das andere Ende des Waldes erreicht.

»Wie du siehst, ist das kein großer Dschungel. Trotzdem wachsen auf dieser kleinen Fläche natürliche Heilmittel gegen so ziemlich alle Krankheiten. Leider geht das Wissen darüber verloren. Siehst du diese Pflanze da am Boden, mit den langen Blättern? Das ist eine Caraguatá. Hilft besser gegen Asthma als jedes industrielle Medikament.«

Abends schaute ich mich etwas auf der Fazenda um. In der Nähe des Eingangs stand eine Kapelle, vollgestopft mit Statuen, Gebetsbüchlein und einer schweren, mit Gold überzogenen Bibel. Drei saubere, schlanke Schweine streiften über den Hof. Ein Carancho, ein falkenartiger Vogel, den ich schon aus Feuerland kannte, stakste auf der Suche nach Nahrung durch den Staub. Ein roter Ara, der sich auf dem Gelände häuslich eingerichtet hatte, beobachtete von einem Zaunpfahl aus das menschliche Treiben. Schafe grasten auf einer stoppeligen Weide. Eine Verbindung in die Welt hinaus bestand nur über ein Satellitentelefon, das an der kleinen Empfangstheke stand.

Inzwischen waren Tom und Marc, zwei junge Engländer, in mein Zimmer gezogen. Auf einem kleinen Rasenstück spielten wir eine Runde Fußball gegen zwei Brasilianer und einen Mexikaner. Ich ließ zwei gute Chancen aus. Die beiden Engländer waren übermotiviert und standen sich oft gegenseitig im Weg. Tom erzielte sogar ein Eigentor, sodass wir ziemlich klar verloren.

Gegen neun Uhr abends versammelte sich das ganze Personal vor dem Fernseher, der draußen unter einem Holzdach hing, um die Telenovela *Viver a Vida* anzuschauen. Sie ist unverzichtbarer Bestandteil des Alltags der meisten Brasilianer. Geht man zur Sendezeit irgendwo im Land durch ein Wohnviertel, wird man aus vielen Fenstern die Titelmelodie hören. Ab und zu stand einer der Wildführer auf, um sich aus einem großen Cachaça-Fass ein paar Schluck zu zapfen.

»Das ist der beste Cachaça, den es gibt«, warb Marcello. »Den brauen wir selbst, mit einer Kräutermischung, das macht ihn sanfter.« Für einen Real, umgerechnet etwa 40 Cent, kaufte ich ein Glas und wenig später ein zweites, denn das Gebräu schmeckte wirklich gut.

Paolo, einer von Marcellos Kollegen, trug auf seinen Armen ein kleines, zusammengerolltes Lamm herbei. »Das ist gerade erst geboren worden.« Als ich es anfasste, merkte ich, dass sein spärliches Fell noch feucht und glitschig war.

»Morgen machen wir einen Indiotag«, kündigte Marcello an.

»Wie, ich dachte, es gibt hier keine Indios mehr?«, fragte ich.

»Das stimmt. Es ist nur eine Redensart und bedeutet, dass wir überhaupt nichts tun.« Marcello erwartete, dass ich lachte, aber das gelang mir nicht. Dass er selbst zum Teil ein Indio war, machte die Sache nur noch trauriger.

»Das war nur ein Witz. Wenn du möchtest, können wir raus auf den Fluss fahren.«

»Warum nicht. Ich bin dabei.«

Nach dem Abspann der Telenovela holte Paolo seine *viola de cocho* aus dem Wohnhaus und sang ein paar traurig klingende Lieder. Das Instrument hatte die Größe einer Violine, ähnelte aber mehr einer Gitarre, nur ohne Öffnung im Resonanzkörper.

»Gibt es nur bei uns im Pantanal«, erzählte Paolo. »Der Körper ist aus mehreren Hölzern zusammengesetzt, darunter Zeder, Feige und Chimbuva.«

»Und was bedeutet der Name?«

»Ein *cocho* ist ein ausgehöltes Holzscheit, das die Bauern hier in der Gegend benutzt haben, um Futter für ihr Vieh zu transportieren.«

Wenig später packte ich kurz entschlossen meine Sachen und trug sie auf einem schmalen Weg zu einer Flussbiegung, einen knappen Kilometer entfernt, an der die Führer ein Camp errichtet hatten. Ich wollte lieber im Zelt übernachten als in einem klimatisierten Schlafraum. Ganz in der Nähe würden wir auch am nächsten Morgen zu unserer Bootstour ablegen.

Die Männer im Camp nötigten mich dazu, noch ein paar Gläser Cachaça mit ihnen zu trinken. Leider war es diesmal ziemlich billiger Fusel aus einer Supermarktflasche.

Als ich nachts austreten wollte, stolperte ich im Dunkeln beinahe über zwei Wasserschweine. In der behelfsmäßigen Küche schepperte es, obwohl alles dunkel war. Ich leuchtete mit der Taschenlampe und entdeckte einen mittelgroßen Ameisenbär, der sich an der Abfalltonne zu schaffen machte. Er hielt kurz inne, entschied dann aber, sich von mir nicht stören zu lassen, und mampfte genüsslich weiter.

Ein paar Stunden später wachte ich wieder auf, von Schweiß überströmt. Die Temperatur war in der Nacht etwas gefallen, aber in meinem Zelt herrschte trotzdem eine schwüle Hitze. Ich öffnete den Reißverschluss und bemerkte, dass bereits der Tag anbrach. Aus dem Wald jenseits des Flusses tönte ein fast schon ordinäres Affengebrüll.

Ich sah mich um und entdeckte drei Kaimane, die nur ein paar Meter unterhalb meines Zelts die Nacht verbracht hatten. Die anderen Männer im Camp schliefen noch, sodass ich mich in eine Hängematte legte und las.

Ich ging zurück zur Fazenda, um das brasilianisch-reichhaltige Frühstück einzunehmen, bevor wir die Boote klarmachten. Außer Marcello und mir kamen noch Helen und Patrick mit, ein junges Paar aus London. Sie lebten seit ein paar Jahren in Sydney und arbeiteten bei Beratungsfirmen, unternahmen aber gerade eine Weltreise.

Wir fuhren auf einem Nebenfluss des Rio Mirameta dahin, der die feuchten Ebenen des südlichen Pantanal mit dem Rio Paraguay verbindet. Weiter südlich, an der argentinischen Grenze, vereint der Paraguay sich mit dem Paraná, an dessen Oberlauf ich die Iguaçu-fälle besucht hatte. Später bilden der Paraná und der Rio Uruguay gemeinsam den Rio de la Plata, der sich bei Buenos Aires zum breitesten Flussdelta der Welt öffnet. Bis dahin muss das Wasser einen weiten Weg zurücklegen.

Königsfischer und Marmorreiher blickten etwas verstört vom Ufer zu uns rüber, ganz so, als hätten sie noch nie zuvor Menschen gesehen. Die Böschung stieg zwei Meter hoch auf, und wir sahen die Wurzeln der Bäume, die sich durch den lockeren Boden schlängelten wie Schlangen im Sumpf.

»Ein paar Wochen noch, dann ist hier alles überflutet«, sagte Marcello. »Und zwar nicht nur bis zum Uferrand, sondern weit darüber hinaus. Man kann die einzelnen Flussläufe gar nicht mehr erkennen.«

Die Stimmung war friedlich. Grüne Libellen blieben wie Helikopter vor unseren Gesichtern stehen. Wir befestigten Nylonschnüre an unseren Bambusangeln, hängten kleine Fleischstücke an die Haken und ließen sie ins Wasser. Es dauerte keine fünf Minuten, und Helen zog mit einem Ruck einen zehn Zentimeter langen Katzenfisch in die Luft. Wenig später hatte Patrick einen Piranha gefangen.

»Piranhas sind Kannibalen«, erzählte Marcello. »Sie fressen sich notfalls gegenseitig auf, besonders gerne den Nachwuchs von benachbarten Familien. Manchmal beißen sie einander auch nur Fleischstücke aus der Haut. Wenn sie dann an der Angel hängen, sehen sie recht bemitleidenswert aus.«

Das Augenpaar eines Kaimans schaute aus dem Wasser, als sei das Tier verärgert, dass wir ihm seine Fische wegschnappten.

»Die Kaimane kontrollieren die Piranhapopulation in den Flüssen«, erläuterte Marcello. »Andernfalls würden die gierigen Biester sie leer fressen. Die Kaimane haben dagegen keine natürlichen Feinde, außer den Würgeschlangen, aber davon gibt es nicht so viele. Deshalb liegen diese faulen Krokodile überall herum.«

Der Eimer auf unserem Boot füllte sich mit der Beute meiner Mitfahrer. Ich fing überhaupt nichts und hielt mich so unfreiwillig an die Schonzeit für Fische im Pantanal, von der ich im Internet gelesen hatte. Marcello zog mich den ganzen Tag wegen meines Misserfolgs auf: »Es kommt wirklich fast nie vor, dass ein Tourist gar nichts fängt. Ehrlich gesagt, kann ich mich gar nicht daran erinnern.« Die beiden Däninnen waren abgereist, sonst hätte er ihnen sicher die Geschichte sofort erzählt.

Einen weiteren Tag verbrachte ich noch auf der Fazenda, erkundete die Gegend ohne Aufsicht eines Führers und entdeckte dabei zwar keine Wildkatzen, aber immerhin viele exotische Vogelarten, die ich noch nie gesehen hatte. Überschwänglich verabschiedete sich Marcello von mir, nachdem wir ein gemeinsames Foto gemacht hatten.

»Ich habe viel von dir gelernt«, bedankte ich mich. »Das werde ich spätestens im Amazonas anwenden.«

In Uruguay ist das Matetrinken noch stärker verbreitet als in Argentinien: Dieser Händler in der Altstadt von Montevideo verkauft die notwendigen Utensilien.

An einem Montagmorgen macht sich dieser Mann auf den Weg zur Arbeit im Bankenviertel – an der Wand stehen noch die Spuren der letzten Wahlkämpfe.

Auf den Straßen Uruguays fährt noch so manches Auto, das anderswo einen Platz im Museum bekäme: Dieser Chevrolet stammt aus den Vierzigerjahren.

Uruguayer sind stolze Bürger ihres kleinen Landes, erst recht hier in Minas, dem Heimatort des Unabhängigkeitshelden Juan Antonio de Lavallejas.

Zwei Tage verbrachte ich bei Pedro und seiner Familie im Hinterland. Gemeinsam mit seinen Söhnen Nazareno und Serafino ritten wir zu einem Wasserfall.

Über die Iguaçu-Fälle, gesehen von der brasilianischen Seite aus, stürzen pro Sekunde mehr als eine Million Liter Wasser.

Bei Sonnenaufgang liegen Dutzende Kaimane friedlich an einem Tümpel im Pantanal und warten darauf, dass die ersten Lichtstrahlen ihr Blut erwärmen.

Ein Tukan bewacht sein Nest, das er wie ein Specht mit dem Schnabel in den Baumstamm geschlagen hat.

So macht man den Weg frei: Auf der Ilhabela im Bundesstaat São Paulo hatte der aufgeweichte Weg sogar unseren starken Jeep überfordert.

Vitória, Hauptstadt des kleinen Bundesstaates Espírito Santo, hat ähnlich lange Sandstrände wie Rio de Janeiro – aber weniger Touristen.

In Salvador de Bahia, der früheren Hauptstadt Brasiliens, haben die portugiesischen Kolonialisten viele barocke Prachtbauten errichtet.

In Rio hatte ich mich entschieden, auf der Dachterrasse meines Hostels zu schlafen, und wurde bei Sonnenaufgang mit diesem Blick auf den Zuckerhut belohnt.

Hoffnungsvolles Beispiel: In der Favela Vila Canoas regieren nicht mehr Elend und Verbrechen. Kinder können ohne Angst vor Querschlägern draußen spielen.

Leergefegt liegt der Dorfplatz von Altamira in der Mittagshitze. Im Sertão im Nordosten Brasiliens fällt in der Trockenzeit monatelang kein Regen.

VIII Zwei Tore für Flamengo

In São Paulo übernachtete ich bei Oliver, mit dem ich in Harvard studiert hatte. Er ist Deutscher, hat aber als Kind mehrere Jahre in Brasilien verbracht und ist dorthin zurückgekehrt, um seine Doktorarbeit zu schreiben und an der Universität zu unterrichten. Er hatte noch nicht viel Zeit gehabt, sich eine Wohnung zu suchen, und außerdem ein großzügiges Stipendium bekommen, sodass er in einem Apartmenthotel in einem recht vornehmen Viertel dieses Molochs von einer Stadt lebte, der lange schon über die offiziellen Grenzen wuchert und vermutlich fast zwanzig Millionen Einwohner hat, aber so genau weiß das niemand.

Ich hatte mittlerweile rund die Hälfte der langen Strecke von Feuerland in die Karibik zurückgelegt. Mit meinen Umwegen mussten es inzwischen mindestens siebentausend Kilometer sein, und ähnlich viele lagen noch vor mir. Gemessen an den Breitengraden, war es von Ushuaia bis Caracas fast so weit wie von München nach Windhuk, der Hauptstadt von Namibia im Südwesten Afrikas. Viele Europäer unterschätzen die Dimensionen des südamerikanischen Kontinents, auch mir war es lange so ergangen. Ein Grund dafür dürfte sein, dass die meisten Weltkarten die Erde nicht flächengetreu darstellen – die gängigen Projektionen der Erdoberfläche in die Kartenebene verkleinern die Flächen mit zunehmender Nähe zum Äquator.

Nicht nur ich genoss Olivers Gastfreundschaft, sondern auch meine Freundin Sandra. Sie war aus Deutschland gekommen, um mich für eine Weile auf meiner Reise zu begleiten. Das freute mich sehr, auch wenn ich ahnte, dass ich mich umstellen müsste, denn ich hatte mich durchaus an mein ungebundenes Desperado-Dasein gewöhnt.

Auf dem Weg vom Flughafen kamen wir an Slums vorbei, deren Hütten sich ein paar Meter vom Autobahnrand duckten, den Abgasen und dem Lärm schutzlos ausgeliefert. São Paulo ist nicht nur die größte Stadt Südamerikas, sondern der ganzen Südhalbkugel. Manchmal sammeln sich so viele Abgase in der Luft, dass ein eigenes, schwüles Klima entsteht und der Himmel dicht bewölkt aussieht, während ein paar Kilometer außerhalb strahlender Sonnenschein herrscht. Der Straßenverkehr bricht in den Stoßzeiten regelmäßig zusammen, Busverbindungen und Bahnen sind permanent überlastet, die Flüsse von Abwässern verschmutzt.

Die Riesenstadt hat die höchste Hubschrauberdichte der Welt, weil Manager zu wichtigen Terminen durch die Luft anreisen. Die meisten Hochhäuser verfügen über einen Landeplatz. Manche Konzernchefs pendeln auf diese Weise sogar von ihrem Penthouse in ihr Büro.

»Und, bist du bereits mit dem Hubschrauber zu einem Meeting geflogen?«, fragte ich Oliver.

»Nein, aber das könnte schon mal passieren. Ich kenne Leute hier, die wohnen am anderen Ende der Stadt, und wir haben uns bis heute noch nicht besucht, weil es an einem Abend nicht zu schaffen ist. Heftig sind auch die Unterschiede zwischen Armen und Reichen«, berichtete Oliver. »Es gibt hier Luxusmalls mit Tiffany und Gucci, und nur ein paar Hundert Meter weiter beginnen die Favelas.«

Die *paulistas* lieben ihre Stadt trotz der vielen Widrigkeiten. Das hatte ich schon von Viviane erfahren, einer brasilianischen Studentin im Medienmanagementkurs, den ich jedes Jahr an der Münchner Uni gebe. »Ich bin gerne dort«, hatte sie mir ein paar Tage vor meiner Abreise erzählt. »Es gibt alles, was man braucht. Sogar Parks und Erholungsgebiete.«

Viviane half mir nicht nur dabei, das brasilianische Portugiesisch besser auszusprechen, sondern zeigte uns auch einen Fotoband ihrer Heimatstadt. Auch erfuhr ich von ihr, wie sehr die *paulistas* und die *cariocas,* die Bewohner von Rio de Janeiro, das nur sechs Autostunden entfernt liegt, miteinander rivalisieren: »Wir erwirtschaften das Geld, das die *cariocas* an den Stränden und in den Bars ausgeben.« Dabei musste sie selbst kurz lachen. »Ich war bis heute kein einziges Mal in Rio.«

Oliver ging tagsüber an die Uni, und so streiften Sandra und ich ein paar Stunden durch die Stadt. Im alten Zentrum versuchten Goldankäufer, sich auf dem Bürgersteig mit ihren Preisen zu überbieten. Wir nahmen den Aufzug zum höchsten Stockwerk des *Edifício Italía*, eines Hochhauses aus den Fünfzigerjahren. Von dort oben sah es so aus, als umspanne die Betonwüste die ganze Welt. In der Altstadt reihten sich Ramschläden an Fast-Food-Restaurants, im Bankenviertel eilten elegant gekleidete Manager übers Pflaster. Als wir vor dem Kloster standen, das die Jesuiten als erstes Gebäude der heutigen Stadt errichtet hatten, versuchte ich mir vorzustellen, dass rundherum nur grüne Wildnis lag. Es gelang mir nicht.

Bald taten wir das, was alle wohlhabenden *paulistas* an den meisten Wochenenden und in der Ferienzeit tun: Wir flüchteten in Richtung der Strände, die nicht mehr als eine Stunde Fahrzeit vom Stadtrand entfernt liegen. Kaum hatte unser Bus die letzten Ausläufer der Megastadt hinter sich gelassen, kurvten wir durch dichten, tropischen Küstenwald, der in die Straße hineinwucherte. Esel standen vor schiefen Hütten angepflockt. Immer wieder war der Hang abgerutscht, denn es hatte in den vergangenen Wochen viel geregnet.

Wir setzten mit der Fähre von der Hafenstadt São Sebastião und ihren Ölraffinerien auf die Ilhabela über, die »schöne Insel«, um dort ein paar Tage zu entspannen. Schon der italienische Entdecker Amerigo Vespucci, der dem Kontinent seinen Namen gab, hatte die Gegend als ein »Paradies auf Erden« bezeichnet. Sandra hatte die Monate zuvor in ihrem Marketingjob ziemlich viel zu tun gehabt, und auch ich konnte durchaus eine Auszeit von den Strapazen meiner Reise gebrauchen. Im Hauptort der Insel fanden wir in einer einfachen Pousada, in deren Innenhof Palmen und tropische Blütenpflanzen wuchsen, ein bezahlbares Zimmer.

Noch war ich aber nicht bereit, mich einfach nur an den Strand zu legen, und so organisierten wir gleich für den nächsten Tag eine Fahrt hinüber an die einsame Ostküste der Insel, die sich dem Atlantik zuwendet. Wir fanden einen Jeepfahrer, der uns auf dem einzigen Weg durch das Naturschutzgebiet, das sich über den Inselrücken spannt, dorthin bringen würde. Wir ahnten nicht, dass wir ein Abenteuer gebucht hatten.

Am nächsten Morgen, die Sonne wärmte bereits den Asphalt, fanden wir uns an der vereinbarten Kreuzung ein. Außer uns stiegen noch zwei ältere brasilianische Frauen und ein junges Paar aus São Paulo in den offenen Geländewagen. Wir fuhren hinaus aus dem kleinen Ort, vorbei an einer Zuckerrohrplantage, und schon bald ging die Teerstraße in eine Schotterpiste über, die immer steiler anstieg. Ein Kolibri schwirrte vor uns durch die Luft.

»Ich besuche gemeinsam mit meiner Tochter eine meiner Enkelinnen«, sagte Nada, die ältere der beiden Damen, und deutete auf Felixa, die direkt vor mir saß und indianisch aussah. »Sie arbeitet dort drüben ein Jahr lang freiwillig als Lehrerin in der *caiçara*-Gemeinde. Eigentlich ist sie Forstwirtschaftlerin, hat aber keinen Job gefunden.« Der Motor heulte auf, als die Räder auf dem feuchten Untergrund durchdrehten.

»Was genau sind eigentlich die *caiçara*?«, fragte ich. Der Begriff war mir schon mehrfach begegnet und bezeichnete offenbar eine bestimmte Bevölkerungsgruppe.

»Das sind die Nachkommen der ersten Kolonisatoren«, erklärte Nada. »Sie haben sich mit den Indios vermischt, die schon an der Küste lebten, lange bevor die Portugiesen kamen. Auch entlaufene afrikanische Sklaven sind dazugekommen. Bis heute leben die caiçara vom Fischfang und von Handarbeiten, inzwischen auch vom Tourismus.«

»In dem Ort, zu dem wir fahren, leben auch Nachfahren von Piraten«, mischte sich Gustavol ein, unser Fahrer, der gerade noch ein Liedchen geträllert hatte. »Manche von ihnen haben blaue Augen, weil ihre Vorfahren aus Nordeuropa gekommen sind. Angeblich sind noch Schätze vergraben, die bisher niemand gefunden hat.«

Kurz mussten wir das Gespräch unterbrechen, weil Gustavol so forsch durch zwei tiefe Kuhlen im Weg steuerte, dass es uns aus den Sitzen hob. »Es gibt viele Geschichten über die Insel«, ergänzte Nada. »Im Meer liegen etliche Wracks, und immer wieder stürzen Flugzeuge ab. Manche Leute behaupten deshalb, dass die Berge einen Magnetismus besitzen, der den Kompass und die anderen Instrumente durcheinanderbringt.«

In einer Broschüre in der Pousada hatte ich die Geschichte der *Príncipe de Asturias* gelesen, auch »die spanische Titanic« genannt, zu deren Wrack man sogar tauchen kann. Unterwegs von Buenos Aires nach Madrid, war der spanische Passagierdampfer im Jahr 1916 im dichten Nebel auf einen Felsen an genau der Küste aufgelaufen, zu der wir unterwegs waren. Binnen weniger Minuten ging das Schiff unter, mehr als vierhundert Menschen starben, nur wenige Passagiere wurden von einem französischen Frachter gerettet.

Mit einem Mal war der Jeep endgültig in dem zähen, steinigen Schlamm stecken geblieben. Gustavol fluchte, holte eine Spitzhacke von der Ladefläche und versuchte, uns den Weg freizuhauen. Wir stiegen aus und wollten helfen, was uns aber ohne Werkzeug nicht recht möglich war. Dann versuchte es unser Fahrer mit Vollgas, und plötzlich machte das schwere, weiße Gefährt einen Satz vorwärts. Die Hinterreifen schleuderten dunkelrote, feuchte Erdbrocken in die Luft, die sich auf unsere Kleidung, Arme und Gesichter legten. Derart besprenkelt, setzten wir die Tour fort.

Der Urwald um uns herum wurde dichter, und die Luft kühlte merklich ab, je näher wir dem Pass kamen, den wir überwinden mussten. Feigenbäume wuchsen ineinander, überragt von Turmbäumen mit ihren farnartigen Blättern, die nirgendwo sonst heimisch sind. Tibouchina-Sträucher blühten zartrosa, die Quaresmeira fliederfarben – beides Pflanzen, die von der brasilianischen Küste aus unsere Gartencenter erobert haben.

Wieder musste Gustavol aussteigen, weil wir stecken geblieben waren. Erst führte er ein verrücktes Tänzchen auf der Straße auf und summte dazu, ganz so, als würde das den Weg heilen, dann schlug er mit seiner Machete dicke Äste ab, die in die Straße hineinwucherten. Offenbar war hier schon länger niemand mehr gefahren. Ich amüsierte mich noch, Sandra fand die ganze Sache langsam unheimlich. Nach der nächsten Kurve passierten wir einen der mehreren Hundert Wasserfälle, die auf der Ilhabela von den Felsen stürzen.

»Es gibt hier etliche wilde Tiere«, berichtete Nada, deren Gleichmut eine beruhigende Wirkung auf Sandra hatte. »Ganze Horden von Kapuzineräffchen leben in den Bäumen. Vielleicht entdecken wir welche. Angeblich hausen auch etliche Ozelote auf der Insel, aber man bekommt sie nur selten zu Gesicht.«

Die Furchen auf beiden Seiten des Weges waren jetzt so tief, dass unser Gefährt dauernd auf dem feuchten Erdbuckel dazwischen aufsetzte. Als es schon wieder abwärtsging, versperrte ein gelber Jeep unsere Spur. Diesmal gruben Gustavol und sein Kollege den Untergrund gemeinsam um, damit die Reifen wieder griffen. Wir konnten nichts anderes machen, als tatenlos dabei zuzuschauen.

Wir hatten gerade mal fünfundzwanzig Kilometer zurückgelegt, als wir nach drei Stunden endlich unser Ziel erreichten. Tiefe, graue Wolken hingen über dem Ozean, als wären wir nun in einer anderen Welt als noch heute Morgen. Sandra fror. Sobald wir ausstiegen, umringten uns Jugendliche und versuchten, uns in ihre Strandhütten zu drängen, damit wir dort ein Mittagessen einnahmen. Wir brauchten dringend Nahrung, also setzten wir uns auf die gelben Plastikstühle und wählten gegrillten Fisch mit Reis, zerkochten Bohnen und Maniokmehl, das hier zu jeder Mahlzeit serviert wird.

Die *borrachudos*, die wirklich bösartigen Strandfliegen, nutzten die Gelegenheit, uns das Blut aus den Beinen zu saugen. Sie sind deshalb so heimtückisch, weil die Stiche zunächst nicht wehtun und nur ein kleiner roter Punkt sichtbar ist. Die Pein beginnt erst später, wenn sich Wasserblasen bilden, die höllisch jucken. Ein paar Tage dauerte es, dann waren meine Schienbeine so geschwollen, dass ich mir nachts kalte Tücher umbinden musste.

Es blieb uns nur wenig Zeit, wenn wir nicht in der Dunkelheit im Urwald festsitzen wollten. Schon auf dem Anstieg zum Pass blieben wir mehrfach stecken. Der gelbe Jeep, der nur notdürftig zusammengeflickt zu sein schien, begleitete uns. Bald erlitt er einen Motorschaden. Eine halbe Stunde lang dauerte es, bis die Männer ihn mit Stöcken und Tüchern, die sie unter der Motorhaube befestigten, auf undurchsichtige Weise flottmachten.

Wir nutzten die Zeit, um unsere Lebensgeschichten auszutauschen. Nadas Familie war vor dem Zweiten Weltkrieg aus Kroatien nach Brasilien ausgewandert. Sie sprach sogar ein paar Sätze Deutsch, was ihre Tochter mit einem bösen Blick missbilligte, als gebe es einen Teil der Familienhistorie, den die beiden Frauen uns nicht erzählen wollten.

Kurz vor dem Pass machte der andere Jeep dann endgültig schlapp, und auch unser Gefährt begann, bedenklich zu röcheln. Wieder bastelten und schraubten die Männer. Nada pflückte unterdessen wilde Zitronen von einem Baum, kleine, eher bräunliche Früchte. In der Hand zerrieben, erzeugten sie einen wohltuenden Duft. »Das besänftigt die Nerven«, sagte sie.

Die Sonne war längst verschwunden, und binnen weniger Minuten brach die Nacht über uns herein, begleitet von einer akustischen Darbietung der Insekten und Vögel des Küstenwaldes, die wir hätten aufnehmen und als Meditationsmusik verkaufen können. Glühwürmchen mit schier übernatürlicher Leuchtkraft schwirrten um unsere Gesichter. Ich hörte vereinzelte Rufe eines Affen. Nada behauptete, es handle sich eher um einen großen Vogel.

»Glaubst du, wir müssen die Nacht hier verbringen?«, fragte Sandra.

»Ich hoffe nicht. Aber keine Sorge, wenn es nicht anders geht, wird uns schon niemand auffressen.«

Gustavol baute im Schein einer großen Taschenlampe ein mechanisches Teil aus unserem Motor aus und in den gelben Jeep ein, der rund hundert Meter vor uns stand. Wir brachen in spontanen Jubel aus, als nach einer weiteren Viertelstunde endlich wieder ein Motorengeräusch erklang. Wir hatten nicht mehr daran geglaubt, aber irgendwann sahen wir die Lichter des Dorfes unter uns und erreichten wenig später die ersten Häuser.

Nach diesem Ausflug war es dann wirklich an der Zeit, ein paar Tage am Strand zu verbringen. Erst eine knappe Woche später setzten wir bei regnerischem Wetter unsere Reise fort. Wir fuhren mit der Fähre wieder aufs Festland und dann mit Bussen die Küste entlang Richtung Nordosten, vorbei an den Ferienhäusern der wohlhabenden *paulistas*, die den Küstenurwald weitgehend verdrängt haben.

Als wir in Ubatuba umstiegen, musste ich an die Geschichte von Hans Staden denken, ursprünglich ein schlichter deutscher Landsknecht aus Homberg. Sein Werk *Warhaftige Historia und beschreibung eyner Landtschafft der Wilden Nacketen, Grimmigen Menschfresser-Leuthen in der Newenwelt America gelegen*, im Jahr 1557 in Marburg erschienen, dient noch heute als Referenz für die Zeit der Entdecker und Eroberer, und ihr Wahrheitsgehalt wird nicht ernsthaft angezweifelt. Als Söldner in portugiesischen Diensten geriet Staden bei Ubatuba in indianische Gefangenschaft. Mehrfach musste er mitansehen, wie seine Geiselnehmer andere Gefangene töteten und verspeisten. Der Häuptling habe ihm schon verkündet, schreibt Staden, dass »sie wolten gedrencke machen und sich versamlen / eyn Fest zumachen / und mich dan mit eynander essen«.

Als eine Seuche den Stamm befiel, profilierte sich der Deutsche als Heiler und Schamane. Das war seine Rettung. Im Grunde ist Staden ein Pionier der Abenteuerliteratur.

In der Kolonialstadt Paraty betrachteten wir die prächtigen Kirchen und Herrschaftshäuser, die zumeist Sklaven für die portugiesischen Herrscher erbauen mussten. Vergeblich warteten wir darauf, dass die Regenfront abziehen würde. Auf der Ilha Grande, nicht weit vor der Küste gelegen, waren ein paar Wochen zuvor sogar Dutzende Menschen umgekommen, als eine Schlammlawine über ihrem Hotel abging. Aus den Favelas in den Hügeln von Rio de Janeiro waren ebenfalls schlimme Nachrichten von Erdrutschen mit Todesopfern zu vernehmen.

Rio sollte unser nächstes Ziel sein und auch der Ort, an dem sich unsere Wege wieder trennen würden. Die Busfahrt dorthin gestaltete ein volltrunkener Norweger recht abwechslungsreich, der eine Dose Bier nach der anderen leerte, zwischendurch laut mit seiner brasilianischen Begleiterin schimpfte und manchmal sogar sang. An einer Raststätte genehmigte er sich zwei Gläser des billigsten Zuckerrohrschnapses. Das setzte ihn weitgehend außer Gefecht.

Zufällig spielte mein iPod gerade den Song *The Passenger* der britischen Punkrock-Band *Art Brut*. Ich beschloss, den Refrain zu einer Art Titelmelodie meiner Busfahrten auf dieser Reise zu machen:

Some people hate the bus
Not me I can't get enough
Some people live in the fast lane
Not me I take the train
I love public transportation
Train or bus, they're both amazing

Was den Bus betraf, sprach mir der Sänger Eddie Argos aus der Seele. Den Zug aber nahm ich mangels Angebot selten. In Südamerika sind außerhalb der Ballungszentren fast keine Bahnstrecken mehr in Betrieb. Bei der Stilllegung der Überlandverbindungen haben die europäischen und amerikanischen Autokonzerne kräftig nachgeholfen, die vor allem in den Sechziger- und Siebzigerjahren ihren Einfluss geltend machten. Es gab Geld von westlichen Regierungen für den Straßenbau, nicht aber für den Schienenverkehr. Heute zahlt die Natur den Preis dafür.

Auf der Küstenstraße kamen wir an einem eklatanten Beispiel für die Ergebnisse dessen vorbei, was gerne als internationale Wirtschaftshilfe deklariert wird. Allzu oft ist diese Hilfe alles andere als großzügig, sondern befriedigt handfeste Eigeninteressen der Geber. So ist es dazu gekommen, dass mitten in einer Landschaft, die der durchschnittliche Europäer als traumhaft empfinden würde, ein Atomkraftwerk steht – auf sandigem, feuchtem Boden und im einzigen erdbebengefährdeten Gebiet Brasiliens.

Der Anblick war gespenstisch. Zwei riesige, halbrunde Reaktorgebäude, dazwischen ein bunter Wirrwarr von Rohren und Baracken, lagen unterhalb der engen Kurven. Meterhohe Zäune schirmten das

Gelände ab, auf dem kein Mensch zu sehen war. Der dunkelgraue Himmel machte die Szenerie erst recht bedrückend. Wie nah uns dieses Monstrum unserer Heimat brachte, war mir damals noch gar nicht bewusst.

Die Geschichte des Kernkraftwerks namens Angra beginnt in den Siebzigerjahren mit einem Abkommen zwischen der damaligen deutschen Bundesregierung unter Helmut Schmidt und der brasilianischen Militärdiktatur. Zwei Reaktoren wurden errichtet, einer davon mit Siemens-Technologie. Der geplante Bau des dritten Reaktors wurde bis heute nicht begonnen, denn das Kraftwerk arbeitete äußerst unrentabel, und es kam zu Störfällen, bei denen sogar radioaktives Wasser in den Atlantik gelangte. Brasilien ächzte derweil unter der Schuldenlast, die der Kraftwerksbau verursachte.

Lange war Angra kein großes Thema in Brasilien, bis Präsident Lula verkündete, er wolle auf die Atomkraft setzen, damit sein Land unabhängiger von Erdgasimporten aus Bolivien und Wasserkraftwerken im Amazonasgebiet werde. Die neue deutsche Bundesregierung unter Angela Merkel und Guido Westerwelle sah ihre Chance gekommen, die Exporte anzukurbeln und die Atomlobby zu erfreuen. Nach ihrem Amtsantritt ging alles ganz schnell: Erst hob die Regierung das Verbot von Bürgschaften für den Neubau von Kernkraftwerken auf, dann genehmigte der Bundestag einen Antrag von Siemens und dem französischen Partnerkonzern Areva.

Das Ergebnis ist erschütternd: Der dritte Reaktor wird gebaut, mit deutscher Technologie, die im eigenen Land nicht mehr gefragt und so veraltet ist, dass sie in kaum einer Industrienation noch genehmigungsfähig wäre. Sollte Brasilien nicht zahlen können, springen die deutschen Steuerzahler ein, und zwar bis zu einer Summe von 1,3 Milliarden Euro. Wo der Atommüll später untergebracht wird, ist unklar. Laut Greenpeace lagert er momentan in Abklingbecken – und das in einem der dichtbesiedeltsten Gebiete Brasiliens, im

Umkreis von fünfhundert Kilometern leben mehr als vierzig Millionen Menschen.

Mich macht das ratlos und traurig. Statt sich mit solchen Themen zu beschäftigen, diskutierte die deutsche Presse in jenen Wochen lieber, ob Außenminister Westerwelle auf seine Südamerikareise nun seinen Lebensgefährten und seinen Bruder mitnehmen durfte oder nicht.

Wir erreichten Rio de Janeiro im Dauerregen. Rio und Regen ist eine Kombination, die unwahrscheinlich klingt, aber viel öfter vorkommt, als die Klischeebilder von Strand und Zuckerhut glauben machen. Auf riesigen Werbeflächen feierte die Stadt den Zuschlag für die Olympischen Spiele im Jahr 2016. An dem Tag, als Rio den Vorzug vor Chicago, Madrid und Tokio erhielt, versammelten sich die *cariocas* zu spontanen Strandpartys. Der Präsident weinte im Fernsehen. Die Brasilianer interpretierten die Entscheidung dahingehend, dass sie nun international endlich ernst genommen werden.

Sandra und ich mussten Abschied nehmen, was mich sehr traurig machte, da ich mich schnell an die Zweisamkeit gewöhnt hatte. Unsere gemeinsamen Tage waren sehr harmonisch und abwechslungsreich verlaufen, aber Sandras Urlaub war zu Ende, und mich erwarteten noch viele Tausend Kilometer in Brasilien. Als ich wieder alleine war, quartierte ich mich im Gästehaus einer Engländerin im Viertel Santa Teresa ein, weit weg vom Trubel der Strandviertel und des alten Stadtzentrums. Von der Dachterrasse öffnete sich der Blick hinüber zum Zuckerhut in die eine und hinauf zum Corcovado mit der berühmten Jesusstatue in die andere Richtung.

In dem großen Schlafsaal nächtigte auch Ravi, der zuletzt für eine Werbeagentur in Delhi gearbeitet hatte. Er war klein, hatte lockige dunkle Haare und stellte eine interessante Mischung aus einem Inder und einem Brasilianer dar. Geboren war er auf der anderen Seite der Guanabara-Bucht, in Niterói, wo der Architekt Oscar Niemeyer seinen weltberühmten Museumsbau wie eine fliegende Untertasse auf den Fels gesetzt hat.

»Ich habe zwar beide Staatsangehörigkeiten«, erzählte mir Ravi, während wir auf dem Balkon eines billigen Restaurants speisten, oberhalb von zwei Favelas, »aber ich bin gerade zum ersten Mal bewusst in Brasilien und versuche, Portugiesisch zu lernen. Das fällt mir ziemlich schwer.«

»Deine Familie ist also nach Indien gegangen, als du klein warst?«

»Ja. Mein Vater ist Inder, musste aber in den Sechzigerjahren aus seiner Heimat fliehen. Er hatte in Goa im Untergrund gegen die portugiesischen Herrscher gekämpft. Verwandte von uns lebten damals in Brasilien, also sind meine Eltern auch hierhergekommen.«

»Und jetzt willst du auf Dauer hierbleiben?«

»Erst mal ein Jahr, dann werde ich weitersehen. Momentan suche ich mir eine Wohnung und einen Job. Ich weiß noch gar nicht, wie es mir in der Stadt gefällt.«

Das wusste ich auch nicht so genau. Die Lage Rio de Janeiros zwischen den Buchten und den kegelförmigen, bewaldeten Bergen ist überwältigend. Zugleich ist die Stadt schmutzig, laut und spätestens nach Einbruch der Dunkelheit unsicher. Ich gab mir drei oder vier Tage, um mir eine Übersicht zu verschaffen und die interessantesten Dinge zu sehen. Inzwischen schien immerhin die Sonne, was meine Stimmung ebenso ansteigen ließ wie das Thermometer.

In einem Kleinbus fuhr ich den Hügel hinab. Es ging um enge Kurven, zwei Frauen auf der Rückbank schrien wie in einer Achterbahn. Zwischen den alten, bewachsenen Häusern, deren Mauern mit portugiesischen Kacheln besetzt waren, öffnete sich immer wieder der Blick hinab zum Hafen. Ich stieg am Largo da Carioca aus, dem Platz, der den Stadtbewohnern ihren Namen gegeben hat: Das Wort *cariocas* kommt aus der Sprache der Tupí-Indianer und bedeutet »die, die in weißen Häusern wohnen«. Gemeint waren die reichen Portugiesen.

Im werktäglichen Getümmel drückte mir eine Frau einen Werbezettel für den Sexshop *Mehr Liebe* in die Hand. In einem Saftladen, der fünfzig verschiedene tropische Fruchtshakes im Angebot hatte, löffelte ich gefrorenen Açai. Die Açai-Beeren wachsen an Palmen im Amazonasgebiet, wo sie zu den Grundnahrungsmitteln zählen. Seit einiger Zeit werden sie auch in Europa in Energydrinks angeboten, und in den USA hat die Talkmasterin Oprah Winfrey einen Açai-Boom ausgelöst. Sie bezeichnete die Beeren in ihrer Show als *superfood*, das beim Abnehmen helfe, obwohl es keinerlei Beweise für eine solche Wirkung gibt. Mir war das egal, denn ich wollte nicht abnehmen, sondern schätzte eher die leicht aufputschende Wirkung der schwarzblauen Frucht. Außerdem schmeckte mir die Açai-Masse sehr gut, besonders mit Bananenscheiben garniert.

Draußen wuchsen über den Köpfen der fliegenden Händler, die Kaugummis, Zigaretten und alte Zeitschriften verkauften, hohe, moderne Gebäude in den Himmel. Ein Mann brutzelte an seinem Stand *tapioca recheada*, gefüllte Maniokfladen, und *churro*, einen Löffelbiskuit, in zerlassene Butter getaucht und mit Schokolade, Kokos oder *doce de leite*, einer Milchkonfitüre, überzogen. Das sah recht verlockend aus, aber leider kommt mein Magen mit Süßspeisen nicht gut zurecht. Stattdessen trank ich im ehemaligen Sitz des obersten Gerichtshofs von Brasilien einen *cafezinho* und schaute mir den holzgetäfelten Sitzungssaal an. Einst sprachen die Richter dort Urteile von nationaler Bedeutung, heute sind dort Galerien versammelt. Manche Brasilianer behaupten, dass sich Rio niemals davon erholt hat, dass es im Jahr 1960 seinen Status als Hauptstadt an die Retortenstadt Brasilia im Landesinneren abgeben musste.

Auf der Praça Floriano, an der das neoklassizistische Teatro

Municipal und die Stadtverwaltung zu finden sind, standen Dauerdemonstranten, wie ich sie aus vielen anderen lateinamerikanischen Metropolen kannte. Eine Gruppe forderte, die Armee weder in die Favelas noch zur Erdbebenhilfe nach Haiti zu schicken, eine andere protestierte gegen den Ausverkauf der Ölvorkommen durch korrupte Politiker an ausländische Konzerne. Gétulio Dornelles Vargas, der frühere Präsident und Diktator, schwieg auf seiner Statue, die mitten auf dem Platz emporragte, zu beiden Themen. Viele Brasilianer verehren ihn heute noch, weil er die Arbeiter gegen die Industriellen unterstützte, und schmücken den Sockel mit Blumen.

Bald musste ich meinen kleinen Spaziergang durch das alte Stadtzentrum beenden, denn wieder brach Regen vom Himmel, und zwar in einer Stärke, die ich bisher nur aus dem tiefsten Dschungel kannte. Kaum waren zehn Minuten vergangen, flossen Sturzbäche an den Straßenrändern entlang. Passanten warteten unter Mauervorsprüngen und in Kiosken gedrängt darauf, ihren Weg fortsetzen zu können. Als wären sie auf ein Kommando hin durch die Gullis aus der Unterwelt hervorgestiegen, plärrten ihnen Regenschirmverkäufer ihre Angebote ins Gesicht.

Für den nächsten Morgen hatten Ravi und ich nach reiflicher Überlegung eine Tour in zwei Favelas gebucht. Seit einigen Jahren verschaffen in Rio kommerzielle Veranstalter Zugang in jene Viertel an den Hängen, in denen Recht und Gesetz kaum Geltung haben und Drogenbanden den Alltag bestimmen. Zwar gibt es erste Hostels, die innerhalb von Favelas aufgemacht haben, aber nur in besonders friedfertigen Gebieten.

Es wäre provokativ bis selbstmörderisch, in die wirklich unruhigen Viertel einfach so hineinzuspazieren. Eine solche Tour oder die Mitarbeit in einem sozialen Projekt ist der einzige Weg, einen Einblick in die Lebenswirklichkeit in einer Favela zu bekommen. Ein

Teil der Gebühr fließt in Schulen oder Krankenstationen, die das Leben in den Elendsvierteln etwas besser machen sollen.

Die Sache war dennoch ziemlich bizarr, was schon mit dem Treffpunkt begann: Wir sollten uns am *Copacabana Palace* einfinden, dem berühmtesten und einem der teuersten Hotels der Stadt, in dem fast jeder abgestiegen ist, der Rang, Namen oder einfach nur viel Geld hat. Da es draußen ziemlich heiß war, setzten Ravi und ich uns in die klimatisierte Lobby des weiß getünchten Gebäudes und taten so, als wären wir Gäste, die eine kurze Verschnaufpause brauchten. Die livrierten Hotelpagen ließen uns gewähren.

Leider war Marcelo Armstrong, der Gründer des ältesten Anbieters von Favelabesuchen, an jenem Tag nicht in der Stadt. Wir mussten mit Alejandro, einem seiner Mitarbeiter, vorliebnehmen, der so glatt und emotionslos seine Texte aufsagte, als hätte er zuvor jahrelang als Fremdenführer für Busgesellschaften gearbeitet. Manchmal sagte er denselben Satz wortgleich zweimal direkt hintereinander, ohne es zu bemerken.

»Es gibt 950 Favelas in Rio in verschiedener Größe, und rund zwanzig Prozent der Bevölkerung wohnen darin, also rund zwei Millionen Menschen«, spulte er sein auswendig gelerntes Wissen ab. »Seit ein paar Jahren geht es aufwärts. Die Stadt und der Bundesstaat haben ein großes, international gefördertes Infrastrukturprogramm aufgelegt, insgesamt eine halbe Milliarde Dollar. Damit soll es gelingen, die Abhängigkeit der Favelabewohner von den Drogengangs und ihren Geschäften zu brechen.«

»In Wirklichkeit ist es doch so, dass die meisten Drogen gar nicht in den Favelas konsumiert werden, oder?«, fragte Ravi.

»Natürlich«, sagte Alejandro. »Das macht es ja so grausam. Es sind die wohlhabenden Bewohner von Rio, die ihre Drogen dorther beziehen. Erst vor ein paar Wochen wurden mehrere Fußballprofis aus ihren Mannschaften geworfen, weil sie zuviel Crack im Blut hatten. Die friedfertigen Armen leiden dann unter den Drogengangs.«

An Bushaltestellen hatte ich schon etliche Plakate gesehen, die Jugendliche davor warnten, dass Crack ihre Zukunft zerstört. Die Mischung aus Kokainsalz und Natron, manchmal sogar Backpulver, macht schneller abhängig als alle anderen gängigen Drogen. Es dauert nur wenige Sekunden, bis Crack, das in kleinen Pfeifen geraucht wird, in den Nervenzellen des Gehirns seine euphorisierende Wirkung entfaltet. Schon nach ein paar Minuten lässt der Energieschub nach, und der Körper verlangt Nachschub.

»Ganze Favelas leben vom Crackverkauf«, erzählte Alejandro. »In den nächsten Jahren werden Polizei und Militär vermutlich noch stärker durchgreifen, damit Rio vor den Olympischen Spielen einen möglichst friedlichen Eindruck macht. Es hat sich aber schon einiges verbessert. Vor zehn Jahren herrschte in den meisten Favelas Bürgerkrieg. Heute profitieren die Menschen auch dort vom Wirtschaftsaufschwung und wenden sich legalen und gesünderen Geschäften zu.«

Dennoch geschehen weiterhin fast täglich grausame Verbrechen. Polizei und Militär schießen auf Verdacht um sich, wenn sie sich in den schmalen Gassen bedroht fühlen. Ein besonders krasser Fall hatte sich erst vor ein paar Monaten ereignet: Die Führung einer Drogenbande organisierte aus dem Gefängnis heraus einen Angriff auf den *Morro do Macaco*, den Affenhügel, eine Favela im Nordwesten der Stadt, um eine rivalisierende Bande von dort zu vertreiben. Den Gangstern gelang es, die Sicherheitskräfte fernzuhalten, und mit einem Maschinengewehr schossen sie einen Hubschrauber ab. Innerhalb weniger Stunden starben zwölf Menschen, darunter zwei Polizeibeamte. Tagelang brannten Busse in den Favelas, die Bewohner verließen ihre Häuser nicht.

Als wir die Favela Rocinha erreichten, die lange als der größte Slum

Südamerikas galt, wirkte alles sehr friedlich. Außer Ravi waren noch Sabine aus Frankfurt und Kelly aus Singapur auf dem Ausflug dabei. Alejandro drängte uns, von den Straßenhändlern teure Souvenirs zu kaufen. Nur so könne man sicherstellen, dass die Herrscher des Gettos die Touristen duldeten. Mich nervte das ziemlich, und ich stellte mir vor, wie unser Führer abends wieder hier hinauffuhr, um seine Provision einzusammeln, aber wahrscheinlich tat ich ihm unrecht.

In einer kleinen Favela ganz in der Nähe besuchten wir eine Schule, die mit dem Geld der Favelabesucher gefördert wird. Dazu mussten wir erst über einen riesigen Baum steigen, der beim Unwetter am Abend zuvor quer über die Straße gestürzt war und einen weißen VW Käfer unter sich begraben hatte. Dessen Dach war so stark eingedrückt, dass er nur noch für sehr kleine Menschen brauchbar war. In der Schule, die der frühere brasilianische Fiat-Chef gestiftet hatte, verkaufte eine Frau zwar nutzlose Souvenirs, aber Kinder waren keine da. Warum auch, wir befanden uns mitten in der Ferienzeit.

Alejandro setzte uns am Strand von Ipanema ab. Es hatte kaum zehn Minuten gedauert, um von einem der ärmsten Viertel Rios in diese Luxusgegend zu kommen. Eine Sambaschule in bunten Kostümen zog tanzend zwischen den Sonnenschirmen hindurch, begleitet von Fotografen – ein Probelauf für den Karneval, der in ein paar Tagen in seine heiße Phase gehen würde.

Wir setzten uns in das Restaurant, in dem Carlos Jobim die Bossa-Nova-Melodie des *Garota de Ipanema* komponiert hatte. »Kein Wunder, dass denen hier gute Lieder eingefallen sind, so lange, wie das Essen braucht«, scherzte Ravi. Es war lustig mit ihm, und das half mir über meine Traurigkeit nach dem Abschied von Sandra hinweg.

Auf der Toilette zog ich meine Badehose an, und wenig später stürzte ich mich in das erstaunlich klare Wasser des Atlantiks.

Für den Nachmittag hatte ich Fußballtickets für ein Flamengo-Spiel besorgt, nicht im Maracanã-Stadion, das nur zu besonderen Anlässen geöffnet wird, sondern im Engenhão, wo die Eröffnungsfeier und die Leichtathletik-Wettbewerbe der Olympischen Spiele ablaufen sollen. Überall im Land hatte ich bereits Menschen in rot-schwarzen Flamengo-Trikots gesehen, selbst Marcello im Pantanal trug eines. Der Club der einfachen Leute war gerade zum ersten Mal seit siebzehn Jahren brasilianischer Meister geworden. In seiner großen Zeit spielten dort Legenden wie Zico oder Socrates.

Vom Hauptbahnhof nahmen Ravi und ich einen überfüllten Vorortzug, um zum Stadion zu gelangen. Diesmal war ich ganz froh, nicht alleine zu sein, denn als einziger fremder Fahrgast fiel ich doch sehr in der Menge auf. Flamengo spielte heute gegen Bangu, einen unterklassigen Gegner. Eigentlich kein würdiger Herausforderer, aber momentan lief die traditionsreiche Meisterschaft des Bundesstaates Rio de Janeiro, da kam es auch zu solchen ungleichen Paarungen.

In dem spektakulären Stadion mit seinen geschwungenen Stahlstreben saßen wir mitten im dicht gefüllten Flamengo-Block, zwischen zwei rot-schwarz geschminkten, vollbusigen Fans und einer Großfamilie mit drei Kindern, die allesamt Originaltrikots von Flamengo trugen und Eis am Stiel lutschten. Die Stimmung war gedämpft, denn Bangu gewann in den ersten Minuten überraschenderweise die Oberhand.

Nach einer Weile bekam Flamengo mehr Kontrolle. Vágner Love, der sein erstes Spiel für das Team machte, tauchte immer wieder gefährlich vor dem Tor auf. Adriano Leite Ribeiro, der andere Star, einst Welttorjäger und Nationalspieler, schoss in seinen gelben Schuhen einen Freistoß sehr hart und platziert. Der Torwart konnte ihn nicht festhalten, aber ein Abwehrspieler von Bangu war rechtzeitig zur Stelle und klärte.

Adrianos Lebensgeschichte ist sehr typisch für brasilianische Fußballer. In einer Favela von Rio de Janeiro aufgewachsen, lebte er in einem Milieu von Kleinkriminellen und feilte auf der Straße an seinem Fußballtalent. Sein Vater Almir Leite Ribeiro bekam bei einer Schießerei eine Kugel in den Kopf, als Adriano zehn Jahre alt war. Die Ärzte schafften es nicht, sie herauszuoperieren, und im Jahr 2006 starb Almir. Adriano fand lange nicht zu der Form zurück, die ihn einst zum großen Goalgetter bei Inter Mailand gemacht hatte. Dann aber verhalf er Flamengo mit seinen Toren zur ersten brasilianischen Meisterschaft seit 1992, und ein paar Monate nach meinem Stadionbesuch wechselte er zum AS Rom.

Vágner Love war es, der bald in echter Abstaubermanier den ersten Treffer erzielte. Seine blau gefärbten Rastalocken flogen ihm beim Torjubel wild um den Kopf. »Dale, dale, dale«, riefen die Fans im Chor. Zwei Reihen vor uns saß ein Mann, der ein Shirt trug, auf dem Jesus im Flamengo-Trikot abgebildet war. Im Vergleich zu seinem Vorbild fehlte es ihm an Sanftmut: In der zweiten Halbzeit sprang er auf, gestikulierte wild und beschimpfte den Schiedsrichter als Hurensohn, nachdem dieser einem Flamengo-Spieler für ein harmloses Foul die gelbe Karte gezeigt hatte.

Beruhigend wirkte da, dass Love mit einem zweiten Tor nachlegte. Das luftige Gestänge des Stadions wölbte sich in den langsam wolkig werdenden Abendhimmel. Noch tauchte die untergehende Sonne die Gegentribüne in goldenes Licht, doch es stand zu befürchten, dass wir wieder einen abendlichen Wolkenbruch miterleben würden. Durch einen Elfmeter kam Bangu noch zum Anschlusstreffer. Gegen Ende machte der Außenseiter richtig Druck, hatte sogar drei Ecken hintereinander, schaffte es aber nicht, den Ausgleich zu erzielen.

Die ersten Tropfen fielen vom Himmel, die Flamengo-Fans wurden noch einmal laut, der Schiedsrichter schaute auf die Uhr. Ein lauer Wind wehte durch das inzwischen beleuchtete Stadion, und das eher mittelmäßige Spiel war vorbei. Ein paar Wochen später las ich, dass Flamengo beinahe auch die Staatsmeisterschaft gewonnen hätte, aber den Titel im letzten Spiel an den bürgerlichen Erzrivalen Botafogo abtreten musste.

Auf der Rückfahrt war der Zug ziemlich leer. Ravi kehrte in unsere Unterkunft zurück, ich dagegen war mit den Brasilianern verabredet, die ich im Hostel in Buenos Aires kennengelernt hatte: Victor, Nathália und Douglas. Wir trafen uns in einer Bar im Ausgehviertel Lapa, unter dem Viadukt, über den eine alte Straßenbahn hinauf nach Santa Teresa fährt. Nur der bisexuelle Flavio fehlte, er lebte in Búzios, rund fünfzig Kilometer östlich, dem ehemaligen Ferienparadies von Brigitte Bardot und anderen betuchten Gästen.

Victor zeigte Fotos von seiner Wellnesskur, die er fünf Tage lang in einer Hotelanlage außerhalb der Stadt genossen hatte. »Eigentlich wollte ich fünf Kilo abnehmen«, berichtete er, »aber ich habe nur drei geschafft.« Victors beträchtliches Übergewicht passte zu seinem gemütlichen, fröhlichen Charakter, auch wenn es sicher nicht gesundheitsfördernd war. Mir fiel nicht auf, dass sich etwas geändert hatte. Wir bestellten Bier.

»Stimmt es eigentlich, dass ihr in Deutschland das Bier immer warm trinkt?«, fragte Victor.

Ich stutzte. Es war mindestens das dritte Mal auf meiner Reise, dass mich jemand mit diesem Gerücht konfrontierte. »Nein, sicher nicht, außer vielleicht, man hat einen schlechten Magen. Ich weiß gar nicht, wie du auf diese Idee kommst.«

»Das sagt man bei uns so. Angeblich ist es bei euch Tradition.«

»Ihr kommt mich einfach mal in München besuchen, dann gehen wir aufs Oktoberfest und trinken kaltes Bier.«

Wir einigten uns darauf, dass in Deutschland das Bier womöglich nicht ganz so kalt serviert wird wie in Brasilien. Hier kommen sogar die Gläser meistens aus dem Kühlschrank, und auf den Tischen stehen isolierte Plastikkübel, in denen die Flaschen gekühlt werden.

Nathália versuchte, mich zu überzeugen, bis zum Karneval in Rio zu bleiben. »Diesmal nicht«, lehnte ich ab. Weder war ich ein großer Faschingsfan, noch wollte ich so viel Zeit in Rio verbringen. Ich brachte die Runde zum Lachen, indem ich eine Redensart anwendete, die ich von einem Nachbarn im Bus gelernt hatte: *»O carneval não é a minha praia«*, was wörtlich übersetzt heißt: »Der Karneval ist nicht mein Strand.«

Ich erzählte von unserem Ausflug zum Fußball. Dass wir mit dem Vorortzug zum Stadion gefahren waren, fanden die Brasilianer äußerst mutig.

»Ich bin da noch kein einziges Mal drin gewesen«, gestand Nathália. »Das ist mir zu riskant. Fährst du auch mit öffentlichen Nahverkehrsbussen?«

»Ja, natürlich, warum denn nicht?«

»Tu das bitte ab sofort nicht mehr. Erst neulich habe ich gelesen, dass jeden Tag im Schnitt zwölf Busse überfallen werden.« Offenbar hatte ich also Glück gehabt und überwand mich, es für die Rückfahrt zur Herberge noch einmal zu strapazieren. Nachdem ich eine halbe Stunde am Straßenrand auf einen Bus gewartet hatte, gab ich auf und nahm ein Taxi, um in die Herberge zurückzukehren.

Kaum war ich eingestiegen, stürzte an der Kreuzung hinter mir ein prügelndes Knäuel von Kellnern und Gästen aus einer Kneipe. Es knallte, und aus dem Rückfenster des Taxis sah ich noch, wie ein Mann einen Revolver zückte und damit dreimal in die Luft schoss.

An meinem letzten Tag in Rio wollten Ravi und ich den Zuckerhut besteigen, aber nicht die knapp hundert Dollar bezahlen, die professionelle Agenturen für einen Bergführer mit Seilen und Karabinern verlangen. Die Internetforen und Reisebücher, die wir konsultiert hatten, enthielten widersprüchliche Informationen darüber, ob das ohne Kletterausrüstung zu schaffen war. Notfalls, hieß es, könne man an einer Felsplatte auf professionell ausgerüstete Gruppen warten und deren Installationen gegen einen kleinen Obolus benutzen.

Wir ahnten nicht, worauf wir uns einließen, als wir am Fuß des Urca-Hügels ankamen, der den Zuckerhut wie ein dicker Leibwächter von der Stadt abschirmt. Die Talstation der Seilbahn ließen wir rechter Hand liegen. Auf dem asphaltierten Weg entlang der Küste begegneten uns viele Spaziergänger und Jogger. In einem Baum entdeckte ich zwei Tamarindaffen, die mit ihren weißen Haarbüscheln aussahen wie alte Herren, aber so beweglich durch das Geäst kletterten, als seien sie jung und ungestüm.

Statt dem Weg zu folgen, zweigten wir links in den Wald ab, auf einen schlammigen Pfad, der ziemlich steil anstieg. Nach einer halben Stunde erreichten wir einen Grat und entschieden uns, nach links zu gehen. Als wir durch das Dickicht die ersten Häuser sahen und einen Blick auf die Bucht erhaschten, stellten wir fest, dass wir den Urca bestiegen hatten, nicht den Zuckerhut. Wir waren komplett durchgeschwitzt, kauften an der Zwischenstation der Seilbahn etwas zu trinken und stiegen wieder ab.

Nach einem weiteren Kilometer endete der asphaltierte Küstenweg an einer vier Meter hohen, breiten Betonsäule und einem Schild: »Weitersteigen ohne Führer verboten. Lebensgefahr!« Wir ließen uns davon nicht abbringen und kletterten um die Säule herum, die offenbar vom Regen feucht war. Ich stützte mich mehrfach ab, und als ich auf der anderen Seite einen Gestank an meiner rechten Hand wahrnahm, stellte ich fest, dass die Feuchtigkeit nicht vom Regen herrührte, sondern die Jogger den schmalen Spalt zwischen dem Berg und der Säule als Pissoir benutzten. Die Hand an Blättern abzureiben half leider kaum.

Ich ging voran, und schon nach zwei Kurven hörte ich Ravi nicht mehr. Ich wartete, er näherte sich langsam, mit einem leicht verzerrten Gesichtsausdruck. An einer matschigen Stelle war er ausgerutscht und hatte sich auf einem Stein sein linkes Knie aufgeschlagen. Blut lief an seinem Schienbein hinab.

»Nicht so schlimm, wir gehen weiter«, sagte er in selbstsicherem Tonfall. »Das ist nur eine kleine Schramme.«

Ungesichert bewältigten wir einige leichtere Kletterpassagen, manchmal aufgehalten von Eidechsen, die auf dem warmen Stein saßen und sich nicht fortbewegen wollten. Unter uns lag das dunkelblaue Wasser der Bucht in der Sonne. Ein Motorboot zog seine Bahn, unterwegs zu einer der kleinen, bewaldeten Inseln. Von der Millionenstadt war nichts mehr zu sehen, zu hören oder zu riechen. Dafür stank meine rechte Hand immer noch.

Eine frische Brise wehte über die Felsen und das Gestrüpp hinweg, in dem wir uns herumtrieben. Ein paar Meter über uns entdeckten wir einen Mann, der mit einer Schaufel ein Loch ausgehoben und zwei kleine Erdhügel aufgeworfen hatte. Es war nicht klar, was er da genau machte. Weiter oben sah ich eine Klettergruppe.

»Vielleicht vergräbt er eine Leiche«, scherzte Ravi.

Der Weg führte unter dem Mann vorbei, und er schien uns nicht wahrzunehmen, sodass ungeklärt blieb, was er dort trieb. Seltsame Kaktuspflanzen mit roten Blüten reckten gierig nach Licht ihre Arme in die Luft. Ein Segelschiff, dessen Besatzung skeptisch zu uns hinaufblickte, kreuzte bedrohlich nahe an den Felsen. Ich konnte die Frage auf ihren Gesichtern ablesen: »Wie wollen die da hinauf?«

Das fragte ich mich auch, als ich den steilen, glatten Fels über uns genauer betrachtete. Auch erschien mir die Wunde an Ravis Knie tiefer, als er zugeben wollte. Schon bei den leichteren Passagen zitterten seine Beine, sodass ich ihn entweder hochziehen oder schieben musste. Bald war der Weg nicht mehr genau zu erkennen. Die Klettergruppe über uns schien die kritischste Stelle passiert zu haben. Wir würden also ihre Seile nicht nutzen können.

»Ravi, wir kehren um«, sagte ich. »Wir schaffen das nicht.«

Mein neuer Freund widersprach nicht, sondern wirkte erleichtert. Ich wusste, dass er auch so noch ziemlich kämpfen musste, denn über glatte, steile Felsplatten hinabzusteigen ist deutlich schwieriger, als sie im Aufwärtsgang zu bezwingen. Eine Stunde später erreichten wir die befeuchtete Betonsäule.

Wir hatten uns zwar ordentlich angestrengt, aber unser Ziel, den Gipfel des Zuckerhuts, immer noch nicht erreicht. So kletterten wir also zum zweiten Mal den Pfad zur Mittelstation auf dem Urca hinauf, kauften uns Seilbahntickets und fuhren gemeinsam mit den anderen Touristen in einer vollen Gondel nach oben.

IX Roadtrip durch die Steppe

In Salvador, der afrikanisch beeinflussten Hafenstadt im Nordosten mit ihren Sambabars und Reggaeclubs, entschied ich mich, mein Fortbewegungsmittel zu ändern. Wieder hatte ich seit Rio mehr als tausend Kilometer im Bus zurückgelegt, erst ins Landesinnere nach Belo Horizonte, dann über Vitória und Porto Seguro die Atlantikküste entlang. Im Internet buchte ich einen vermeintlich günstigen Mietwagen, den ich am Flughafen abholte. Ich wollte damit bis nach Belém fahren, wo der große Amazonasstrom in den Atlantik mündet, und ihn dort wieder abgeben.

Meine Strecke würde mich nicht durch die überlaufenen Touristenstädte an der Küste führen, sondern quer durch das riesige, bitterarme Hinterland namens Sertão, das sich über mehrere Bundesstaaten im Nordosten Brasiliens erstreckt. Sowohl der heißeste als auch der trockenste Ort des Landes liegen in dieser hügeligen Savanne. Viele Gedichte, Lieder und Romane beschreiben die Gegend, die als das Herz Brasiliens gilt. Im bekanntesten Werk, *Krieg im Sertão*, erzählt Euclides da Cunha nicht nur von Kämpfen, sondern auch von der bitteren Schönheit der Natur:

So begegnet man auf Schritt und Tritt dem schneidenden Grundzug äußerster Rauhheit. Teilweise mildern ihn Niederungen mit feuchtem Untergrund, Becken früherer Seen, nunmehr geschrumpft zu morastigen Tümpeln, welche die Rastplätze der Viehtreiber anzeigen. Sie werden freilich durchzogen von fast stets versiegten, trogartigen Bächen, die nur in den kurzen Regenzeiten sich füllen.

Davon sah ich erst einmal nichts, denn ich hatte lange gebraucht, um aus der Stadt herauszukommen, und so war es bereits dunkel, als ich in meinem dunkelblauen Fiat das Flughafengelände in nordöstliche Richtung verließ. Ich befand mich auf einer zweispurigen Straße, die durch die Außenbezirke von Salvador führte. Es dauerte nicht lange, dann folgte ich der Praxis der anderen Fahrer, Rotlichter einfach zu ignorieren. Gerade in den Randzonen der Städte werden wartende Autos angeblich öfter an den Ampeln überfallen, insofern war das auch als Vorsichtsmaßnahme zu betrachten.

Bisher war mir auf dieser Reise nichts zugestoßen, und das sollte auch so bleiben. Die einzige Ausnahme war ein Taschendieb, der mir in einem Menschenauflauf vor einer Kneipe am Pelourinho, dem ältesten Platz Salvadors, einen kleinen Geldbeutel aus der Hosentasche gezogen hatte. Das Bargeld darin reichte bestenfalls für einen oder zwei billige Caipirinha, und die Kreditkarte ließ ich sofort sperren, sodass die Sache für ihn wohl ärgerlicher war als für mich. Papiere waren nicht darin.

Als ich Salvador hinter mir gelassen hatte, begann ich, nach einer Unterkunft an der Landstraße zu suchen. Das zog sich ganz schön hin, denn entweder waren die Pousadas geschlossen, ausgebucht oder zu teuer. Im Auto an der Landstraße zu schlafen ist in Brasilien nicht sehr ratsam und war folglich keine Alternative; außerdem schien mein kleiner Fiat zu kurz dafür zu sein oder ich zu lang. An einer Tankstelle kaufte ich mir ein paar Teigtaschen mit Hackfleisch und eine Straßenkarte des ziemlich großen Bundesstaates Bahia, die noch sehr wichtig werden sollte.

So langsam wurde mir etwas mulmig, weil überhaupt kein Auto mehr auf den Straßen zu sehen war. Irgendwann kam ich an eine Abzweigung nach Praia do Forte, einem Stranddorf, das ich aus meinem Reiseführer kannte und das eigentlich gar nicht auf meiner geplanten Route lag. Kurz entschlossen fuhr ich in das

Ortszentrum hinein und fand ein günstiges Zimmer mit einem Parkplatz direkt vor der Tür. Praia do Forte ist bekannt wegen des nahe gelegenen, großen Schutzgebietes für Meeresschildkröten, das Forscher aus der ganzen Welt anlockt und viele internationale Preise gewonnen hat. Würde ich Schildkröten in der Natur beobachten können? Im Waschbecken wusch ich ein paar Shirts und schlief bald ein.

Früh am nächsten Morgen besuchte ich die Schildkrötenstation. Helga, eine Studentin, die dort als Freiwillige arbeitete, lachte über mein Ansinnen. »Es ist normalerweise unmöglich, die großen Schildkröten zu sehen, außer vielleicht, wenn man taucht«, sagte sie mir. »Die Männchen verlassen nie das Wasser, und die Weibchen kommen nur ans Land, wenn sie ihre Eier ablegen. Selbst in der Saison müsstest du dich auf die Lauer legen und sehr lange warten.«

Schade drum, dachte ich mir. Immerhin schwammen in künstlichen Becken einige Riesenschildkröten, die verletzt geborgen oder aus Fangnetzen befreit worden waren. Sie schienen sich in ihrem persönlichen Ferienresort ziemlich wohlzufühlen. Manchmal kamen sie an den Rand und streckten ihre Schnauzen aus dem Wasser, als wollten sie sich mit mir unterhalten. Eine Tafel informierte darüber, dass die größte Art, die Lederschildkröte, eine Länge von zwei Metern erreichen und eine halbe Tonne wiegen kann. Von ihr war in den Pools leider kein Exemplar vertreten.

Am nahe gelegenen Strand mit seinen hohen Palmen wollte ich noch einmal in das türkisblaue Meer steigen, bevor ich ins Hinterland zurückkehren würde. Meine Tasche mit Geldbeutel und Kamera gab ich in die Obhut eines brasilianischen Paares, das auf Plastikstühlen unter einem Sonnenschirm gerade gegrillten Fisch verzehrte. Ähnlich fröhlich wie die Schildkröten planschte und tauchte ich zwischen den bunt angemalten Fischerbooten hindurch. Als ich nass und zufrieden aus dem Wasser stieg, forderte das Paar mich auf, mich zu ihnen zu setzen.

»Wo kommst du denn her?«, fragte der Mann, der sich als Barboso vorstellte.

»Aus Deutschland.«

»Aha, ein Europäer also. Wir wollen auch unbedingt mal nach Europa. Paris, Rom, London. Kennen wir alles nur aus Büchern.« Sehnsüchtig blickte er zu seiner Freundin hinüber. »Wir kommen aus Salvador und machen ein paar Tage Urlaub hier. Ich arbeite als Techniker bei Petrobras in der Ölförderung, Sanciana ist Stewardess auf Inlandsflügen.« Entsprechend professionell lächelte sie mich an.

Barbosos Job erinnerte mich an den natürlichen Reichtum Brasiliens. Erst vor ein paar Jahren hatte der Staatskonzern an der Küste riesige Ölvorkommen entdeckt. Präsident Lula, der nur sehr zögerlich alternative Energien unterstützt, frohlockte und sieht sein Land seither zu den führenden Ölnationen aufsteigen.

»Nimm doch etwas vom Fisch und vom Reis«, forderte Sanciana mich auf. »Ich schenke dir auch ein Glas Bier ein, wenn du möchtest.«

»Danke, ich esse gerne etwas, aber Bier trinke ich nicht. Ich muss noch fahren.«

Das Paar schaute mich mit großen Augen an, als ich erzählte, dass ich die mehr als zweitausend Kilometer nach Belém mit dem Auto zurücklegen wollte.

»Mit dem Flugzeug dauert es eine Stunde, und teuer ist es auch nicht. So bist du mindestens drei Tage unterwegs, und das Benzin ist teuer bei uns«, sagte Barboso.

»Ich werde es trotzdem machen, weil ich so mehr vom Land sehe.«

»Dann fahr bitte nur bei Tageslicht. Die Straßen sind schlecht, man übersieht leicht die tiefen Schlaglöcher, und es treibt sich allerlei Gesindel da draußen herum.«

»Es wird schon gut gehen. Ich freue mich darauf, einfach anhalten zu können, wann immer ich möchte. Bisher war ich vor allem mit dem Bus unterwegs, da ging das natürlich nicht.«

Bald hatte ich meine kleine Portion aufgegessen, bedankte mich und ging zurück zur Pousada, um meine Sachen zu packen und in den kleinen Fiat zu steigen. Auf das Fliegen wollte ich auf dieser Reise weitgehend verzichten, um die Größe des Kontinents und besonders dieses Landes zu spüren. Als ich an die vielen Kilometer dachte, die vor mir lagen, verspürte ich einen gewissen Respekt vor meinem Plan.

Auf dem ersten Streckenabschnitt des Tages sollte ich eine Lektion darin erhalten, wie brasilianische Straßenkarten zu lesen sind. Von Praia do Forte bestand offenbar eine direkte Verbindung durch ein paar Dörfer hinüber zu einer größeren Straße. In der Karte sah das kürzer aus, als entlang der Küste bis zur nächsten größeren Stadt zu fahren, um dort auf einer Art Autobahn ins Landesinnere abzuzweigen.

Lückenloser Asphalt bedeckte die ersten Kilometer, die mich durch eine sumpfartige Gegend führten. Nach der dritten oder vierten Kurve zog sich eine lange, schmutzige Bremsspur über die Straße. Ich bremste, und einen Augenblick später sah ich auf der Gegenfahrbahn einen weißen Lieferwagen auf seiner linken Seite liegen. Ein paar Meter weiter stand ein verbeulter, roter Kleinbus am Straßenrand. Der Unfall musste sich vor wenigen Minuten ereignet haben. Den beiden Fahrern schien nichts passiert zu sein, sie standen zwischen den Fahrzeugen und gestikulierten, mit ihren Telefonen in der Hand.

Es ging einen Hügel hinauf und wieder hinab, bevor ich ein Dorf erreichte, das träge in der beginnenden Mittagshitze lag. Beinahe hätte ich die Asphaltschwellen übersehen, die quer über der Straße lagen, um die Autofahrer zum Bremsen zu zwingen. Ich stieg auf die Bremse, die Reifen quietschten, ein alter Mann schaute von seiner Gartenarbeit auf und blickte in meine Richtung, wobei er den Kopf schüttelte. Im Schritttempo überwand ich die Hürde. Die Straßen waren leer, und die meisten Geschäfte in den bunten, flachen Häuschen hatten geschlossen. Noch einmal kamen Bremsschwellen, dann lag das Dorf hinter mir, und ich fuhr durch offene Felder.

Zehn Minuten später endete der Asphalt plötzlich und ging in steinigen, roten Lehmboden über. Durch die Fenster wehte warmer Staub in mein Gesicht, doch sie hochzukurbeln, hätte die Innentemperatur unerträglich gemacht. Eine Klimaanlage fehlte, und auf der Rückbank dampften meine frisch gewaschenen, noch ziemlich feuchten Shirts vor sich hin.

Die Straße wurde immer holpriger und tiefer ausgefahren, sodass ich nur wenig mehr als Schrittgeschwindigkeit fahren konnte. Wenn das so weitergeht, dachte ich mir, werde ich frühestens in zwei Wochen an der Amazonasmündung bei Belém ankommen. Dazu hatte ich keine Zeit und auch nicht das Geld für die Tagesraten des Autos.

Zwischen ein paar Bäumen kam mir ein Reiter in schmutziger Kleidung entgegen. Sein linker Arm war eingegipst. Behutsam stieg das große Pferd über die Steinbrocken auf dem Fahrweg hinweg. Ich hielt an und rief zu ihm hinüber.

»Wie geht es denn hier weiter? Wird die Straße wieder besser?«

»Keinesfalls, sie wird sogar noch schlechter.« Er deutete auf meine Reifen. »Mit dem Auto kommst du da nicht durch. Das ist schon für einen Jeep ziemlich schwierig.«

»Gibt es sonst eine Verbindung, oder muss ich den ganzen Weg zurück an die Küste?«

»Das musst du wohl, leider.«

Kurz war ich versucht, es darauf ankommen zu lassen, aber meine

Vernunft siegte. Der Landstrich vor mir schien dünn besiedelt zu sein, mein Handy hatte keinen Empfang, und die nächste Werkstatt lag vermutlich viele Kilometer entfernt. Also wendete ich, winkte dem Reiter zum Abschied zu und fuhr die gleiche Strecke zurück. Ich hatte erfahren, dass eine Straße nicht immer eine Straße ist, selbst wenn es in der Landkarte so aussieht, und beschloss, mich künftig an die dicken, gelben Linien in meiner *Mapa da Bahia* von *Guia Cartoplam Rodovias* zu halten.

Die Geschäfte im Dorf waren noch immer geschlossen, die Scherben an der Unfallstelle zusammengekehrt, und nur der weiße Lastwagen war zurückgeblieben. In den Sümpfen stiegen die Reiher auf. Ein paar Minuten später erreichte ich die Kreuzung und bog nach links auf die Küstenstraße.

Der halbe Tag war verstrichen, und ich hatte mich meinem Ziel nur unwesentlich genähert.

Die schmalen Reifen meines Fiat freuten sich über den glatten, frischen Teer, und der Motor surrte friedlich vor sich hin. Ich fuhr über grüne, palmenbestandene Hügel, auf einer Straße, die aus touristischen Gründen *Linha Verde* hieß, und ich wusste doch, dass es sich um eine Mogelpackung handelte, denn nur ein paar Kilometer weiter westlich begann die staubtrockene Savanne. Einmal lag eine große Kokosnuss auf der Straße, als wolle sie mich darauf hinweisen, dass ich mich in einem der größten Kokosanbaugebiete Brasiliens befand. Manchmal öffnete sich der Blick auf den Atlantik.

Im Radio lief ein Quiz, das im Vergleich zu den verdummenden Preisausschreiben auf deutschen Sendern ziemlich schwierig war.

»Woran genau starb Beethoven?«, fragte der Moderator. Die erste Anruferin tippte auf Selbstmord, die zweite nannte die Bleivergiftung, die dem aktuellen Stand der Forschung entspricht. Zwischendurch liefen aber keine Symphonien, sondern schlechte Popmusik mit portugiesischen Texten. Brasilien ist das Land der Musik, doch auch hier hat der Großteil der Bevölkerung einen eher schlechten Geschmack. Guter Bossa Nova und echter Samba sind oft nur in Touristenbars in den größeren Städten zu hören.

Bei der Ortschaft Conde versuchte ich erneut, ins Landesinnere abzubiegen. Das war wichtig, denn die Küste von Bahia verläuft in nordöstliche Richtung. Zwei Kilometer auf dieser Straße würden mich meinem Ziel im Nordwesten bestenfalls einen Kilometer näher bringen. Nun standen an beiden Seiten der Straßen jene kommerziellen Streichholzwälder aus Eukalyptusbäumen, die ich aus Uruguay kannte und deren Holz als weiches Klopapier enden würde. Aus Hohlwegen bogen immer wieder lange Lastwagen auf die Straße. Die Baumstämme waren auf ihren Anhängern so lose befestigt, dass ich einen möglichst großen Sicherheitsabstand einhielt, um nicht von einem abrutschenden Eukalyptusstamm aufgespießt zu werden.

Die Straße war nicht mehr so gut wie an der Küste. Immer wieder gab es so große Schlaglöcher, dass alternative Routen durch die Felder entstanden waren. Ich hielt regelmäßig an, um auf der Karte meinen Standort abzuschätzen, denn Schilder mit Ortsnamen oder Entfernungsangaben waren selten. Ich passierte noch eine Plantage mit Zitronenbäumen, dann war es vorbei mit dem grünen Leuchten, und ich gelangte in das Reich des *caatinga*, jenes struppigen, dornigen und fast baumlosen Ökosystems, das den Sertão überzieht.

In einem Dorf namens Altamira suchte ich nach einem warmen Essen, musste mich aber mit Keksen aus dem Supermarkt begnügen. Es gab dort Agrardünger, Tupperdosen und Plastikdreiräder zu kaufen, aber außer ein paar verschrumpelten Tomaten keine frische Ware. Die Leute schauten mich an, als sei ich der erste Auswärtige, der seit vielen Jahren diesen staubigen Flecken Erde besuchte. Sogar der Esel, der vor der kleinen, weiß und hellblau getünchten Kirche angepflockt war, starrte verwundert in meine Richtung, ganz so, als sei ich in seiner Weltvorstellung nicht vorgesehen.

Ich nahm mir vor, an diesem Abend zumindest noch Canudos zu erreichen. Das würde ich vermutlich nicht ganz bis zum Einbruch der Dunkelheit schaffen. Der Name des Ortes jagt Brasilianern einen Schauder über den Rücken. In Canudos spielte sich vor etwas mehr als hundert Jahren ein gewaltsames Ereignis ab, dessen Wucht die junge brasilianische Republik bedrohlich ins Wanken brachte und die Ohnmacht einer zentralen Regierung in einem Land bloßlegte, dessen Städte vor der Erfindung des Autos viele Tagesritte voneinander entfernt lagen.

In Canudos sammelte der Wanderprediger Antônio Conselheiro, eine kuriose Mischung aus Sozialist, Sklavenbefreier und Sektenführer, eine wachsende Schar von Menschen um sich. Er verachtete die reichen Großgrundbesitzer, regierte sein Völkchen wie einen autonomen Staat und weigerte sich, den Steuergesetzen der Republik zu folgen. Privateigentum verbot er seinen Anhängern genauso wie Alkohol oder Prostitution. Sie mussten strenge christliche Rituale einhalten.

Der Regierung im fernen Rio de Janeiro gefiel die Sache nicht, denn sie fürchtete, dass die Ideen des Conselheiro um sich greifen und den Staat zersetzen könnten. Dazu kam ihr diese angebliche Bedrohung der nationalen Einheit gelegen, um die Bevölkerung hinter der Zentralmacht zu sammeln, die wegen der bitteren Armut in weiten Teilen des Landes ein Autoritätsproblem hatte. Vor allem im wohlhabenden Süden, aus dem sich das damalige politische Führungspersonal rekrutierte, wurde der Anführer der kleinen unabhängigen Gemeinde in der Halbwüste zum Erzfeind stilisiert.

Schließlich kam es zu einem Bürgerkrieg, der in da Cunhas Buch über den Sertão die Hauptrolle spielt. Innerhalb eines Jahres rückten drei Armeen auf Canudos vor, und allesamt wurden sie von den nur leicht bewaffneten, aber wütenden Bewohnern in die Flucht geschlagen. Erst der vierten Expedition gelang es, das Dorf zu stürmen, die Überlebenden gefangen zu nehmen und zu massakrieren, darunter vor allem Frauen und Kinder. Erst feierte der Süden den Sieg, dann aber wurden die unnötigen Grausamkeiten ruchbar, und es begann eine heftige öffentliche Diskussion.

Historiker betrachten den damaligen Diskurs als Ursprung einer eigenständigen brasilianischen Identität, die sich den Wirren der Geschichte von Kolonialzeit und Sklaverei bis zur Moderne stellt und alle ethnischen Gruppen umspannt. Nicht, dass es im brasilianischen Alltag heute keinen Rassismus mehr gäbe, aber zumindest für die große Mehrheit der Bevölkerung gelten die Gemeinsamkeiten mehr als die Unterschiede zwischen Indios, Weißen, Mestizen und Schwarzen. Von Chancengleichheit ist das Land dennoch meilenweit entfernt.

Noch rund zweihundert Kilometer lagen bis Canudos vor mir. Ich erreichte auf einer Anhöhe den Posto Colibri, eine große Tankstelle, die mich an den tief stehenden Zeiger meiner Tankuhr erinnerte. Ich ließ volltanken, und zwar mit Ethanol, denn das war deutlich billiger. Der Verbrauch ist dafür etwas höher, und so würde ich mal Benzin, mal das Biogemisch nehmen. In dem kleinen Restaurant trank ich einen Kaffee und fragte eine Runde Lastwagenfahrer, welche der drei Möglichkeiten, die ich auf meiner Karte entdeckt hatte, denn die beste sei, um mein Tagesziel zu erreichen. Die Meinungen gingen weit auseinander. Ich bildete einen Querschnitt daraus, um dann mit gefülltem Tank, ein Liedchen trällernd, wieder auf die Landstraße einzubiegen.

Die Sonne näherte sich unaufhaltsam dem westlichen Horizont. Ein gelblicher Farbton legte sich über den Himmel und die trockene Ebene, die im frühen Abendlicht glänzte. Die Bromelien am Straßenrand verloren ihre rötliche Strahlkraft, die Kakteen schwiegen, und es kam etwas Wind auf. Große Felsen lagen zwischen Sträuchern in der Ebene, angeordnet wie die Grabstätten einer untergegangenen Kultur. Aus den Augenwinkeln nahm ich auf den Flechten immer wieder die zuckenden Bewegungen von Eidechsen wahr. Ich kam nur langsam voran, weil ich unzählige Schlaglöcher umfahren musste. Auf einem Hügel stand eine riesige Jesusstatue, geschmückt mit bunten Fahnen. Die Fahrzeuge von Pilgern reihten sich am Parkplatz aneinander, eine Menschenkette schleppte sich die Steinstufen hinauf.

Kurz nach Sonnenuntergang fuhr ich durch Euclides da Cunha, eine nach dem Schriftsteller benannte Stadt, die auf mich keinen sehr geschichtsbewussten Eindruck machte. An der Durchfahrtsstraße reihten sich Ersatzteillager und Autowerkstätten aneinander, wie ich sie hoffentlich nicht brauchen würde. Läden für Haushaltsgeräte stapelten Waschmaschinen und Kühlschränke bis auf die Fahrspur. Seitdem die Regierung ihr Förderprogramm für Familien aufgelegt hat, ist ihr Absatz in die Höhe geschnellt.

Der Konsum im Land ist die stärkste Stütze des Wirtschaftsbooms. Entsprechend hoch sind die Preise: Ein Liter Benzin kostet umgerechnet mehr als einen Euro, obwohl Brasilien selbst das Öl aus der Erde holt. Wegen seiner stabilen Währung ist Brasilien auch für Reisende deutlich teurer als die anderen Länder Südamerikas.

In der Dunkelheit erreichte ich Bendengo, den Ort, der dem historischen Canudos am nächsten liegt. Die Häuser, in denen der Conselheiro und seine Anhänger lebten, lassen sich nicht besichtigen – sie stehen heute auf dem Grund eines Stausees. Bei niedrigem Wasserstand ist noch die Kirchturmspitze zu sehen, wie ein mahnender Zeigefinger, der die Menschen vor Missetaten und grausamer Verfolgung warnen soll. Das heutige, moderne Canudos ist nur auf einer

Schotterstraße zu erreichen und liegt fünfzehn Kilometer östlich des mehrfach untergegangenen Dorfes.

An einer kleinen Tankstelle schauten mich die Leute verwundert an und verwiesen mich an eine Pousada um die Ecke.

»Da hat aber schon lange niemand mehr übernachtet«, sagte ein bärtiger Mann. »Hoffentlich gehen dort keine Gespenster um.«

Es war noch immer sehr heiß. Als ich an dem zweigeschossigen Haus ankam, entdeckte ich zunächst nur die Autowerkstatt *Moto Peças Só Alegria* im Erdgeschoss. Entgegen dem Namen herrschte dort momentan keine Freude, denn die Rollläden waren herabgelassen. An der Mauer des frisch gestrichenen Gebäudes stand in bunten Lettern geschrieben: »*Si lhe causa inveja faça como eu, trabalhe honestamente*« auf Deutsch: »Wenn Sie Neid empfinden bei dem, was Sie sehen, dann machen Sie es mir nach, und verrichten Sie ehrliche Arbeit.« Als Ziegenhirte wäre ich tatsächlich neidisch auf dieses Haus gewesen, dachte ich gerade, als sich aus einer Gruppe von Frauen, die vor dem Nachbargebäude auf der Straße saßen, ein junges Mädchen näherte.

»Kann ich Ihnen helfen?«

»Ich suche ein Zimmer für eine Nacht. Haben Sie etwas?«

»Ja, haben wir. Es kostet zehn Reais, mit Ventilator und Bad auf dem Flur.« Das war sehr billig, nicht einmal fünf Euro. Erfreut überschlug ich, dass dieser Ausflug ins Landesinnere mein Reisebudget stark entlasten würde. Das böse Erwachen sollte erst ein paar Tage später folgen.

»Man sollte hier nachts kein Auto auf der Straße stehen lassen«, warnte mich das Mädchen. »Sonst hat es am nächsten Tag keine Räder mehr. Wenn es überhaupt noch da ist.«

Nicht alle Menschen in dieser Gegend schienen also ehrlich zu arbeiten, dachte ich mir. Gemeinsam zogen wir den Rollladen zur Werkstadt nach oben und schoben zwei schwere Motorräder beiseite, um Platz für meinen Fiat zu schaffen. Danach folgte ich meiner Gastgeberin auf einer schmalen Treppe nach oben, die mitten ins spärlich eingerichtete Wohnzimmer der Familie führte.

»Wir haben zwei Zimmer zu viel, die vermieten wir. Du kannst dir eines aussuchen«, sagte meine Gastgeberin.

Ich wählte das Zimmer, das der Straße abgewandt war. Als ich mich auf das Bett setzte, gaben dessen Federn nach meinem Gefühl einen halben Meter nach. Die Matratze war mit einer dicken Plastikfolie umhüllt, die bei jeder Bewegung raschelte. Ich tötete mit meinen Flipflops zwei Kakerlaken, worin ich mittlerweile eine gewisse Übung erlangt hatte, und spülte sie das Klo hinunter.

Einen Block weiter war noch eine Gaststätte geöffnet. Während die Argentinier oft erst kurz vor Mitternacht ihre Abendmahlzeit einnehmen, ist das in Brasilien anders: In kleinen Orten ist es schwierig, nach neun Uhr abends noch etwas zum Essen zu finden. Ich bekam das einzige Gericht serviert, eine große Portion *carne de sol*, in der Sonne getrocknet, etwas lediges Rindfleisch, das mit pikanter Sauce eine typische Speise im Sertão ist. Erst als ich das erste Glas Bier trank, merkte ich, wie viel Straßenstaub sich im Laufe des Tages in meiner Kehle angesammelt hatte.

Am nächsten Morgen fuhr ich schon sehr früh über einen holprigen Weg zur historischen Gedenkstätte oberhalb des Stausees. Ein steinerner Torbogen spannte sich über die Zufahrt, an der sich ein uniformierter Polizist nach meinem Begehr erkundigte.

»Normalerweise lassen wir Besucher nur mit einem Führer hinein«, brummelte er, seine Waffe im Anschlag. »Aber du kommst von weit her, da mache ich eine Ausnahme. Fahr den Hügel hinauf, da kannst du das Auto abstellen und dich umschauen.«

Das Auto stellte ich an einem Wegweiser zur *Morro da Favela* ab, einem Hügel, der nach einer Steppenpflanze benannt war. Ich erinnerte mich an etwas, das unser Führer bei der Favelatour in Rio gesagt hatte.

»Die Favelas gehen auf den Kampf um Canudos zurück«, hatte er erzählt, »eines der blutigsten Ereignisse in der brasilianischen Geschichte. Die Soldaten, die damals dort kämpften, haben nur einen sehr geringen Sold erhalten und wurden danach entlassen. Viele sind nach Rio gezogen, haben sich dort Land angeeignet und primitive Hütten errichtet. Die erhofften Jobs haben sie nicht gefunden, und so sind die ersten Favelas entstanden. Das Problem ist also hausgemacht.«

Für mich war diese Erklärung, wenn sie denn stimmte, wieder mal ein Beweis dafür, dass sich die Gegenwart nur dann wirklich verstehen lässt, wenn man sich mit ihren Wurzeln in der Vergangenheit vertraut gemacht hat.

Auf dem Hügel stand ein großes Kreuz, ein paar steinerne Brocken waren von den einstigen Verteidigungsmauern übrig geblieben. »Es waren nur vier«, schreibt Euclides da Cunha über die letzten Verteidiger des Dorfes, »ein Alter, zwei erwachsene Männer und ein Kind, denen gegenüber mehr als 5000 Soldaten brüllten, siegestrunken und bereit zu äußerster Gewalt.«

Die Gedenkstätte von Canudos mit ihren Erklärungstafeln zeigte, dass die Brasilianer begonnen hatten, die dunkleren Stellen ihrer Geschichte aufzuarbeiten. Das gilt auch für die Militärdiktatur, die länger verdrängt wurde als in den Nachbarländern. Erst seit Kurzem gibt es einen öffentlichen Diskurs über die Verbrechen der Gewaltherrscher. Präsident Lula, der als Gewerkschaftsführer in den Siebzigerjahren selbst im Gefängnis saß, will eine Wahrheitskommission einrichten. Dabei stößt er aber auf großen Widerstand der Militärs, die bis heute eine Generalamnestie genießen. Ihr Einfluss auf das politische Establishment in Brasilia ist groß.

Ich ging hinab zum Ufer des Stausees. Dort wuchsen flache, knorrige Bäume aus der Erde, auf der einst so viel Blut vergossen wurde. Der Himmel war um diese Tageszeit noch bewölkt, und meine Glieder fühlten sich steif und unbeweglich an.

Eine halbe Stunde später war ich zurück in Bendengo. An der Tankstelle besorgte ich mir Proviant und sprach mit Christian, der hinter der Essenstheke arbeitete.

»Es war schon länger kein Ausländer mehr da«, sagte er, während er mir meinen Tapioka erhitzte, einen Fladen, der aus der Maniokwurzel hergestellt wird. »Früher sind öfter welche gekommen, auch Forscher von Universitäten, die in Canudos recherchiert und die Gedenkstätte errichtet haben. Jetzt ist es ruhiger geworden.«

»Kommst du hier aus dem Dorf?«, fragte ich.

»Nein, aus Monte Santo. Das ist zwei Stunden südlich von hier, dort, wo die große Jesusstatue steht. Vielleicht bist du an ihr vorbeigekommen?«

»Ja, ich erinnere mich. Da waren ziemlich viele Leute.«

»Meine Eltern haben ganz in der Nähe eine kleine Farm. Sie sind Viehzüchter. Ich wohne unter der Woche hier, am Wochenende bei ihnen.«

»Ist etwas schwierig, von diesem Boden das Vieh zu ernähren, oder?«

»Ja, allerdings. Wir rechnen ungefähr zehn Hektar für jedes Rind, damit es genug zu fressen findet. Trotzdem gehen manchmal welche ein, wenn die Trockenheit zu lange andauert. Jetzt haben wir die eher feuchte Jahreszeit, manchmal regnet es sogar.«

»Wirst du die Viehzucht irgendwann übernehmen?«

»Auf gar keinen Fall! Die Arbeit ist viel zu hart und bringt doch nichts ein. Ich spare den Lohn, den ich hier bekomme, das sind zwei Reais pro Stunde, um irgendwann in die Stadt zu gehen und dort nach Arbeit zu suchen.«

»Welche Stadt? Rio?«

»Nein, so weit auch wieder nicht. Nach Salvador.«

»Überleg dir das gut«, sagte ich und schämte mich sogleich für meinen etwas forschen Rat. »Angeblich ist das Leben dort sehr hart. Neulich habe ich gelesen, dass es eine der Städte mit der höchsten Mordrate in Brasilien ist.«

»Ja, man muss auf sich aufpassen, das stimmt wohl.«

Ich bestellte noch einen Tapioka und holte meine Landkarte aus dem Auto. »Komme ich auf dieser Straße gut weiter?«, fragte ich Christian, auf die scheinbar kürzeste Verbindung hinauf nach Juazeiro deutend, der Großstadt an der Grenze zu Pernambuco, dem zehnten brasilianischen Bundessaat, den ich auf meiner Reise durchqueren würde. Ich schätzte die Strecke bis Juazeiro auf rund zweihundertfünfzig Kilometer.

»Ja, das geht«, beruhigte mich Christian. »Die Straße ist nicht immer geteert, aber sie ist nicht schlecht. Gute Fahrt, und hoffentlich kommst du mal wieder vorbei!«

Nach ein paar Kilometern merkte ich, dass Christian mich in die trostloseste Ödnis geschickt hat, durch die ich jemals gefahren war, abgesehen vielleicht von den Wüsten in Nevada. Die Piste erstreckte sich gerade und flach vor mir, wie ein Damm zwischen zwei identischen, leblosen Welten. Wenn ich das Auto auf dem Schotter nicht zu sehr strapazieren wollte, musste ich mindestens vier Stunden bis Pernambuco rechnen, immer geradeaus, mitten hinein in die Mittagshitze.

Nur selten entdeckte ich eine menschliche Behausung am Wegesrand. Einmal sah ich einen Bauern aus der Öffnung eines halb fertigen, kleinen Ziegelhauses lehnen. Ich winkte ihm zu, er zwinkerte nicht einmal mit den Augen. Zwei magere Kälber entschieden sich, genau vor mir auf die Straße zu laufen. Beinahe schlitterte ich in sie hinein. Danach war ich für eine Stunde alleine, abgesehen von ein paar Ziegen, die durchs Gebüsch trotteten. Manchmal gabelte sich die Straße, und mangels Wegweisern musste ich meinen Kompass zurate ziehen, um nicht versehentlich in die falsche Richtung zu fahren.

Mein Fiat war das einzige Objekt in dieser Wüstenei, das einen Anhaltspunkt dafür lieferte, in welcher Zeitrechnung ich mich befand. Ansonsten hätte es genauso gut die Epoche von Canudos und des berühmten Lampiãos sein können, jenes brasilianischen Robin Hood, der zu Beginn des zwanzigsten Jahrhunderts marodierend durch den Sertão zog. Angeblich wollte er seinen Vater rächen, der gegen die Großgrundbesitzer gekämpft hatte und von der Polizei erschossen wurde. Lampião führte nicht die einzige, aber die bedeutendste Gruppe der Volksbanditen an, die Städte und Fazendas überfielen und plünderten. Angeblich wollten sie die Armut der einfachen Landbevölkerung lindern.

Von seinen Erfolgen ermutigt, wurde Lampião, der mit bürgerlichem Namen Virgulino Ferreira da Silva hieß, zu leichtsinnig und geriet bei einem Ausflug in die Küstenstadt Sergipe mit seiner Bande in einen Hinterhalt. Polizisten töteten erst ihn selbst, dann seine Frau und acht seiner Anhänger. Um Nachahmer abzuschrecken, konservierten die Behörden die Köpfe der zehn Opfer in Salzlake und stellten sie in Salvador monatelang öffentlich zur Schau. Erst in den Sechzigerjahren bekamen die Nachfahren der Banditen die Köpfe ausgehändigt, um sie zu bestatten.

Brasilien ist voll von solchen Mythen und Geschichten, die mal grausam, mal geheimnisvoll und mal einfach nur wunderschön sind. Es ist unmöglich, die Seele dieses Landes auf einer kurzen, touristischen Reise zu erfassen. Immer dann, wenn ich dachte, es sei mir endlich gelungen, geschah etwas, das mein gerade erst gewonnenes Bild umstürzte. Ähnlich war es mir bisher nur in den USA gegangen, ebenfalls ein Land, für das wir Europäer uns vermeintlich gültige Deutungsmuster geschaffen haben, die nach der Ankunft zusammenbrechen, weil alles ganz anders ist, als man es sich vorgestellt hat.

Auch in seiner Selbstbezogenheit ist Brasilien nur mit den USA vergleichbar. Es ist so riesig, dass die meisten Bewohner es nie im Leben über die Landesgrenzen schaffen. Selbst junge Menschen mit guter Schulbildung sprechen nur selten eine Fremdsprache. Trotz der Probleme mit Armut und Gewalt besitzen die Brasilianer einen großen Nationalstolz und bemitleiden jeden Menschen, der nicht aus ihrem Land kommt. Zwangsläufig halten sie ihn für weniger lebensfroh und optimistisch, und das gilt sogar für die Angehörigen der anderen Nationen in Südamerika.

Ich beschleunigte etwas, und mir wurde bewusst, dass dieses Land trotz seiner Wucht schon jetzt einen Platz in meinem Herzen gefunden hatte. Warum das so war, musste ich noch herausfinden.

Ein banales Straßenschild riss mich aus meinen Gedanken, denn seine Existenz in dieser Gegend verstörte mich. Es meldete weitere zehn Kilometer bis Poço de Fora, der einzigen größeren Ansiedlung, die auf dem Weg nach Juazeiro vor mir lag. Ihr seltsamer Name – das Wort bedeutet »Außenbrunnen« – erfreute mich, denn ich war ziemlich durstig und meine Wasserflasche leer.

Wasser gab es genug in dem Ort, und recht erfrischt erreichte ich zwei Stunden später Juazeiro. Dort herrschte rund um eine Markthalle, die einen langen Straßenblock füllte, ein großer Trubel. Vieh war an Laternenpfosten angebunden, Pferdefuhrwerke schafften große Getreidesäcke heran. Am Straßenrand standen gebrauchte Traktoren zum Verkauf. Es handelte sich ganz offensichtlich um das Landwirtschaftszentrum dieser Region. Ich wich dem Lärm lieber aus. Ohne anzuhalten, erreichte ich die lange Brücke über den Rio

São Francisco. Präsident Lula will ihn teilweise umleiten, um die trockensten Flecken des Sertão, in dem er selbst geboren ist, zu bewässern. Umweltschützer sind dagegen, auch warnen Ökonomen davor, dass das Projekt unendlich viel Geld verschlingen und wenig bewirken wird.

Während eines kurzen Halts schaute ich in die Übersichtskarte meines Reiseführers und bemerkte, dass ich noch nicht einmal die Hälfte der Strecke nach Belém zurückgelegt hatte. Das frustrierte mich, und ich musste mir erschöpft eingestehen, dass ich nicht nur die Entfernung, sondern auch die Anstrengungen der tagelangen Fahrerei unterschätzt hatte. Zweitausend Kilometer alleine im Auto sind schon in Europa ziemlich weit, aber bei den Straßenverhältnissen in Brasilien und den riesigen Entfernungen zwischen den Städten fühlte es sich noch viel länger an. Ich fuhr weiter, denn was sollte ich tun? Ich konnte das Auto nicht irgendwo auf dem Land abgeben.

An der nächsten Tankstelle wechselte ich mein Hemd, das komplett durchgeschwitzt war. Ich wollte bis zum Abend nach Teresina gelangen, das nach manchen Statistiken die heißeste Stadt Brasiliens ist. Ich kaufte mir einen Liter Cola, um mich etwas aufzuputschen, denn mir drohten die Augen am Lenkrad zuzufallen. Auch machte ich einen kleinen Spaziergang zwischen den Truckern, die mich neugierig musterten. Mein Fiat verschwand zwischen ihren Ungetümen wie ein Lämmchen in einer Rinderherde. Ein Laster war bis obenhin mit lebenden Hühnern beladen, die nicht nur ein ohrenbetäubendes Gackerkonzert veranstalteten, sondern auch entsetzlich stanken.

Immerhin ging es auf einer glatt geteerten Fahrbahn weiter. Außer mir waren fast nur langsame Lastwagen unterwegs, deren Fahrer freundlich blinkten, wenn sich für mich eine Gelegenheit zum Überholen ergab. Das geschah selten genug, denn auch auf der Gegenfahrbahn war der Verkehr am späten Nachmittag ziemlich dicht. Dafür hatte ich Gelegenheit, die religiösen Aufkleber auf den Hecks der schweren Fahrzeuge genau zu lesen. Mal wiesen sie einen Laster als »Gottes Eigentum« aus, mal fühlte ich mich direkt angesprochen: »Wenn du ein Sohn Gottes bist, bin ich dein Bruder.«

Die Sprüche regten mich zwar nicht zum Beten an, aber ich verfiel in eine nachdenkliche Stimmung. Mir wurde bewusst, dass ich auf einer solchen Reise meinen Gefühlen viel stärker ausgesetzt war als daheim. Laufend musste ich über Wege, Unterkünfte und Ziele entscheiden, ohne die Folgen wirklich abzusehen. Ein Reisender muss sich selbst vertrauen können, seinem Instinkt, der ihn zu aufregenden Erlebnissen führt, ohne ihn unnötigerweise in Gefahr zu bringen. Ich ahnte, dass dieser Instinkt in mir funktionierte, weil sich mein Leben nicht im Reisen auflöste. Ich wusste, dass ich irgendwann heimkehren würde und dort, zumindest hoffte ich das, die Menschen wiedersehen würde, die mir am meisten auf dieser Welt bedeuten.

Als ich Teresina erreichte, war es schon dunkel und die Hotels entlang der vierspurigen Hauptstraße ausgebucht. So fuhr ich weiter, wieder aus der ziemlich großen Stadt mit ihren Leuchtreklamen hinaus, bis ich ein Schild sah, das auf das *Hotel Balneário Portal do Amazonas* hinwies. Wie schon in Bendengo sah alles verrammelt aus, als ich nach zwei weiteren Kilometern auf einer schmalen Straße vor dem Tor ankam. Auf mein Hupen regte sich etwas hinter der Mauer. Ein junger Mann öffnete mir.

»Die Badeanlage ist geschlossen, aber Sie können übernachten, wenn Sie wollen.«

»Wie viel kostet das?«

»Zwanzig Reais, mit Klimaanlage. Frühstück gibt es keines.«

Wieder war ich der einzige Gast, und das weit abgelegen von einer größeren Straße oder Ansiedlung. Das sorgte mich nicht, denn ich schlief fast im Stehen ein, nachdem ich beinahe siebenhundert Kilometer auf Landstraßen von sehr wechselhafter Qualität zurückgelegt hatte. Mein Abendessen bestand aus einer Packung Käsecracker, versehen mit künstlichen Geschmacksstoffen, doch das war mir egal. Ich stellte die Klimaanlage an, ging auf die übliche Jagd nach Ungeziefer, schaute noch etwas fern und fiel in einen tiefen Schlaf. Als ich mitten in der Nacht aufwachte, lief gerade Lambada. Ich war nicht zum Tanzen aufgelegt, schaltete das Gerät aus und dämmerte schnell wieder weg.

Um auf meinem langen Weg möglichst schnell voranzukommen, stand ich früh auf. Im Licht des neuen Tages bemerkte ich, dass der Name meiner Unterkunft passend gewählt war: Die Vegetation hatte sich komplett verändert. Statt niedrigen Sträuchern und trockener Erde standen Palmen in dichtem Gras. Der Sertão lag hinter mir, und irgendwie war ich erleichtert, denn schon am zweiten Tag war es mir so vorgekommen, als wollte er von mir Besitz ergreifen. Die Einsamkeit dieser Ebene, verstärkt durch die Mythen einer uralten Landschaft, hatte begonnen, meine Sinne zu verwirren. Jetzt lag der Amazonas vor mir, ein neuer Anblick. Das freute mich, auch wenn ich ahnte, dass dort andere, nicht weniger mächtige Geister herrschen würden.

Unter den großen, ausladenden Acajubäumen an der Landstraße reihte sich ein Verkaufsstand an den anderen, und alle boten sie die gleiche Ware feil: Cashewkerne in Plastikbeuteln, dazu eine dunkelgelbe Flüssigkeit in Flaschen verschiedener Größe. Ich hielt an und fragte eine rundliche Frau, worum es sich denn dabei handle.

»Das ist Cajuína, ein konzentriertes Getränk, gemacht aus den Cajúfrüchten.«

»Also eine Art Schnaps?«

»Nein, da ist kein Alkohol drin, das kannst du auch beim Fahren trinken. Es ist sehr süß, aber trotzdem gesund. Angeblich macht es schlank. Viele Leute kommen von weither nach Teresina, um es zu kaufen.«

Cajú, wie der Cashew-Baum und seine Frucht auf Portugiesisch heißen, verwenden die Brasilianer für vielerlei Produkte: Sie essen die roten und grünen Früchte, aus denen Saft zubereitet wird. Es gibt ein Öl aus der Schale, das als Medizin verwendet wird und um Termiten von Holzmöbeln fernzuhalten. Die mondförmigen Kerne, die unten an der Frucht hängen und, botanisch gesehen, keine Nüsse sind, werden vor allem exportiert und bringen einen guten Ertrag. Sie enthalten eine Aminosäure, die angeblich gegen Depression wirkt, weil sie die Produktion des Wohlfühlhormons Serotonin im Gehirn anregt.

Das dickflüssige Cajuína war mir dagegen neu. Ich roch an einer Flasche. Der Geruch war so süßlich, dass ich auf einen Kauf verzichtete. Bevor ich weiterfuhr, reinigte ich meine Scheibe mit etwas Wasser von den vielen toten Insekten. In den Scheibenwischern hingen die abgetrennten Flügel von zitronengelben und safranroten Schmetterlingen. Auch das war ungewohnt, denn im Sertão, das fiel mir erst jetzt auf, war sogar die Luft weitgehend frei von Insekten und überhaupt ziemlich leblos, abgesehen von den Geiern, die hoch oben auf der Suche nach Aas ihre Kreise zogen.

Inzwischen befand ich mich im Bundesstaat Maranhão, dem vorletzten auf dieser Fahrt. Danach kam nur noch Pará mit der Hauptstadt Belém, doch das war nicht zu verniedlichen: Anhand meiner Karte überschlug ich, dass der Staat deutlich größer sein musste als Deutschland und Frankreich zusammen. In Belém würde ich allerdings auf das Schiff wechseln, denn so riesig Pará auch ist, besteht es doch überwiegend aus Dschungel, der sich allenfalls auf den vielen großen und kleinen Flüssen durchqueren lässt.

Ich fuhr ziemlich schnell in nordwestliche Richtung. Zu spät wurde ich auf ein typisches Hindernis aufmerksam, an das ich mich in den letzten Tagen eigentlich gewöhnt hatte: Vor einer Kreuzung zog sich eine ziemlich hohe Bremsschwelle über den Asphalt. Ich stieg ins Eisen, aber das half auch nichts mehr. Mit mindestens achtzig Stundenkilometern steuerte ich auf die Hürde zu und schoss über sie hinweg. Es folgte ein kurzer Moment, in dem alle vier Reifen des Fiat gleichzeitig in der Luft schwebten, bevor der Wagen ein paar Meter weiter scheppernd eine Bauchlandung hinlegte.

Das Auto hatte bei dem Stunt offenbar nichts abbekommen und fuhr anstandslos weiter. Als es ein paar Kilometer später dann doch zu röcheln begann, gönnte ich ihm eine Pause und auch mir selbst, denn der Schreck war mir tief in die Knochen gefahren. Ich ging in ein Kilorestaurant und studierte das Kleingedruckte meines Mietvertrages, um herauszufinden, wie ich vorgehen sollte, falls ein ernsthafter Schaden entstanden war. Zwar hatte ich ein Versicherungspaket gebucht, doch es enthielt eine bedeutende Ausnahme: Schäden am Unterboden des Fahrzeugs waren nicht gedeckt.

Schon das war eine schlechte Nachricht, doch es kam noch schlimmer: Erst jetzt entdeckte ich im Vertrag einen Vermerk, der leicht zu übersehen war und darauf hinwies, dass für Einwegmieten eine Gebühr von einem Real pro Kilometer anfalle. Das war der nächste Schreck. So wie sich das las, musste ich rund zweitausend Reais bezahlen, etwa achthundert Euro. Dazu kam die bereits entrichtete Gebühr für die Agentur und das Benzin. Mein vermeintlich günstiger, dreitägiger Roadtrip kostete mich weit über tausend Euro, eine Summe, die sonst für einen Monat gereicht hätte. Plötzlich schmeckte mir das Essen nicht mehr besonders gut.

Es zeichnete sich ab, dass ich die letzten Wochen meiner Reise auf sehr sparsame Weise verbringen würde. Nach dem ersten Schock spürte ich Ärger in mir aufsteigen. Die Website der deutschen Vermittlungsagentur hatte mich in die Irre geführt. Der Pauschalpreis »inklusive aller Kilometer«, den die Website anzeigte und der billiger war als bei allen anderen Vermietern, war ohne diese Gebühr berechnet. In keinem der angeblich so unsicheren Orte auf meiner Reise hatte mich jemand bestohlen oder hereingelegt, abgesehen von dem Taschendieb in Salvador mit seiner geringen Beute. Dafür hatte es eine deutsche Agentur geschafft, mich durch irreführende Informationen um einen vierstelligen Betrag zu erleichtern.

Ernüchtert ging ich zurück zu meinem Fiat. Meine innere Stimme riet mir, ich solle mir von Geldangelegenheiten nicht die Laune verderben lassen. Fest stand aber, dass mein Reisebudget geplatzt war und ich für meinen Ausflug über den Kontinent kräftig draufzahlen würde. Ich legte mich unter das Auto und konnte bei meiner groben Prüfung zumindest keine größeren Löcher entdecken. Der Auspuff hing noch fest in seiner Verankerung. Offenbar musste ich zumindest nicht noch eine Reparatur bezahlen. Auch nach dem Starten gab der Fiat keine ungewöhnlichen Geräusche mehr von sich. Er hatte sich offenbar von seinem Schock nach dem Aufprall erholt.

Statt mich mit dem ärgerlichen Aufschlag zu beschäftigen, versuchte ich, mich an der dunkelgrünen, feuchten Landschaft um mich herum zu erfreuen. Kilometer auf Kilometer brachte ich hinter mich, und je näher ich dem Regenwald kam, umso dichter sammelten sich dunkle Wolken schräg über mir. Als ich am frühen Abend die Außenbezirke von Belém erreichte, ging ein reinigendes Gewitter nieder. Ich musste ein paar Minuten lag stehen bleiben, so dicht war der Regen. Am Flughafen bog ich auf den Hof der Autovermietung, gab den Schlüssel ab, weigerte mich, die hohe Rechnung zu bezahlen, ignorierte die aufdringlichen Taxifahrer und suchte nach einem Linienbus in die Stadt.

Auf der Grundlage des Mietvertrags buchte die Firma, wie ich später von meiner Bank erfahren sollte, den überhöhten Betrag trotzdem von meiner Karte ab.

X Leben in der Hängematte

Auf der *Cisne Branco*, die vor den Docks von Belém lag, sah es aus wie auf einem Flüchtlingsschiff. Menschen und Gepäck waren auf engstem Raum zusammengepfercht.

Ich hatte mich gegen eine der teuren Kabinen entschieden und würde die Nächte auf dem Zwischendeck verbringen, in einer weinroten, löchrigen Hängematte, die mir ein Brasilianer aus Salvador im Hostel in Belém geschenkt hatte. Ein junger Mann half mir, sie an den verrosteten Eisenstangen unter der Decke zu befestigen.

Immer mehr Leute kamen an Bord, und bald zählte ich allein in meinem engeren Umkreis von vielleicht drei Metern nach vorne, rechts und links mehr als zwanzig Hängematten, in mehreren Schichten übereinander.

Unter minutenlangem Wehklagen des Schiffshorns legten wir um fünf Uhr nachmittags ab, und ich unternahm einen ersten Rundgang an Bord. Die Passagiere transportierten ganze Hausstände. Auf dem eisernen, blau gestrichenen Boden entdeckte ich zwischen Koffern und Reisetaschen einen großen Fernseher, ein Bündel aus Besen und einen Autoauspuff. Ich besuchte das stickige Unterdeck, wo ein großer Holzverschlag voll gackernder Hennen stand. Dahinter stapelten sich Kisten mit Tomaten und Zwiebeln. Der Schiffsmotor rumorte, Säuglinge plärrten, und aus Transistorradios schepperte Sambamusik.

Fünf Tage und vier Nächte sollte die Fahrt von der Atlantikküste den Amazonas stromaufwärts nach Manaus dauern. Der erste Streckenabschnitt führte uns bei hohem Seegang hinaus aufs Meer. Wir mussten die Halbinsel Marajó umfahren, auf der Wasserbüffel und

Seekühe leben, um das Flussdelta zu erreichen. Ein Regenguss ging hernieder, aus Wolken, deren Brauntöne sich kaum von der Farbe des Wassers unterschieden. Es fiel mir wegen des Seegangs schwer, die Schokoladenwaffeln bei mir zu behalten, mit denen ich in einer Panikattacke meinen Hunger hatte bekämpfen wollen. Nach Auskunft des Mannes, der meine Hängematte aufgehängt hatte, sollte es am ersten Abend noch kein Essen an Bord geben.

Das stimmte glücklicherweise nicht, doch musste ich einen Hindernisparcours überwinden, um an der Bar auf dem Oberdeck einen Gutschein zu kaufen. Die Treppe dorthin war eng und nass, und oben angekommen, hangelte ich mich auf rutschigem, abfallendem Boden an der Reling entlang, vorbei an den klimatisierten Kabinen für die besser gestellten Reisenden, für die mein Budget nicht gereicht hatte. Zweimal stieß ich mir den Kopf an einem niedrigen Vordach. Die *Cisne Branco*, der weiße, aber ziemlich angerostete Schwan, war kleiner als ein Ausflugsdampfer auf einem Voralpensee, aber um ein Vielfaches stärker beladen und schaukelte erheblich.

Die Besatzung servierte das Abendessen an langen, ausklappbaren Tischen und Bänken auf dem Zwischendeck. Neben mir saß ein gutmütig wirkender, dunkelhäutiger Mann mit großer Brille und Halbglatze, der auch im Hängemattenlager mein Nachbar war.

»Wohin fahren Sie?«, fragte ich.

»Nach Manaus. Ich heiße Pedro.«

»Robert. Wir haben die gleiche Strecke vor uns.«

Viel mehr sprachen wir nicht miteinander, während wir den Reis, die Nudeln und das durchgebratene Rindfleisch kauten. Pedro schien etwas wortkarg zu sein. Ich bot ihm mein kleines Fläschchen scharfer, roter Pfeffersoße an, das ein guter Kauf gewesen war: Das Essen schmeckte zwar erträglich, aber ziemlich fad. Pedro verzichtete. Wir mussten uns beeilen, denn die nächsten Fahrgäste warteten darauf, unsere Plätze einzunehmen.

Rund dreihundert Hängematten hatte ich bei meinem ersten Rundgang gezählt. Fast alle Passagiere waren Brasilianer, bestenfalls ein Dutzend ausländischer Reisender hielt sich am Abend auf dem Oberdeck auf. Ein großer Farbfernseher, der nur abgestufte Blautöne zeigte, stand auf dem Tresen der Bar. Es liefen brasilianische Musikvideos mit spärlich bekleideten Tänzerinnen. Die beiden riesigen Boxen, aufgehängt zwischen bunten Glühbirnen, beschallten das ganze Schiff und etliche Seemeilen im Umkreis. Längst war es dunkel. Bald sollten wir den Äquator überqueren. Weil Tag und Nacht dort genau gleich lang sind, geht die Sonne unveränderlich um sechs Uhr abends unter und zwölf Stunden später wieder auf.

Ein Deutscher und ein Österreicher mittleren Alters, ausgestattet mit breitkrempigen Hüten, tranken ein Bier nach dem anderen. Wir unterhielten uns kurz, sie stellten sich als Stefan aus Hannover und Markus aus Oberösterreich vor. Obwohl ich nach der Geschichte mit dem Mietwagen sparen musste, genehmigte ich mir zu Beginn der Reise eine Dose Brahma und stieß mit den beiden an.

Die Tür der Toilette, die ich wenig später aufsuchte, war kurz davor, den harten Kampf gegen den Schimmel zu verlieren, der sie überzog. Als ich spülen wollte, schoss bräunliches Wasser auf den Boden statt in die Schüssel. Meine Füße standen in einer Pfütze. Ich begab mich schlecht gelaunt in meine Hängematte und steckte mir Stöpsel in die Ohren, um die Musik und das Maschinengeräusch etwas zu dämpfen. So ganz klar war mir noch nicht, wie ich mich nach dieser Bootstour fühlen würde.

Kurz nickte ich ein, aber richtig schlafen konnte ich nicht. Als ich weit nach Mitternacht auf dem Schiff umherwanderte und an der Brücke vorbeikam, beobachtete ich, wie ein stämmiges weibliches Besatzungsmitglied, das ich am Abend noch beim Kochen in der Kombüse unter Deck beobachtet hatte, zum Steuermann hineinschlich. Immerhin gab es hier keine Eisberge, sodass ein kurzer Moment der Unachtsamkeit nicht das Leben der Passagiere in Gefahr bringen würde.

Der Regen hatte sich verzogen, am Himmel stand der Halbmond. Leere Bierdosen und Schnapsflaschen quollen aus dem Mülleimer. Es war immer noch angenehm warm.

Erst am frühen Morgen fand ich eine halbwegs bequeme, wenn auch leicht embryonal gekrümmte Position in der Hängematte. Als ich aufwachte, war es bereits Frühstückszeit. Die blonde Nicole aus Winterthur ging an meiner Schlafstelle vorbei, um sich an den öffentlich einsehbaren Waschbecken die Zähne zu putzen. Ich hatte sie schon im Hostel in Belém getroffen, und wir frühstückten gemeinsam: Papaya, Melonen und eine Kombination aus Rührei, Formkäse und Industrieschinken. Kaffee und Saft waren kräftig vorgesüßt.

Über Nacht war die *Cisne Branco* vom Atlantik in das Amazonasdelta eingefahren. Ich blickte hinab auf das braungraue Wasser und stellte mir das Getümmel vor, das dort unten herrschen musste. Rund 3000 Fischarten leben im größten Flusssystem der Erde, hatte ich in einer Zeitschrift im Hostel gelesen, darunter der größte Süßwasserraubfisch überhaupt, der Arapaima, der bis zu drei Meter lang wird. Einige kuriose Arten mit Stacheln und Riesenmäulern kannte ich vom Fischmarkt in Belém. Noch heute entdecken Biologen neue Arten, in dem Sie einfach die Märkte im Amazonasgebiet besuchen.

Kurz vor der Abfahrt hatte sich eine dunkelhaarige, beleibte Frau mittleren Alters mit ihrer Hängematte schräg zwischen Pedros und mein Lager gedrängt. Jetzt blätterte sie in ihrer dicken *Bibel für die Frau*, in schweres Leder gebunden. Als das Frühstück abgeräumt war, packte sie Hosen und Blusen in Plastiktüten, knotete sie zu und warf sie über Bord. Viele andere Passagiere taten es ihr gleich. In Windeseile ruderten Kinder in Einbäumen von den ärmlichen Holzhütten am Ufer heran und fischten die Tüten aus dem Wasser. Der

Fluss war der einzige Ausweg für die Menschen, die hier lebten, und die Schiffe ihr einziger Kontakt zur Außenwelt. »Hier ist eine große Hängematte drin, wozu brauche ich die als alleinstehende Frau«, sprach die Bibelleserin zu sich selbst und warf den nächsten Beutel über die Reling.

Wir fuhren auf einem Nebenlauf, der nicht mehr als zwanzig Meter breit war. Ich blickte tief in den Regenwald hinein und machte immer wieder große, bunte Orchideengewächse aus. In den höheren Lagen wuchsen Zweige, Schlingpflanzen und Gestrüpp so kreuz und quer ineinander, als handle es sich um die Kritzeleien eines dreijährigen Kindes auf einem leeren Blatt Papier. Papageien krächzten, und Amazonasfischer, eine Vogelart mit langen Schnäbeln und roten Brustfedern, die im Uferboden lebt, flogen vom Maschinenlärm aufgeschreckt himmelwärts.

Zwei Jugendliche schafften es, bei voller Fahrt mit ihren Kanus auf der Steuerbordseite festzumachen. Sie stiegen aufs Schiff, um rosafarbene Shrimps in Plastiktüten zu verkaufen. Fredson, einer meiner Nachbarn in der Hängematte, hatte auf dem Unterdeck ein Tattoostudio eröffnet, komplett mit Nadeln und Zangen für Piercings.

»Schau dir mal den Katalog an, vielleicht gefällt dir was.«

»Ich brauche ehrlich gesagt keine Tätowierung.«

»Wer braucht das schon? Aber es sieht gut aus!«

Ich blätterte also durch das Heft, konnte mich aber nicht zwischen Meerjungfrauen, Giftschlangen und dem Wappen von Flamengo entscheiden. Einzig der aus dem Wasser springende Amazonasdelfin hätte mir gefallen.

»Der ist aufwendig, das dauert mehrere Tage«, warnte Fredson.

Wir kamen nicht ins Geschäft. Auf dem Oberdeck spielten Kinder mit ihren Flipflops eine Art Boccia, um Geld. Ich wartete darauf, dass eine Sandale ins Wasser fiel, was nicht geschah.

Im Laufe des Tages holte mich das rastlose, besorgte Gefühl des Vorabends wieder ein. So ganz hatte ich mich nicht damit angefreundet, eine knappe Woche an Bord dieses Schiffs zu verbringen. An meiner langen Reise durch Südamerika schätzte ich gerade die Tatsache, dass ich meine Route ständig neu bestimmen konnte. Da fühlte sich diese Bootsfahrt fast schon wie eine Gefangenschaft an. Ich versuchte, mich innerlich in einen Modus zu versetzen, der mir erlaubte, die Umstände zu ignorieren. Die Klospülung funktionierte immer noch nicht, sodass sich inzwischen Fäkalien der unterschiedlichsten Farben und Konsistenzen in der Schüssel angesammelt hatten.

»Die *Cisne Branco* ist ein gutes Boot, nicht zu groß und sehr sicher«, hatte mir der brasilianische Chef des Hostels in Belém bestätigt. »Da gibt es schlimmere.«

Hatte ich also sogar noch Glück gehabt? Von den zehn Schiffen, die permanent auf der Strecke pendeln, haben manche einen geradezu verderbten Ruf. Ich nahm eine Dusche mit Amazonaswasser, das direkt aus dem Fluss hinaufgepumpt wurde. Danach unterhielt ich mich mit Pedro.

»Ich hätte nicht erwartet, dass so viele Menschen auf diesen Schiffen unterwegs sind«, sagte ich.

»Das ist immer so. Jedes Mal sind sie überfüllt.«

»Flüge sind einfach zu teuer für die Leute, oder?«

Für die Fahrt in der Hängematte hatte ich zweihundert Reais bezahlt, das sind umgerechnet rund achtzig Euro, ohne Verpflegung.

»So viel teurer ist das Fliegen nicht, aber ich fahre einfach lieber mit dem Schiff«, antwortete Pedro. »So haben sich die Leute hier immer schon fortbewegt. Straßen haben wir schließlich fast keine.«

»Angeblich ist die *Cisne Branco* ja recht zuverlässig.«

»Im Normalfall schon. Vor zehn Jahren oder so hat sie allerdings mal Schiffbruch erlitten, draußen auf dem Meer, aber man hat sie mit einem Kran wieder herausgefischt. Alle Passagiere konnten sich retten.« Gut, dass ich von dieser Geschichte nicht schon früher gehört hatte.

»Kommst du aus Manaus?«, fragte ich Pedro.

»Nein, aus einem kleinen Dorf ein paar Stunden entfernt von dort, aber ich lebe in der Stadt. Ich arbeite dort als Automechaniker in einer Mitsubishi-Fabrik.«

»Verdient man da anständig?«

»Mehr als in den meisten anderen Berufen hier. Es reicht, um eine Familie zu ernähren.«

Pedro gehörte mit seinem Verdienst zu den wohlhabenderen Passagieren an Bord. Die Mehrzahl konnte sich nicht einmal die Mahlzeiten leisten und lebte von mitgebrachten Keksen, Brot, Obst und Gemüse, das Fliegen und andere Insekten anzog. Beim Abendessen hatte ich einen Mann beobachtet, der einen einzigen Teller mit zwei Kindern teilte und für sich nur die beiden letzten Löffel beanspruchte, nachdem die beiden ihren Hunger gestillt hatten.

Gegen Abend legten wir in einem Ort namens Gurupá an. Schwere Kisten wurden ausgeladen. Ein paar Passagiere verließen das Schiff, andere kamen neu an Bord. Auf der Hafenmole verkauften junge Frauen frisches Obst und Teigtaschen, die mit Huhn und Shrimps gefüllt waren. Ein Mann in hellblauem Trägershirt lehnte an seinem fahrbaren Getränkestand und wartete auf Kundschaft. Das grün gestrichene Hotel Malibu an der schmalen Promenade stand zwar vor Palmen, hatte sonst aber nichts mit den Villen der Filmstars im gleichnamigen kalifornischen Strandort gemeinsam. Nach einer Stunde brummte die Maschine wieder, und wir fuhren in die Nacht.

Als es am nächsten Morgen hell wurde, bewegten wir uns auf einem sehr breiten Flussabschnitt in gemächlichem Tempo vorwärts. Die *Cisne Branco* gehörte nicht zu den schnellsten Schiffen: Die *Aquário*, in ähnlicher Bauweise in ovalem Grundriss, aber mit nur zwei statt drei ziemlich überfüllten Decks, zog auf der Backbordseite an uns vorbei. Ich blieb in der Hängematte liegen und nutzte die ruhigen Stunden, um die vielen Eindrücke und Erlebnisse der vergangenen Wochen nachzuempfinden. Da ich mindestens seit Rio de Janeiro ein Schlafdefizit angesammelt hatte, nickte ich immer wieder für eine Stunde ein.

In einem kurzen wachen Moment sah ich Peter, den in Australien lebenden Dauerreisenden aus Hannover, an der Reling entlanggehen. Er hatte offenbar die Lust am Trinken mit Markus verloren, der sich schon nach dem Frühstück seine ersten Biere genehmigte.

»So geht das aber nicht, die ganze Reise zu verschlafen«, ermahnte mich Peter.

»Ach, die Fahrt dauert noch lang genug. Ich glaube nicht, dass ich etwas verpasse.«

Seinen breitkrempigen Hut vom Vortag hatte er gegen ein rotes Kopftuch mit weißen Punkten getauscht. Die lange, schwarze Hose, die Socken und Turnschuhe trug er trotz der beträchtlichen Temperaturen immer noch.

»Du hast wenigstens einen guten Platz für die Hängematte. Ich muss immer über mehrere Leute hinwegsteigen, um hineinzukommen oder rauszuklettern. Das ist schon alles krass hier. In Santarém gehe ich definitiv von Bord und kaufe mir ein Flugticket nach Manaus. Ich glaube, wir kommen morgen Abend dort an.«

»Soweit ich weiß, erst in der Früh.«

»Na, das werde ich dann auch noch aushalten. Aber länger bleibe ich nicht.«

Peter, der das Reisen mit den Ersparnissen aus seiner Zeit als Topmanager eines großen Weinvertriebs finanzierte, hatte recht: Abgesehen vom Maschinenlärm lag ich in einer günstigen Position. Nicht nur konnte ich die Hängematte problemlos verlassen, sondern auch liegend den großen, hellbraunen Fluss mit seinen kleinen Inselchen betrachten, die den Vögeln als Treffpunkte dienten. Gelegentlich waren einzelne Fazendas zu sehen, mit zwei oder drei mageren Kühen. Auf großen, kahl geschlagenen Flächen wuchs Gras. Bunte Kleider wehten an Wäscheleinen im Wind. Das Wasser stand ziemlich hoch.

»In Peru hat es viel geregnet, das kommt so langsam alles hier an«, erklärte Pedro, der die Reise völlig entspannt über sich ergehen ließ. Weder sprach er viel, noch schien er sich anderweitig zu beschäftigen. Hinter uns sang die Bibelfrau in einer mädchenhaft hohen Stimme leise vor sich hin. Das störte mich weniger als ihr beständiges Schaukeln in der Hängematte, bei dem sie ihre Knie in meinen Rücken drückte und so tat, als bemerke sie es nicht. Auch nachts stieß sie mich regelmäßig mit ihren Füßen.

Als Nächstes kam Raimundo, ein elfjähriger Junge mit einer tiefen Narbe hinter dem Ohr, bei mir vorbei. Er hatte mich am Vortag zu seinem Freund auserkoren und verfolgte mich seither unablässig, wohin ich auch ging. Ich verstand ihn nur zur Hälfte, denn er sprach eine besonders undeutliche Version des am Amazonas vorherrschenden Dialekts. Immerhin bekam ich mit, dass er Halbwaise war und mit seinen zwei Schwestern in eine Stadt kurz vor Santarém reiste. Als er begann, mich mit Erdnüssen zu bewerfen, sprach ich ein deutliches Wort, und er belästigte eine andere Reisegruppe.

Ich war zu einem Rhythmus mit zwei Bordmahlzeiten am Tag übergegangen, die ich ganz gut vertrug. Aufs Mittagessen, das mit dem Abendessen identisch war, verzichtete ich. Trotz der wenigen Bewegung entwickelte ich bis zum frühen Abend einen ziemlichen Heißhunger, sodass ich als einer der Ersten mit meinem Gutschein auf der Bank saß. Dort hörte ich gute Nachrichten.

»Wir sind schnell unterwegs und kommen schon morgen Abend in Santarém an«, informierte mich Pedro, der rechts neben mir saß. Raimundo schüttete unterdessen begeistert große Teile meiner scharfen Soße auf seinen Teller und leerte ihn ungerührt.

Bald brach tropischer Regen vom Himmel. Wir rollten die blauen

Plastikplanen an der Reling herunter, um zu verhindern, dass unsere gesamte Habe durchnässt wurde. Innerhalb kürzester Zeit wurde es dadurch schwül und stickig an Bord. Die Essensdünste mischten sich mit den Abgasen der Maschine und menschlichen Ausdünstungen.

Immerhin versuchten die Fahrgäste, ihre Hygiene so gründlich wie möglich zu betreiben. Die brasilianischen Frauen schminkten und parfümierten sich am Abend, sogar die Bibelleserin, als gäbe es auf der *Cisne Branco* eine Tanzveranstaltung. Die Lage auf den Toiletten hatte sich inzwischen entspannt, weil es der Besatzung gelungen war, mit großen Eimern Wasser die aufgestauten Fäkalien in den Amazonas zu spülen.

Am späteren Abend hörte der Regen auf. Der Mond tauchte den Amazonas in ein silbergraues Licht. Am Oberdeck breitete sich erneut Trunkenheit aus. Fredson, der Tattoostecher, begann eine Unterhaltung mit Nicole aus Winterthur, was jedoch am Fehlen einer gemeinsamen Sprache scheiterte. Ich gab kurz den Übersetzer, aber Flirten zu dritt, das mussten wir feststellen, funktioniert nicht sonderlich gut.

»Siehst du, die Frauen bei euch mögen uns lieber, dunkel, wie wir sind und mit einem Teil von jeder Rasse. Nicht so langweilig wie ihr Weißen«, sagte Fredson, der trotz der Verständigungsprobleme zuversichtlich zu sein schien.

»Kommt auf den Typ an, würde ich sagen«, antwortete ich.

Markus aus Oberösterreich, der nicht weit von uns entfernt saß und etwas Portugiesisch verstand, lachte. Inzwischen hatte er sich einer lautstarken einheimischen Kartenrunde angeschlossen. Er reiste mit zwei leichten Taschen und trug jeden Tag dasselbe, grauschwarz gestreifte, ärmellose Shirt auf seinen zunehmend verbrannten Schultern. Ein Amerikaner, der in unserer Nähe saß, erzählte die Geschichte, wie er vor einer Bar in Rio verprügelt und ausgeraubt wurde. Dabei hatte er einen Zahn verloren.

Ich stieg hinab zu meiner Hängematte, doch als ich schlafen wollte, schaukelte die Bibelleserin besonders heftig. Sie hatte ihren linken Arm um eine große Plastikpuppe gelegt und trug einen rosafarbenen Haarreif, sodass sie wie ein verschrumpeltes kleines Mädchen wirkte. Ich versuchte, die Dame zu ignorieren, und blätterte durch eine Zeitung, die ich in Belém gekauft hatte. Präsident Lula musste wegen Bluthochdruck eine Auslandsreise absagen, las ich. Halbseitig wurde über die Ereignisse in der letzten Folge von *Viver a Vida* berichtet.

Interessanter fand ich den Artikel über Ayahuasca, jene indianische Droge, die aus der Rinde von Lianen hergestellt wird. Allen Ginsberg und William Burroughs, die Schriftsteller der Beatgeneration, hatten sich auf ihren Reisen in den Fünfzigerjahren begeistert der Droge hingegeben und ein Buch nach ihr benannt. Sie ist im Amazonasgebiet weit verbreitet und auch als Yagé bekannt – *Auf der Suche nach Yagé* heißt ein Gemeinschaftswerk der beiden. Die Regierung, hieß es in der Zeitung, wolle Ayahuasca für »kommerzielle, touristische und therapeutische Zwecke« verbieten und nur mehr für die Rituale der eingeborenen Völker zulassen.

Nach der Zeitung blätterte ich die Zeitschriften durch, die ich für die Fahrt gekauft hatte. Die vorderen Seiten waren voller guter Nachrichten: Brasilien hatte die Finanzkrise nahezu unbeschadet überstanden und war vom internationalen Großschuldner zum Kreditgeber geworden. Die Börsenkurse in São Paulo hatten sich in zehn Jahren verzehnfacht, und ein Teil des neuen Wohlstands ist sogar bei den Armen angekommen: Fast zwanzig Millionen Brasilianer sind in die Mittelklasse aufgestiegen. Die Kriminalitätsrate ist dennoch kaum gesunken.

Letztlich schlief ich über dem dritten Kapitel von *Ubirajara* ein, einer Erzählung von José de Alencar, die ich in einer billigen Taschenbuchausgabe am Schiffskai in Belém gekauft hatte. Der Text auf der Rückseite informierte darüber, dass Alencar, ein Vertreter der brasilianischen Romantik, mit dem 1874 veröffentlichten Buch das Bild vom »guten Wilden« prägte und der indigenen Bevölkerung in seinem Land dadurch mehr Achtung verschaffte. Letztlich handelt es sich um eine Liebesgeschichte, in der ein junger Indianer durch seine Liebe zwei Völker zusammenführt.

Der dritte Abend an Bord, wir steuerten gerade Santarém an, war der erste, an dem kein Regen fiel. Als die Sonne vor uns unterging und der Dschungel sich in ein Schattenspiel verwandelte, erblickte ich von Deck jenes Schauspiel, auf das alle Amazonasreisenden warten: Eine Großfamilie von Delfinen schwamm hinter dem Schiff her. Immer wieder sprangen sie in die Luft und tauchten zurück ins Wasser. Im Amazonas leben zwei Delfinarten: der Sotalia, einem Meeresdelfin ähnlich, und der Boto, der einen bulligeren Schädel und eine rosafarbene Haut besitzt.

Neben mir, in einem schwarz-roten Trikot des Fußballvereins Flamengo, saß ein kräftiger, noch recht junger Mann in einer größeren Gruppe.

»Ich heiße Frailson. Und du? Wo kommst du her?« Fredson, Frailson – Namen dieser Art schienen in Brasilien vor einiger Zeit in Mode gewesen zu sein. Natürlich war ich auf einem Amazonasschiff sofort als Fremder zu erkennen, und das machte die Leute neugierig. Ich erzählte ihm von meiner Reise.

»Weißt du, ich komme aus Oriximiná«, sagte Frailson. »Genauso wie meine Freunde hier. Dort arbeiten wir als Sicherheitsleute in einer Bauxitmine. Wir haben gemeinsam einen Lehrgang in Belém absolviert. Jetzt fahren wir wieder heim.«

Erst ein paar Stunden zuvor hatte ich in einem Artikel gelesen, dass Brasilien einer der wichtigsten Exporteure von Bauxit ist, einem Erz, aus dem Aluminium hergestellt wird. Es hat Geld in den Amazonas gebracht, beschleunigt aber auch seine Zerstörung, weil es weitestgehend im Tagebau gewonnen wird.

»Kennst du die Sage vom Flussdelfin?«, fragte Frailson.

»Nein«, antwortete ich nicht ganz wahrheitsgemäß. Die Geschichte war kein Geheimnis, sowohl in meinem Portugiesisch-Lehrbuch als auch in meinem Reiseführer hatte ich Versionen von ihr gefunden. Die Gelegenheit, die Legende selbst erzählt zu bekommen, wollte ich mir aber nicht entgehen lassen. Inzwischen hatte sich auch der kleine Raimundo zu uns gesellt.

»Wenn in den Dörfern am Amazonas Feste gefeiert werden«, hob Frailson mit bedeutungsschwangerer Stimme an, »dann steigen die Flussdelfine nach Einbruch der Dunkelheit aus dem Wasser und verkleiden sich als Kavaliere, mit einem schwarzen Frack. Sie werden zu Menschen, mischen sich unter das Volk und machen den Mädchen schöne Augen. Oft gelingt es ihnen, eines zu verführen. Vor Morgengrauen verschwinden sie wieder im Wasser. Wenn das Mädchen ein paar Wochen später einen dicken Bauch bekommt, dann sagt man, es war der Flussdelfin.«

Eine praktische Legende, die sowohl die verhexten Mädchen als auch die dazugehörigen Männer vor unangenehmen Nachfragen schützt.

»Es gibt sogar Geburtsurkunden, auf denen der Flussdelfin als Vater eingetragen ist«, behauptete Frailson. Seine Geschichte passte zum dunklen Amazonas, über den der Steuermann immer wieder den Suchscheinwerfer kreisen ließ, um Baumstämmen auszuweichen, die als Treibholz flussabwärts schwammen.

Wenig später erreichten wir Santarém. Ich verbrachte die Nacht auf dem Schiff, denn ein Spaziergang durch die dunkle Hafengegend der Stadt erschien mir nicht sehr ratsam. Lieber wäre ich erst am Morgen angekommen, statt ein paar Stunden hätten wir dann einen ganzen Tag Landgang gehabt.

Als ich in der Früh, gegen sechs Uhr, zu Fuß in Richtung Stadt ging, überkam mich ein dringendes Bedürfnis. In zunehmendem

Tempo steuerte ich auf die nächste Straßenkreuzung zu, an der ich eine Bar entdeckte, und stürzte hinein.

Am Eingang fielen mir, stinkend und verschwitzt, bekannte Gestalten in die Arme.

»Hey, Robert, trink mit uns«, rief Fredson, der Tattoostecher.

Markus tanzte gerade mit der Wirtin, und zwei andere Passagiere standen mit vollen Bierflaschen am Tresen. Die Gruppe hatte die Nacht in der schäbigen Bar durchgefeiert. Irgendwie schaffte ich es, mich zu den hinteren Räumen durchzukämpfen. Auf dem Rückweg musste ich mehrere Flaschen und Gläser abwehren, die mir angeboten wurden. Vor dem Frühstück war mir noch nicht nach Alkohol zumute.

Bereits in drei Stunden musste ich zurück auf dem Schiff sein. Um wertvolle Zeit zu sparen, sprang ich auf einen Bus, der zur Innenstadt unterwegs war. Dort hatten die meisten Läden und Restaurants noch geschlossen, aber an der Theke eines kleinen Supermarkts bekam ich guten Kaffee und zwei Empanadas, gefüllt mit Hackfleisch. Dazu kaufte ich Äpfel, Kekse und Joghurt für die Fahrt ein.

Ein paar Straßenblocks weiter, zwischen Billigläden mit Plastikschuhen, Kunstledergürteln und Kosmetikartikeln, fand ich einen klimatisierten Internetshop und ging hinein. Das fühlte sich an, wie nach einer Expedition durch Schnee und Eis endlich in einer gemütlichen Berghütte am Ofen zu sitzen, wenn auch vom Temperaturunterschied genau umgekehrt. Ich beantwortete ein paar Mails, recherchierte nach Hostels in Manaus und suchte Agenturen, die Trekkings auf den Roraima anbieten, den Tafelberg an der Grenze von Venezuela und Brasilien, eines meiner nächsten großen Ziele.

Im Hafen von Santarém lag eine endlose Kette von Amazonasschiffen vor Anker, alle gleich gebaut, weiß gestrichen, blau beschriftet und mit Plakaten behängt, die über Ziele und Abfahrtszeiten informierten. Ich schlenderte an Marktständen vorbei. Wegen der großen Hitze nahm ich ein Motorradtaxi zurück zu unserer Anlegestelle. Der Beifahrerhelm war so klein, dass ich ihn nur halb über meinen Kopf bekam, was sicher lustig aussah. Wenn der Fahrer sich in die Kurven legte, musste ich mit der rechten Hand den Helm und mit der linken mich selbst mühsam festhalten.

Die Lage an Bord hatte sich etwas entspannt. Rund ein Drittel der Passagiere hatte das Schiff verlassen, und nur wenige waren nachgekommen. Außer Markus, der in seiner Hängematte schnarchte, einem älteren deutsch-brasilianischen Paar und einem griechischen Rechtsanwalt, die klimatisierte Kabinen auf dem Oberdeck bewohnten, schienen keine westlichen Touristen auf dem Schiff zurückgeblieben zu sein.

Nach dem Landgang fühlte ich mich besser. Den Nachmittag verbrachte ich auf dem Oberdeck, neben den prall aufgepumpten orangefarbenen Rettungsbooten. Gemeinsam mit Fernando, einem Kolumbianer, und seinem Sohn Antonio suchte ich den Dschungel nach Tieren ab. Tatsächlich entdeckten wir zwei Affen, die durch die Wipfel sprangen. Beim nächsten Zwischenstopp versuchte der etwas dickliche Antonio, im Hafenbecken zu angeln. Er fing nichts, was seine Freude an der Sache aber nicht trübte.

Am nächsten Tag öffneten sich immer wieder Schneisen im Regenwald, die für Rinderfarmen geschlagen worden waren, deutlich größer als jene am Unterlauf des Flusses. Männer auf Pferden und mit Lassos preschten am Ufer entlang. Viele Großgrundbesitzer haben das Land im Amazonasgebiet nie rechtmäßig erworben, sondern sich eigenmächtig angeeignet und die Indios vertrieben, wenn sie die Geschäfte störten.

Ganze Herden von Vieh, das nur aus Haut und Knochen zu bestehen schien, grasten am Ufer, und gelegentlich schauten die Tiere in unsere Richtung. Für Milchkühe gibt die dünne Humusschicht des

Amazonas nicht genug Nahrung her, für dicke Steaks argentinischer Qualität auch nicht, aber für Fast Food allemal: Wer den Regenwald schützen will, sollte nicht Krombacher kaufen, sondern auf billige Hamburger verzichten. Um billiges Weideland zu gewinnen, werden jedes Jahr riesige Flächen des Amazonasgebiets brandgerodet.

Mein Rücken war in keinem guten Zustand. Hängematten sind zwar bequemer als schlechte Matratzen, aber nur, wenn genug Platz ist, um sich quer hineinzulegen und den Körper auszustrecken. Das war immer noch unmöglich. Meine engsten Nachbarn, Pedro, Fredson und die Bibelfrau, waren an Bord geblieben, weshalb ich beim Schlafen weiterhin eine ungesunde Bananenform einnehmen musste. Nach dem Misserfolg mit Karin aus Winterthur hatte Fredson eine Brasilianerin umschmeichelt, die bereits mit ihm in der Hängematte schlief, was mich noch mehr einengte.

Ich blies meine orangefarbene Isomatte auf, streckte mich auf dem Vorderdeck aus und machte Gymnastikübungen. Die ausgebleichte Leiche eines Kaimans trieb bäuchlings am Bug vorbei. Barkeeper André, der stets ein dunkelblaues Hemd und eine schwere silberne Kette trug, hatte es während des Aufenthalts in Santarém geschafft, das Fernsehgerät zu reparieren, das jetzt alle Farben anzeigte. Céline Dion schmetterte *My Heart Will Go On*, während unser Schiff durchs Wasser pflügte.

Nur in den Pausen zwischen den Songs waren die Frösche, Vögel und Zikaden zu vernehmen, die sich am späten Nachmittag bemerkbar machten. Kleine Fische sprangen aus dem Wasser und tauchten formvollendet wieder ein. Am Ufer spielten kleine Jungs Fußball. Hühner pickten rund um die Hütten, die wegen der jährlichen Flut auf Pfählen standen und mit Stroh gegen den Wind geschützt waren, nach Körnern.

Strom oder fließendes Wasser gab es dort draußen nicht. Immer wieder winkten Passagiere vom Schiff den Menschen auf dem Festland zu, aber niemand winkte zurück, das schien hier nicht üblich zu sein. Vielleicht waren die Leute aber auch einfach nur genervt von den lärmenden Ungetümen, die ständig auf dem Fluss vorbeituckern.

Fernando, der Kolumbianer, winkte mich zu einer kleinen, spanischsprachigen Runde, die sich auf dem Oberdeck gebildet hatte. Dazu gehörten neben ihm und seinem Sohn auch der Großvater der Familie, die in der Nähe von Medellín lebte.

»Wir sind seit vier Monaten in ganz Südamerika unterwegs«, erzählte Fernando. »Alles haben wir mit dem Auto gemacht, ganz Ecuador, Peru, Chile, Argentinien und Brasilien, bisher über 20 000 Kilometer. Kannst du alles auf unserem Blog nachlesen. Noch drei Wochen, dann sind wir wieder zu Hause.«

»Und wo habt ihr jetzt euer Auto gelassen?«, fragte ich verwundert.

»Auf einem Frachtschiff, das einen Tag nach uns in Manaus ankommt.«

Fernando reichte mir ein Glas Rum. »Gut, oder? Die Flaschen haben wir rechtzeitig aus dem Kofferraum gesichert. Ohne kolumbianischen Rum geht gar nichts. Hier in Brasilien kriegt man anständigen Cachaça, aber der Rum ist ungenießbar.«

Die Familie gehörte der kolumbianischen Oberschicht an; sie belegte drei Kabinen auf der *Cisne Branco*. »Unsere Großmutter ist auch dabei. Sie verlässt fast nie die Kabine, ihr ist das hier zu anstrengend«, informierte mich Antonio, der kleine Angler.

Um den Plastiktisch saßen zwei weitere Männer, die den gleichen Namen trugen: Marco, ein Student aus Italien mit Wuschelkopf, der ein Austauschjahr in Buenos Aires hinter sich gebracht hatte. Ich sah ihn zum ersten Mal an Bord. Dazu kam Marco, ein ungewöhnlich stämmiger Indio aus Peru mit langen Haaren. Er lebte seit zehn Jahren in Brasilien, im Bundesstaat Minas Gerais, und hatte eine lokale

Spezialität mitgebracht: luftigen, weißen Käse mit dunkelroter Guavenmarmelade.

»Bedien dich!«, forderte er mich auf. Die Mischung schmeckte nicht nur mir, sondern auch den Kolumbianern, die kräftig zulangten.

»Unsere nächste Reise geht nach Europa, nächstes Jahr im Januar«, erzählte Fernando. »Wir wollen auch nach Deutschland.«

»Wirklich? Das ist aber nicht gerade die beste Jahreszeit.«

»Wieso?«

»Da ist Winter. Schnee und Eis.«

»Ach so. Wirklich? Daran habe ich nicht gedacht.«

»Solltest du aber. Ich komme aus München. Dort hatte es diesen Winter fünfzehn Grad unter Null.«

Nicht nur Fernando, auch sein Sohn und die beiden Marcos schauten mich erschrocken an. Solche Temperaturen schienen ihr Vorstellungsvermögen zu übersteigen.

»Wir denken noch mal drüber nach«, räumte Fernando ein.

Nach zwei weiteren Runden Rum kamen wir zu den typischen Fragen, die Südamerikaner stellen, wenn sie sich länger mit einem Deutschen unterhalten.

»Die Mauer gibt es nicht mehr, oder? Seit wann?«

»Kommst du aus Ostdeutschland oder aus dem Westen?«

»Wie denkt ihr heute über Hitler?«

Ich antwortete geduldig. Bald begann es zu regnen. Die Runde löste sich auf. André schaltete das Fernsehgerät aus und fuhr den Rollladen der Bar herunter. Die vorletzte Nacht an Bord brach an. Ich gab die Sache mit der Hängematte auf, wartete ab, bis der Regenschauer sich verzogen hatte, und breitete meine Isomatte auf dem Deck aus. Ich schlief bereits, als jemand an meiner Schulter rüttelte.

»Steh auf, es kommt ein Unwetter! Schlaf bei mir unterm Dach.«

Es war André, der Barkeeper. Tatsächlich brauste der Wind durch die Dunkelheit, und ich zog an die Bar, dort, wo André selbst jede

Nacht seine Hängematte aufspannte. Es dauerte nicht lange, bis der Sturm auch unter das Vordach peitschte. Als ich das nächste Mal aufwachte, war mein Schlafsack feucht, und um mich herum hatten sich Pfützen gebildet. Ich stieg hinab aufs Zwischendeck und legte mich dort auf eine Bank.

Als der Morgen graute, wusste ich, dass ich nur einen weiteren Tag und eine Nacht an Bord verbringen musste. Mir reichte es, auch wenn mich der Ausblick besänftigte: Die ersten Sonnenstrahlen tauchten die zarten Wolkenstreifen am Himmel erst in orangefarbenes Licht, das sich im Wasser spiegelte, dann wechselten die Farbtöne zu lila und schließlich zu rosa, bis die Sonne aufgegangen war. Unser Schiff zog flache Wellen hinter sich her. Ansonsten war der Amazonas am frühen Morgen friedlich und ruhig.

In Parintins legten wir noch einmal für etwas mehr als eine Stunde an. Am Markt probierte ich *turumpu*, eine eher kleine, gelbe Frucht, die zu den unzähligen Sorten des Amazonas zählt, die es noch nicht in unsere Supermarktregale geschafft haben.

»Du brauchst dringend ein Foto vor dem Ochsen!«, rief mir eine bekannte Stimme zu. Fredson, der Tattoostecher, schlenderte ebenfalls durch die Straßen.

»Was meinst du? Vor welchem Ochsen?«

»Da, schau doch mal!«

Tatsächlich, vor einem Souvenirladen standen zwei lebensgroße Rinder aus Gips, eines mit langen Hörnern und einem blauen Stern auf dem Kopf.

»Was suchen die denn hier?«

Eine junge Frau trat aus dem Laden und klärte mich auf. »Wir haben hier in Parantins einmal im Jahr ein großes Fest, bei dem wir die Auferstehung des Ochsen feiern. Zehntausende Menschen aus der ganzen Region kommen mit Booten hierher, die meisten als Rinder verkleidet, und dann wird drei Tage lang gefeiert. Weil es nicht genug Hotels gibt, schlafen die Menschen in Hängematten auf ihren Schiffen.«

»Interessant. Schade, dass ich das verpasse!«

Fredson bestand darauf, das Foto zu machen. Auf den Kauf eines der vielen Ochsen aus Holz und Plastik, Ochsentassen oder Shirts mit Ochsen in verschiedenen Farben und Größen verzichtete ich aber. Ein Backpacker kann keine Souvenirs gebrauchen.

Zurück an Bord, wir fuhren mit voller Kraft voraus, sprach mich vor den Toiletten ein älterer Mann mit spärlichen, kurzen grauen Haaren in einem grünen Markenshirt an.

»Hast du etwas Zeit für mich?«

»Ja. An Zeit mangelt es hier ja nicht.«

»Ich heiße Ricardo, komme aus Portugal und arbeite als Journalist in São Paulo. Mir ist etwas sehr Schlimmes passiert. Heute Nacht, als ich geschlafen habe, hat sich jemand an meinem Gepäck zu schaffen gemacht. Da war ein kleines Schloss an meinem Koffer. Der Dieb hat es aufgebrochen und eine Seitentasche aufgeschlitzt. Ich hatte dreihundert Dollar darin und ein paar Hundert Reais.«

Ich ahnte schon, was das für eine Geschichte werden sollte, und schaute Ricardo skeptisch an. Er stockte.

»Nein, nicht was du denkst. Ich will dich nicht anbetteln. Aber das Problem ist, dass ich keine Übernachtung in Manaus bezahlen kann. Von dort will ich weiter nach Norden fahren, nach Boa Vista, da habe ich Freunde. Aber ohne Geld komme ich nicht hin.«

»Beunruhigende Geschichte, die du da erzählst. Ich kann dir leider kein Bett anbieten. Ich bin kein reicher Tourist, sondern werde mir in Manaus ein Hostel suchen.«

Kurz war ich versucht, Ricardo zu glauben, und schaute besorgt hinüber zu meinem Rucksack und meiner Umhängetasche, in der meine Kamera, mein Laptop, mein Handy und einiges Bargeld steckten. Ich wusste, dass man auf solchen Schiffen seinen Besitz im Auge behalten sollte, und zählte auf Pedro, der fast nie den Umkreis unserer Hängematten verließ, unter denen das Gepäck gestapelt war. Ohne dass wir es ausgesprochen hatten, schien er sich auch für mein Gepäck verantwortlich zu fühlen, wenn ich meine Rundgänge auf dem Schiff unternahm. Pedro erschien mir absolut vertrauenswürdig.

»Du solltest besser auf deine Sachen aufpassen«, versuchte Ricardo, mich zu ängstigen.

»Bisher scheint noch alles da zu sein.«

»Da hast du Glück gehabt. Ich leider nicht«, sagte Ricardo und setzte eine unschuldige Miene auf. Immer wieder richtete er seine Augen gen Himmel und zog die Mundwinkel herunter. Es kam mir vor, als stünde ich einem Schauspieler gegenüber. »Du kannst mir also gar nicht helfen?«, flehte er erneut.

»Ich glaube nicht. Hast du denn schon andere Leute gefragt?«

»Ja, Markus zum Beispiel, aber der trinkt zu viel, dem will ich mich nicht anvertrauen. Die kolumbianische Familie hat mir zwanzig Reais versprochen. Vielleicht kannst du mir zehn Reais geben? Das würde mir schon helfen.«

»Lass mich darüber nachdenken. Ich gebe dir in einer halben Stunde Bescheid.«

Die Zeit nutzte ich, um mich bei den anderen westlichen Passagieren auf Deck und bei der kolumbianischen Familie zu erkundigen. Was ich dabei herausfand, bestätigte meine Skepsis. Ricardo hatte in den Tagen zuvor bereits alle anderen angebettelt, mit unterschiedlichen Geschichten: In Belém habe er keinen funktionierenden Geldautomaten finden können. Er sammle für eine arme Frau und ihr krankes Kind, die auf dem Unterdeck fuhren und sich kein Essen leisten konnten. In Santarém habe er niemanden gefunden, der ihm Dollar tauschen wollte; Reais habe er nicht. Und so weiter.

Ziemlich dreist, der Typ. Er musste doch damit rechnen, dass die Passagiere miteinander sprachen. Mit seiner Masche hatte er sich schon einen ordentlichen Betrag zusammengebettelt: Markus erzählte, er habe ihm hundert Reais gegeben. Marco, der Italiener, hatte ihm zweimal das Abendessen bezahlt. Auch der Grieche hatte ihm ein paar Scheine gegeben. Ricardo schien kein Krimineller zu sein, aber ein Schmarotzer.

Als ich später in meiner Hängematte lag, näherte er sich wieder.

»Und, hast du es dir überlegt?«

»Ja. Ich werde dir nichts geben. Du hast mich angelogen.«

»Wie bitte?«

»Du hast jedem eine andere Geschichte erzählt. Und Markus hat dir Geld gegeben, anders, als du behauptet hast.«

»Ja, Markus, das stimmt. Aber das reicht nicht für Manaus.« Wieder versuchte er, die Unschuld in Person zu spielen. »Du willst mir also gar nicht helfen?«

»Nein.«

»Das werde ich mir merken. Ich hoffe, dass du nie auf die Hilfe von anderen angewiesen bist. Dann wirst du bereuen, dass du heute so geizig warst.« Bei diesen Worten musterte er mein Gepäck, als wolle er andeuten, dass meine Sachen vor ihm nicht sicher seien. Ich beachtete ihn nicht mehr, und er trottete davon. Die restliche Zeit an Bord gingen wir uns aus dem Weg.

Ein weiteres Mal schlief ich auf der Bank mit meiner Isomatte, dann waren es nur noch wenige Stunden bis Manaus. Wir fuhren über jene Stelle, an der Rio Negro und Rio Solimões im selben Flussbett wie Milchkaffee und Tinte nebeneinander herfließen.

»Das liegt an den Sedimenten, dass die Flüsse so unterschiedliche Farben haben«, erklärte Marco, der Peruaner, der mit mir auf dem Oberdeck saß. »Auch die Nährstoffe unterscheiden sich, weshalb sogar das Tierleben verschieden ist. Es dauert mehr als zehn Kilometer, bis der Trennstrich zwischen den beiden Wasserfarben an der Oberfläche nicht mehr zu erkennen ist und das einheitliche Amazonasbraun entsteht.«

»Wo fährst du eigentlich hin?«

»Nach Peru.«

»Das ist noch mal eine Woche, oder?«

»Ja, mindestens.«

Ich bemitleidete ihn.

Wir umfuhren einige große Tanker, die vor dem Industriehafen von Manaus mit seinen riesigen Containerhalden lagen. Dahinter türmten sich die Hütten der Favelas auf, die von den Uferhängen ins Wasser hinabzurutschen drohten.

Bald entdeckte ich die riesige, blau-weiß-rote Fahne des Bundesstaates Amazonas, die über der Stadt unter dunkel drohenden Wolken flatterte. Die Maschine röchelte nur noch, und wir näherten uns der Anlegestelle. Der Steuermann warf ein schweres Tau hinüber auf das nächstgelegene Schiff, an dem wir festmachen mussten, weil der Hafen überfüllt war. Ich hatte meinen Rucksack längst gepackt. Wir waren angekommen.

XI Slalom auf dem Rio Negro

An meinem ersten Tag in Manaus dauerte es ein paar Stunden, bis ich damit zurechtkam, wieder festen Boden unter den Füßen zu haben. Fünf Tage auf einem Amazonasboot hatten meinen Gleichgewichtssinn beeinträchtigt. Ich brachte meinen Rucksack in ein Hostel und begann, diese Millionenstadt mitten im Urwald zu erkunden.

Wenn ich vor meinem Besuch irgendwo von Manaus gehört oder gelesen hatte, malte ich mir stets einen schwülen, von Pflanzen überwucherten Ort aus, der einen ständigen Kampf gegen den umliegenden Dschungel führt und Menschen beherbergt, die anderswo nicht geduldet waren. Eine gewisse Schwüle herrschte durchaus, doch ich befand mich in einer modernen brasilianischen Stadt mit Bürohäusern, Linienbussen und Einkaufszentren, die sich ihre ungewöhnliche Lage zumindest auf den ersten Blick nicht anmerken ließen.

Die hohen Torbögen, gusseisernen Balkone und verschnörkelten Stuckaturen mancher Häuser erinnerten an die Blütezeit des Kautschukbooms vor etwas mehr als hundert Jahren. Damals ist auch das Opernhaus entstanden, das berühmteste Gebäude von Manaus, das in den ersten Minuten des Filmklassikers *Fitzcarraldo* von Werner Herzog eine wichtige Rolle spielt. Seine bunte, mosaikbesetzte Kuppel hatte ich schon vom Schiff aus gesehen.

In einer Bäckerei mit ein paar Stühlen vor der Tür blätterte ich durch den Kartenteil meines Reiseführers. Ich stellte fest, dass ich den größten Teil meiner Tour von der Südspitze des Kontinents bis an seine nördliche Küste hinter mich gebracht hatte. Es waren nur noch wenige Wochen, bis ich in Caracas, der Hauptstadt Venezuelas, meinen Rückflug erreichen musste.

Zeit ist am Amazonas allerdings eine dehnbare Größe. Zweifellos hätte ich noch Monate damit zubringen können, die Wildnis zu erkunden, die sich von Manaus in alle Richtungen erstreckt und die nicht ganz so wild ist, wie es auf Karten den Anschein hat. Holzwirtschaft und Viehzucht machen auch vor versteckten Winkeln nicht halt, um ihre zerstörerischen Schneisen in den jahrtausendealten Wald zu schlagen. Nicht nur die Natur wächst in Brasilien wild, sondern auch die Wirtschaft.

Zunächst aber schaute ich mich in der Stadt um, in der eine angenehme, lebhafte Stimmung herrschte. Der Status als zollfreier Hafen und Sonderwirtschaftszone ermöglicht den Bewohnern gute Geschäfte und verschafft ihnen Jobs in den Fabriken der Elektro- und Autoindustrie. Am helllichten Tag beleben einkaufende Familien auch jene Gassen am Rio Negro, die abends als verruchtes Pflaster galten.

Hinter einem kleinen Park, in dem alte Männer Schach spielten und Skateboarder zu den Bässen aus einem lauten Gettoblaster ihre Kunststücke aufführten, entdeckte ich unter Zierbäumen den renovierten, früheren Palast des Provinzparlaments. Eine Tafel an der Fassade informierte darüber, dass fast ein Jahrhundert lang die Militärpolizei im Gebäude residiert habe und es nach einer langwierigen Renovierung erst vor wenigen Monaten als Kulturzentrum wiedereröffnet worden war.

An bunt angemalten tönernen Wachmännern vorbei betrat ich den gewölbten Durchgang des langen Palasts. An den Wänden hingen große Tableaus von Kämpfen gegen Indios und der Schlacht bei Canudos, für die auch der Bundesstaat Amazonien einige Brigaden gestellt hatte. Ich musste mich in eine Liste eintragen, dann durfte ich, ohne Eintritt zahlen zu müssen, durch die sechs oder sieben kleinen Museen streunen, die in dem Gebäude untergebracht waren. Die Klimaanlagen liefen auf Hochtouren.

Im oberen Stockwerk hing ein Gemälde mit farbigen Fischen von Roberto Burle Marx, dem brasilianischen Maler und Landschaftsarchitekten. Eigentlich ist Burle Marx weniger für seine Malerei bekannt als für Arbeiten wie das gewundene schwarz-weiße Pflaster der Copacabana, über das jeden Tag Tausende Menschen flanieren. Auch an den Regierungsgebäuden in Brasília hat er Spuren hinterlassen. Zwischen seinen Bildern hingen Stiche von Osvaldo Goeldi mit Szenen aus dem Alltagsleben im Amazonasgebiet.

Weniger künstlerisch ging es ein paar Räume weiter zu, wo Militär und Polizei des Amazonas über ihre Geschichte informierten. Zwischen alten Uniformen und Fotos von Großbränden und Leichen erzählten einige Tafeln die Geschichte des Professors und Journalisten Aristophan Antony, der während des Zweiten Weltkriegs in diesem Gebäude eingesperrt war. Die Machthaber unterstellten ihm fälschlicherweise, er sei ein Spion Hitlers. Ihr einziges Indiz war, dass er gut Deutsch sprach.

Brasilien hat im Zweiten Weltkrieg als einziges südamerikanisches Land Truppen gegen die Achsenmächte entsandt. Sie nahmen unter anderem an der blutigen Schlacht um Monte Cassino südlich von Rom teil. Erst einige Monate nach Kriegsende wurde Antony rehabilitiert, und heute ist in Manaus sogar eine Straße nach ihm benannt.

In den historischen Räumen standen alte, wertvolle Möbel und Büsten von Gouverneuren und Unabhängigkeitshelden. Die Studenten der *Universade Federal do Amazonas*, die als Praktikanten für das Museum arbeiteten, schienen sich darum zu streiten, wer mich durch die Ausstellung führen durfte, denn ich war der einzige Besucher. Die Mädchen kicherten, was nicht ganz zu der würdevollen Umgebung passte. Ich lächelte.

»Du musst vor allem den Parkettboden beachten«, informierte mich einer der Studenten. »Das helle und das dunkle Holz sollen das

Zusammenfließen von Rio Negro und Rio Solimões zum Amazonas symbolisieren. Das eine ist *acapu*, das andere *pau amarelo*, zwei Tropenhölzer, die bei uns in der Gegend wachsen.«

Seinen Text hatte der Student gut gelernt. Als er herausgefunden hatte, wo ich herkam, sprach er auf Deutsch weiter.

»Wo hast du das denn gelernt?«, fragte ich erstaunt.

»Hier an der Universität. Ich kann fünf Sprachen.« Damit war er eine große Ausnahme in einem Land, in dem die Lehrer sich bemühen, den ärmeren Schichten überhaupt Lesen, Schreiben und Rechnen beizubringen.

»Warst du denn schon einmal in Deutschland?«

»Nein, aber ich würde gerne hin. Von Goethe und Schiller habe ich schon fast alles im Original gelesen.«

»Nicht schlecht. Das können die wenigsten Deutschen von sich behaupten.«

Immerhin musste er heutzutage keine Angst haben, wegen seiner Sprachkenntnisse in eine der zwei steinernen, feuchten Gefängniszellen gesperrt zu werden, die er mir im Keller aufschloss. »Die waren in den Zeiten der Diktatur noch in Gebrauch«, flüsterte er, als dürfe uns niemand hören. »Angeblich gab es hier den einen oder anderen Todesfall.«

Mein Führer redete sehr viel, was mich zunehmend anstrengte. Nach einer halben Stunde flüchtete ich mich in die Cafeteria. Als ich das Gebäude verlassen wollte, nahm ich den falschen Ausgang und stolperte in eine archäologische Werkstatt hinein. Zwei Forscherinnen begrüßten mich herzlich, wieder musste ich mich ins Gästebuch eintragen.

»Dort hinten, da lagern die Knochen, die wir in der Kathedrale gefunden haben«, sagte eine von ihnen, die mich in den hinteren Teil des Raumes führte. »Sie ist zwar noch nicht so alt, aber auf dem Fundament einer Kirche aus dem 17. Jahrhundert erbaut. Bei den Renovierungsarbeiten vor ein paar Jahren wurden viele Grabstätten entdeckt.«

Tatsächlich lagerten dort hinten, aufgereiht an einer hohen Wand, in grauen Plastikkisten und nach Körperteilen sortiert, die Reliquien von Priestern und anderen hochrangigen Persönlichkeiten aus früheren Zeiten. Die kleinen Zettel mit ihren Nummern zur Identifikation der einzelnen Knochen sahen aus wie Preisschilder.

Besser gefiel mir das faustgroße, elefantenähnliche Tier aus Speckstein, das eine Kollegin unter dem Schein einer starken Halogenlampe gerade putzte. »Das haben wir in einer Ausgrabungsstätte in einer Indiogemeinde nordwestlich von Manaus gefunden«, erklärte sie. »Noch wissen wir nicht, wie alt es ist.«

Lange herrschte in Brasilien die staatlich gestützte Legende, dass von früheren Kulturen wegen des feuchten Bodens und des heißen Klimas kaum Überreste zu finden seien. Die Funde der vergangenen Jahre widersprechen dieser These, und immer wieder kommen erstaunte Meldungen, seit wie langer Zeit in bestimmten Regionen des riesigen Landes schon menschliches Leben existiert.

Ich hatte mich unter den Wölbungen des Palastes ausreichend abgekühlt und wagte mich wieder nach draußen. Dort schlug mir eine Hitzewelle entgegen, und ich setzte mich erst einmal auf eine Bank. Zu meinen Füßen war eine Erinnerungstafel an den *Clube da Madrugada* angebracht, den »Verein des Morgengrauens«. Der poetische Name bezeichnete einen morgendlichen Treffpunkt von Schriftstellern aus der Amazonasstadt, die in den Fünfzigerjahren an dieser Stelle unter einem Mulateiro-Baum zusammenkamen. Manche von ihnen seien später berühmt geworden, behauptete die Tafel.

Heute gibt es in der Gegend von Manaus nicht nur weniger Mulateiros, sondern auch weniger Dichter, vermutete ich. Zu sehr schien der Kommerz die Stadt zu dominieren. An der nächsten Straßenecke kaufte ich mir ein Eis aus Graviola, einer grünen, stachligen Frucht, die der Form nach einer Erdbeere ähnelt, aber so groß ist wie eine Wassermelone. Ihr weißes Fleisch hat einen erfrischenden, säuerlichen Geschmack.

Plötzlich ertönte ein Rauschen, und die Menschen um mich herum suchten Deckung. Sie kannten das Geräusch, das ein tropischer Sturzregen erzeugt, wenn er nur mehr ein paar Straßenblocks entfernt ist. Gerade hatte ich noch nach Schatten gesucht, jetzt brachen gewaltige Wassermassen herab. Ich freute mich über die Abkühlung. Erst als ich schon ziemlich nass war und der Wolkenbruch nicht aufhören wollte, flüchtete ich in ein nahe gelegenes Elektronikgeschäft. Sofort umringten mich zwei Verkäufer. Ich signalisierte, dass ich momentan weder Bedarf an einem Flachbildfernseher noch einer Spielkonsole hatte, sondern mich nur etwas umschauen wollte. Daraufhin blickten sie mich so streng an, dass ich Angst hatte, der Sicherheitsdienst würde mich sogleich des Ladens verweisen.

Ich gönnte mir nicht allzu viel Zeit auf festem Boden. Schon am nächsten Morgen begab ich mich zum Hafen, um ein Boot zu finden, das mich den Rio Negro hinaufbringen sollte. Danach durfte ich nicht in dem modernen Terminal suchen, in dem die Langstreckenschiffe ankommen und Touristenagenturen ihre teuren Tagesausflüge anbieten. Nein, ich musste an die schlichten Kais hinter dem viktorianisch verschnörkelten *Mercado Municipal*, in dem den ganzen Tag über Lärm, Trubel und Gestank herrschten.

Mein Plan war, an der Praia do Tupé, nicht allzu weit flussaufwärts von Manaus gelegen, eine Indianerkolonie und ein *caboclo*-Dorf zu besuchen. Der Begriff *caboclo* steht für Mischlinge aus Indios und Weißen, die im Amazonasgebiet leben. In brasilianischen Ohren klingt er zwar etwas abfällig, aber die Betreffenden benutzen ihn auch selbst. Er hilft ihnen dabei, auf ihre gemischte Abstammung eine stolze kulturelle Identität zu gründen, in der sich Elemente der christlichen Missionare mit indianischen Bräuchen mischen.

Eine trunkene Hafennutte, deren linke Brust zur Hälfte aus ihrem roten Oberteil heraushing, taumelte, jetzt, um neun Uhr morgens, aus einer Bar und stürzte mir in die Arme. Nach drei oder vier Gesprächen an der Hafenmauer hatte ich herausgefunden, dass weder an diesem noch an einem der nächsten Tage ein Schiff zu meinem Ziel ablegen würde. Ich begann, mit den Flusstaxis zu verhandeln, doch deren Preise waren zu hoch.

»Warte mal kurz hier«, forderte mich ein Mann in gelbem Shirt und mit sehr lückenhaften Zahnreihen auf, der mein Anliegen mitbekommen hatte. »Ich habe einen Freund, der könnte dir helfen.«

Ich tat, wie mir geheißen, und tatsächlich kam der etwas zwielichtig wirkende Typ wenige Minuten später mit einem dickbäuchigen Mann wieder, dessen sonnengegerbte Haut so aussah, als habe er sein ganzes Leben auf dem Fluss verbracht.

»Wo willst du hin? Nach Tupé? Machen wir, und zwar billig, das verspreche ich dir. Ich bin Valneio. Uns kannst du vertrauen.«

Er winkte zu einer Gruppe Jugendlicher, die im rotbraunen Sand standen und rauchten. Einer löste sich wie auf Befehl und näherte sich uns.

»Das ist Nel, mein Sohn, der bringt dich hin. Dort hinten liegt das Boot.«

Ich schaute in die angedeutete Richtung und sah nur einige mittelgroße Schiffe. Von ihnen sprach der Mann wohl kaum. Dann erst entdeckte ich die schmale Blechschale mit einem anachronistischen Außenbordmotor, die zwischen ihnen angetäut war. Ich dachte nicht lange nach, der Preis war anständig, und nach einem kurzen Halt an einer schwimmenden Tankstelle rasten Nel und ich auch schon auf dem dunklen Wasser des Rio Negro in nordwestliche Richtung. Amazonasmöwen begleiteten uns.

Schon bald sahen wir die Baustelle für die riesige Brücke, die Manaus mit einigen mittelgroßen Städten am Südufer des Flusses verbinden soll. Wir sausten zwischen zwei Betonpfeilern hindurch, die mindestens fünfzig Meter hoch in die Luft ragten. Ich brachte meine Kamera in Sicherheit, denn von allen Seiten spritzte Wasser ins Boot. Jedes Mal, wenn wir mit dem Bug auf die Wasseroberfläche krachten, knallte ich mit dem Hintern auf das harte Holzbrett, das mir als Sitz diente. Bald würde es brechen, fürchtete ich. Wir sprachen nicht, denn das Brüllen des kleinen Motors hätte ohnehin jedes Wort verschluckt.

Die Sonne brannte mir auf die Nase. Die Häuser von Manaus wurden immer kleiner und waren nach einer lang gezogenen Flussbiegung gar nicht mehr zu sehen. Am rechten Ufer flogen menschenleere Sandstrände vorbei, hinter denen dichtes Baumgeflecht aufragte. Ein Passagierschiff kam uns entgegen. Im Vergleich zu seiner großen Bugwelle zogen wir nur ein schmales Rinnsal durchs Wasser. Von Bord winkten uns ein paar Frauen und Kinder zu, ich winkte zurück. Um das Hängemattenlager hinter ihnen beneidete ich sie nicht.

Ich war ziemlich durchgeschüttelt, als wir endlich in einen Seitenarm des Rio Negro abzweigten und Nel den Motor abschaltete. Ein paar Meter trieben wir noch vor uns hin, dann knirschte es unter uns. Nel sprang von Bord und schob das Boot in den steinigen Untergrund hinein. Auf der Anhöhe vor uns lag eine einzige, träge Kuh im hohen Gras. Wir stiegen hinauf zu den ersten Häusern des Dorfes, das in vormittäglicher Stille lag.

Mein Fahrer, der erst sechzehn Jahre alt war, war vor mir hergelaufen und wandte sich nun zu mir um. »Hier wohnen mehrere *caboclo*-Familien. Die Kinder sind in der Schule und die Familienväter beim Fischen. Ich kenne zwar niemanden hier, aber vielleicht finden wir trotzdem jemanden, mit dem du reden kannst.«

Vor einer der Wellblechhütten saß eine Frau, deren tiefe Falten sie vermutlich älter aussehen ließen, als sie wirklich war. Mit einem Messer schnitt sie schmale Palmblätter der Länge nach durch und band die Streifen zu engen Bündeln zusammen.

»Was wird daraus?«, fragte ich sie.

Ohne aufzublicken, nuschelte sie eine Antwort, von der ich kein Wort verstand. Nel übersetzte in dialektfreies Portugiesisch.

»Das werden Fächer, die sie dann in der Stadt verkauft. Sehr gutes Material. Nimm mal eines der Blätter in die Hand und versuche, es durchzureißen.«

Das ging tatsächlich nicht. Die Fasern waren so dicht ineinander verwebt, dass ohne Messer nichts auszurichten war.

»Die größeren dieser Blätter werden benutzt, um Dächer abzudichten«, erklärte Nel.

Wir folgten einem immer schmaler werdenden Pfad, der aus dem Dorf hinaus in den Dschungel führte. Auf dem Boden lagen braune Hülsen von Früchten, die in etwa so groß wie Walnüsse und innen dunkelrot waren. Ich hatte sie noch nie gesehen, und auch Nel kannte ihren Namen nicht: »Hier gibt es so viele Pflanzen, das kann man sich nicht alles merken.« Ich überforderte den Jungen etwas, er war schließlich kein Fremdenführer.

Schon nach ein paar Hundert Metern lief mir der Schweiß von der Stirn, und mein Shirt war komplett durchgeschwitzt. Immer tiefer stiegen wir durch tiefes, feuchtes Laub und über dicke Wurzeln hinweg in den Dschungel hinein. Riesenfarne wucherten zwischen Sucuuba-Bäumen, deren Samen als Medizin benutzt werden, und hohe Sorvãos wuchsen über unseren Köpfen. Aus ihren Stämmen wird Latex gewonnen, das man zur Herstellung von Kaugummis braucht, aber auch als Erfrischungsgetränk verwendet.

Immer wieder flatterte und raschelte es in den Bäumen über uns, doch es gelang mir nicht, einen Blick auf die Tukane, Papageien und Affen zu erhaschen, die dort oben herumturnten. Mehrfach waren riesige Feigenbäume über den Weg gestürzt, und wir mussten uns einen Umweg durch das Dickicht am Wegesrand bahnen.

»Wo führt dieser Pfad eigentlich hin?«, fragte ich.

»Weiß ich nicht. Immer geradeaus«, antwortete Nel.

Nach einer weiteren halben Stunde kehrten wir um, weil wir uns nicht zu weit vom Dorf entfernen wollten. Einmal wählten wir an einer Gabelung, die wir auf dem Hinweg gar nicht bemerkt hatten, die falsche Abzweigung. Wir bemerkten es zum Glück rechtzeitig und machten kehrt.

Im *caboclo*-Dorf war es mit der Ruhe vorbei. Drei dunkelhaarige Jungs in kurzen, einheitlich grünen Shorts und weißen Hemden mit dem Aufdruck der *Prefeitura de Manaus* spielten zwischen den ersten Häusern Fußball. Ihre Bücher und Stifte lagen auf dem staubigen Boden. Eine Mutter hängte Wäsche zum Trocknen vors Haus. Zwei Männer zerrten Holz und Gestrüpp von einer Baustelle und verbrannten es. Die Flammen schlugen so hoch, dass sie beinahe die tief hängenden Stromleitungen erreichten.

In einem kleinen Kiosk wollten wir etwas zu trinken kaufen. Matheus, ein zahnloser Alter mit nacktem Oberkörper, hatte aber nur Speiseöl, Konservendosen und Streichhölzer vorrätig. Auch ihn verstand ich kaum. Immerhin bekam ich mit, dass er ziemlich stolz auf sein angeblich gut laufendes Geschäft war, trotz der geringen Warenvorräte.

»Er kommt aus der Nähe von Parintins und ist mit seiner Familie vor langer Zeit hinaufgezogen«, übersetzte Nel. »Sie leben gut hier. Für das Land, auf dem sie ihre Häuser errichtet haben, müssen sie nichts bezahlen. Wahrscheinlich gehörte es zuvor Indios.«

Die Landfrage ist am Amazonas ein heikles Thema, das schon so manches Menschenleben gefordert hat. Die entscheidende Konfliktlinie verläuft nicht zwischen Indios und *caboclos*, sondern zwischen den Großgrundbesitzern und der einfachen Bevölkerung. Noch bis weit ins späte vergangene Jahrhundert herrschten Zustände, die moderner Sklaverei entsprachen. Obwohl sie selbst den Grund nur selten gekauft, sondern sich einfach angeeignet hatten, verjagen die Fazendeiros auch heute noch Familien, die sich auf kleinen Parzellen ein eigenes kleines Auskommen schaffen wollen.

Seit einigen Jahren bekommt die Bewegung der Landlosen mehr politisches Gehör. Mit Übergriffen wie dem Mord am Kautschukzapfer und Aktivisten Chico Mendes in den Achtzigerjahren haben es die Grundeigentümer zu weit getrieben. Das größte Problem der Landwirtschaft am Amazonas betrifft dabei die Fazendeiros genauso wie die Kleinbauern. Anders als die ersten Siedler hofften, ist der Boden keineswegs so gut, wie das dichte Grün des Urwalds vermuten lässt, sondern nach kurzer Zeit erschöpft. Die traurige Lösung für das Problem ist, immer noch mehr Regenwald abzuholzen.

Zurück an unserem wackeligen Boot, war die Zeit für ein Vergnügen gekommen, auf das sich Nel vermutlich schon den ganzen Morgen freute. Kaum hatten wir auf dem Flussarm gewendet, unter meterhohen Sanddünen, schossen wir mit Vollgas in den Seitenarm hinein. Wie James Bond sausten wir über das Wasser, vorbei an ein paar Stegen und vereinzelten Häusern, bis uns nur noch grüner Wald umgab.

Tropenbäume wuchsen aus dem Wasser und machten unsere Fahrbahn immer schmaler. In den vielen Kurven lagen wir so schräg, dass mehrfach größere Mengen an Wasser in den Blechkahn schwappten. Nel schien die Sache als Sport zu betrachten. Im Slalom brausten wir zwischen hoch aufragenden Stämmen, schmalen Sträuchern und dichtem Schilf hindurch, das die Uferränder bedeckte.

»Und was machen wir jetzt?«, fragte ich Nel, als wir nicht mehr weiterkamen. Der Flussarm hatte sich als eine Sackgasse herausgestellt.

»Nichts. Wir kehren wieder um.«

Vollkommen sinnlos waren wir also mit dem von mir bezahlten Benzin durch die Wildnis geheizt, aber lustig war es schon. Nel wusste, warum er mir von seinem Plan nichts erzählt hatte. Dass wir der Natur damit keinen Gefallen getan hatten, stand außer Frage. Immerhin befanden wir uns nicht in unberührtem Regenwald, sondern in der Nähe besiedelter Gebiete, was die Sache geringfügig besser machte.

Auf dem Rückweg fuhren wir wieder an dem *caboclo*-Dorf vorbei und bogen flussaufwärts in den Rio Negro, der an dieser Stelle mindestens einen Kilometer breit war. Bald hielt Nel auf einen langen Steg zu, der hoch aus dem Wasser ragte – ein Hinweis darauf, dass die Pegelstände je nach Regenmenge um viele Meter schwanken können. An den Docks von Manaus hatte ich Flutmarken gesehen, deren höchste erst aus dem Vorjahr stammte. Dem Strich nach muss die Stadt ziemlich überschwemmt gewesen sein.

»Scheint außer uns niemand da zu sein«, sagte Nel, dessen dunkles, lockiges Haar von der schnellen Fahrt zerzaust war, als wir an dem Steg festmachten. »Nur die Indios. Hoffentlich freuen sie sich über uns.«

Zunächst schritten wir über einen breiten Strand, auf dem sich Flussalgen und Plastikmüll angesammelt hatten. Aus dem Sand ragten hellbraune, trockene Gräser. Ein Pfad führte uns einen steilen, dicht bewachsenen Hang hinauf. Bald umflatterte uns ein indigoblauer Schmetterling, der so groß war wie ein zerlaufenes Spiegelei.

Wir gingen an einer Abzweigung nach links und gelangten an ein großes Versammlungshaus, dessen Strohdach auf beiden Seiten fast bis zur Erde langte. Ein Schild über dem Eingang beschrieb den Ort als *Umuri Diro Mahsa*, womit weder Nel noch ich besonders viel anfangen konnten. Es war kein einziger Mensch zu sehen oder zu hören.

Zurück an der Weggabelung, nahmen wir den anderen Pfad und gelangten schließlich in das kleine Dorf, das wir suchten. Auf einer Lichtung im Wald drängten sich mehrere stabil wirkende Häuschen mit Holzverkleidung und Wellblechdächern. Drei zerzauste Hennen liefen gackernd um meine Füße. Von einer Klippe blickten zwei Frauen in Baströcken und nacktem Oberkörper über den Fluss hinaus. Eine von ihnen trug einen Säugling im Arm, mit einer Windel, die aus einem städtischen Drogeriemarkt stammen musste. Ein ebenfalls halb nackter Mann in mittlerem Alter kam auf uns zu und begrüßte uns.

»Willkommen bei uns im Dorf. Ich bin Thoamalu. Ihr könnt euch gerne umsehen.«

Zwischen den Hütten stand ein weiteres Versammlungshaus mit tiefem Schrägdach. »Das ist unsere *maloca*«, sagte Thoamalu. »Jedes Eingeborenendorf braucht eine *maloca* für seine Rituale. Dort stehen die Namen der Stämme, zu denen die Indios gehören, die hier wohnen.« Er deutete auf ein Schild über dem Eingang.

»Die meisten Familien stammen vom Oberlauf des Amazonas. Sie sind hierhergekommen, damit ihre Kinder in die Schule gehen können. Danach sollen sie vielleicht Arbeit im Handel oder Tourismus finden.«

Eine ältere Frau gesellte sich zu uns, behangen mit langen Ketten, die ihre nackten, hängenden Brüste nur unzureichend verdeckten.

»Das ist Josocamu, meine Ehefrau. Wir gehören dem Stamm der Desana an. Viele von uns leben inzwischen in Manaus, aber uns gefällt es hier draußen besser. Unsere vier Kinder wohnen im Dorf, wir haben auch mehrere Enkel. Dort vorne steht meine Schwiegertochter mit einem von ihnen.«

Thoamalu deutete zu der Klippe, auf der immer noch die beiden Frauen standen. »Wir bekommen später noch Besuch. Sie halten Ausschau.«

Josocamu sprach zu ihm ein paar Worte in einer mir unverständlichen Sprache.

»Das stimmt, wir müssen uns noch schmücken«, sagte Thoamalu, der eine Art Ortsvorsteher zu sein schien, zu uns. »Davor führe ich euch durchs Dorf, wenn ihr wollt.«

»Was bedeutet denn dieses Muster?«, fragte ich ihn. Auf beiden Seiten des Eingangs zur *maloca* schlängelten sich zackige, weiße Linien mit gelben Kreisen und schwarzen Punkten übers Holz, die wie große, runde Augen eines wilden Tieres aussahen.

»Das ist unser Transformationskanu«, erläuterte der Chef, der mir kaum bis zur Brust reichte. »Wir Eingeborenen leben in einer ersten und in einer zweiten Welt. Die erste ist unsere spirituelle Heimat, aus der wir kommen. Die zweite ist die Welt der Gegenwart, in die wir geboren werden. In dieser großen Kobra, die uns als Kanu auf dem Fluss der Ewigkeit dient, reisen wir von einer Welt zur anderen. Die Kreise stellen die einzelnen Seelen dar, die im Bauch der Kobra in die gegenwärtige Welt gelangen.«

Wir betraten die *maloca*, und es dauerte eine Weile, bis meine Augen sich an das Halbdunkel gewöhnt hatten. Linker Hand hatten die Indios für sporadische Besucher wie uns einen Stand mit Armbändern aus bemalten Fruchthülsen, geschnitzten Masken und traditionellen Flöten aufgebaut. Ich kaufte eine Kette für Sandra. Jetzt war mein Weg nicht mehr weit, und das Risiko sank, dass ich ein Mitbringsel verlieren würde.

»Früher haben alle Familien gemeinsam in der *maloca* gewohnt«, berichtete Thoamalu. »Heute nutzen wir sie vor allem, um weißen Besuchern die indigene Kultur zu zeigen, unsere Tänze und Rituale. Nur wenn sie uns verstehen, werden sie uns respektieren. Auch feiern wir hier Geburten, Hochzeiten und die Initiation junger Männer oder die erste Monatsblutung unserer Mädchen. Außerdem dient uns dieser große Raum als Medizinstation, in dem wir mit Kräutern und Mixturen unsere Kranken behandeln. Ich hoffe, dass wir unsere Traditionen für spätere Generationen erhalten können.«

Der Dorfvorsteher sprach wie ein Medienprofi. Offenbar hatte er die Geschichte schon mehreren Journalisten und Kamerateams erzählt, die hier vorbeigekommen waren.

»Da habt ihr ja viel zu feiern«, merkte ich an.

»Ja, und das ist noch nicht alles. Wenn jemand stirbt, wird er hier aufgebahrt. Die Familie tanzt um den Toten. Wir erzeugen Dämpfe aus halluzinierenden Pflanzen, die ihm den Weg zurück in die erste Welt leichter machen.« Kurz schwieg Thoamalu, als überlege er, ob er ein Geheimnis verraten solle.

»Dann gibt es noch unser heiliges Ritual, bei dem nur Männer zugelassen sind, keine Frauen und Kinder. Es dauert zwölf Stunden und ist dazu bestimmt, dass die Götter sich in uns verkörpern können. Um das zu ermöglichen, nehmen wir ein Getränk mit Ayahuasca zu uns, das ist eine Art Droge, wie ihr wohl sagen würdet. Wir haben bestimmte heilige Instrumente, die dürfen nur in dieser Nacht gespielt werden.«

»Ladet ihr zu diesem Ritual auch Gäste ein? Dürfen sie probieren?«

»Ja, aber sie müssen sich gut vorbereiten. Wenn du es machen willst, solltest du dir ein paar Tage Zeit nehmen, um hier zu wohnen und mit uns über die Erfahrung zu sprechen, die du machen wirst. Wir passen während des Rituals gut auf dich auf. Wenn der Körper nicht an die Wirkstoffe gewohnt ist, kann es sehr intensiv werden.«

Ich überlegte kurz und sah mich schon halluzinierend in der *maloca* liegen, mit Speichel um den Mund. Als ich mir dieses Bild vor Augen führte, beschloss ich, die Erfahrung auf eine spätere Reise zu verschieben. Mir erschien die Gefahr zu groß, dass ich in diesem Dorf hängen bleiben und meine weiteren Pläne aufgeben müsste. Am meisten fürchtete ich aber wohl den Kontrollverlust, den das

Ayahuasca verursacht und der mich durch das Dorf taumeln lassen würde.

»Es wirkt sehr schnell, oder?«, fragte ich.

»Allerdings. Es dauert drei Minuten, bis der Wirkstoff ins Gehirn geht«, berichtete Thoamalu. »Man torkelt und fällt, weil der Orientierungssinn verloren geht. Dann beginnt die Reise in die erste Welt, wo jeder seine Ahnen treffen kann, wenn er möchte.« Meine Ahnen mussten sich also noch ein wenig gedulden, bevor wir uns wiedersehen würden.

Hinter uns waren plötzlich Flötenklänge zu hören, die sich in der immer gleichen Tonalität bewegten. »Das sind meine Neffen, die üben für unseren Tanz. Auch diese Flöten aus Bambus und Holz, wir nennen sie *tarizi*, sind heilig. Sie verkörpern unsere Geister und stellen die Verbindung zur ersten Welt dar. Irgendwann werden wir alle dorthin zurückkehren.« Thoamalu entschuldigte sich: »Wir müssen uns noch bemalen.«

Nel hatten die Erklärungen gelangweilt. Er war nach draußen gegangen und saß auf einer Bank in der nachmittäglichen Sonne. Auch wir mussten bald zurück in unsere erste Welt, wenn auch eine, die deutlich weniger geheimnisvoll war als jene der Desana.

Ich schaute noch die letzten Proben für die Tanzdarbietung an, bei der Männer mit buntem Kopfschmuck und bunt bemalte Frauen sich mit verschränkten Armen durch die *maloca* bewegten, dann verabschiedeten wir uns und stiegen hinab zum Boot.

Zurück in Manaus, las ich auf einem Plakat, dass am nächsten Abend in der Oper die Gewinner eines internationalen Nachwuchswettbewerbs für Pianisten ein Preiskonzert geben würden. Das war eine gute Gelegenheit, das berühmte Haus mit seiner bunten Kuppel zu besuchen.

Zwar hatte ich keine operntaugliche Kleidung in meinem Gepäck, doch als ich im Poloshirt und mit Trekkingschuhen in der Warte-schlange stand, beruhigte mich ein kurzer Rundblick: Außer Sanda-len und ärmellosen Oberteilen war alles erlaubt, einige Männer tru-gen sogar Shorts und die Frauen sehr luftige Blusen. Es war schon dunkel geworden, und grelle Scheinwerfer strahlten die rosafarbene Fassade an.

Erst in den Neunzigerjahren hat das Theater wieder sein opulen-tes Aussehen zurückbekommen. Zuvor hatte es ebenso wie die ganze Stadt einen jahrzehntelangen Niedergang erlitten. Die Schuld daran geben die Menschen bis heute einem britischen Abenteurer namens Henry Wickham, der im Auftrag der Krone Tausende Samen des Kautschukbaums *Hevea brasiliensis* nach London schmuggelte. Dort gediehen die Keimlinge in Gewächshäusern und wurden schließlich erfolgreich in britischen Kolonien auf der Malayischen Halbinsel an-gebaut. Binnen weniger Jahre verdrängte der billige Kautschuk aus Asien den brasilianischen vom Weltmarkt.

Im Auditorium blickte ich um mich. Das Bedürfnis der Kau-tschukbarone nach Kultur und Luxus westlichen Ursprungs muss enorm gewesen sein. Marmor, Samt und Intarsien hatten sie eigens vom alten Kontinent nach Manaus schiffen lassen. Das Theater sollte den Opernhäusern in Paris oder Mailand in nichts nachste-hen.

Am oberen Ende der Säulen, die zwischen den Logen aufragten, hielten steinerne Fratzen ovale Tafeln in Samtoptik, auf denen in gol-dener Schrift große Namen der europäischen Kunst- und Geistes-geschichte zu lesen waren: Shakespeare, Corneille, Goethe, Verdi, Schiller und Mozart. Kein einziger Denker oder Künstler vom amerikanischen Kontinent war vertreten. Nur über dem schweren Vorhang leuchtete der Name von Eduardo Ribeiro, dem Gouverneur, der Amazonien zur Zeit des Opernbaus regierte.

An der Decke tanzten die Musen rund um den schweren Kronleuchter, verteilt auf vier Felder, von denen nur drei restauriert waren. Eine asiatische Pianistin betrat die Bühne und spielte eine Suite von Johann Sebastian Bach. Das offenbar nicht an klassische Konzerte gewöhnte Publikum klatschte in die Pause zwischen zwei Sätzen hinein, was die junge Frau hörbar aus dem Konzept brachte. Sobald sie ihre Konzentration wiedergefunden hatte, erfreute ich mich sehr an ihrem leichten Spiel.

Die folgenden Auftritte fielen im Vergleich dazu etwas ab, sodass ich das Theater in der Pause verließ. Auf der gegenüberliegenden Straßenseite trank ich ein Bier in der Kneipe eines Sambaclubs. Wieder schauten Fratzen auf mich hinab, diesmal aber aus Gips gefertigt und nach Karnevalsumzügen aufgehängt. Ich blickte durch den Schankraum, in dem viele fröhliche Gruppen dicht gedrängt an den Tischen saßen, und fühlte eine gewisse Melancholie in mir aufsteigen. Bald würde ich Brasilien verlassen.

Am nächsten Abend packte ich meine Sachen, um meine letzte lange Nachtbusreise nach Norden anzutreten. In Boa Vista, der Hauptstadt des Bundesstaates Roraima, wollte ich einen Zwischenstopp einlegen, um dann von der venezolanischen Seite den Tafelberg zu besteigen, der genau auf der Grenze zwischen den beiden Ländern liegt.

»Nachts dürfen nur Busse auf der Straße fahren, keine Privatautos«, informierte mich der Taxifahrer, der mich zum Busterminal brachte. »Sie führt mitten durch ein Reservat der Waimiri-Indianer, und die sind nicht als sonderlich friedliebend bekannt.«

»Was heißt das?«

»Als in den Siebzigerjahren der Wald für die Straße abgeholzt wurde, haben sie heftig dagegen protestiert und sogar Giftpfeile auf die Bautrupps abgeschossen. Viele Arbeiter sind daran gestorben, ebenso wie Soldaten, die sie beschützen sollten. Tagsüber darf man die Straße zwar befahren, aber nicht auf dem Gebiet der Waimiri anhalten.«

Das Terminal lag etwas außerhalb der Stadt, sodass wir mehrere Kilometer an Schnellrestaurants, Tankstellen und Einkaufszentren vorbeifahren mussten. Der Anblick erinnerte mich an die gesichtslosen Randgebiete nordamerikanischer Städte.

»Wenn du wieder nach Manaus kommst, melde dich bei mir«, sagte der Fahrer und reichte mir seine Visitenkarte. »Dann lade ich dich zu einer Aufführung ein.«

Auf der Karte war das Gesicht eines Zauberers mit Zylinder abgebildet. Darunter stand nicht sein bürgerlicher Name, sondern nur der Hinweis auf »Cocoloco – aufregendster Magier Amazoniens. Vorstellungen auf Anfrage. Jederzeit.«

Nach Nancys Sohn in Río Grande und einem Mann, der mich in Montevideo auf der Straße angesprochen hatte, um mich in sein kleines Theater zu locken, war das schon der dritte Zauberer, der mir auf meiner Reise begegnete. Steckte dahinter eine Botschaft? Wenn ja, musste ich wohl erst mein Bewusstsein in andere Sphären heben, um sie zu entschlüsseln. Kaum hatte ich darüber nachgedacht, kam auch schon das entsprechende Angebot.

»Ich gehöre der Sekte von Santo Daime an«, sagte mein Fahrer. »Alle zwei Wochen treffen wir uns in einem Wald hinter dem Flughafen, um Ayahuasca einzunehmen und in Trance zu verfallen. Du kannst gerne mitmachen, wenn du wieder in der Gegend bist. Es sind einige Fanatiker dabei, aber mir ist die Religion nicht so wichtig.«

»Warum machst du dann mit?«

»Weil dieses Drogenerlebnis wirklich toll ist. Du bewegst dich in eine andere Welt und vergisst die Alltagssorgen. Trotzdem macht es nicht süchtig.«

So langsam glaubte ich, dass eine höhere Instanz den Genuss dieses Mittelchens für mich vorgesehen hatte, und wenn nicht jetzt, dann später.

»In der Zeitung habe ich gelesen, dass die Regierung Ayahuasca verbieten will«, erinnerte ich mich.

»Das mag sein, aber es wird nicht gelingen. Am Amazonas ist es viel zu wichtig, sowohl für die Indios als auch für uns *caboclos*. Es gehört zu unserer Kultur.«

Fünf Minuten vor Abfahrt des Busses erreichten wir das Terminal. Ich verabschiedete mich von Cocoloco, nachdem er mir das Versprechen abgerungen hatte, mich bei ihm zu melden, wenn ich wieder einmal ins Amazonasgebiet kommen sollte.

An einem Kiosk kaufte ich noch schnell eine Flasche Wasser und ein Sandwich, bevor ich meinen Rucksack einem Träger reichte, der ihn in einem der großen Fächer des grün und weiß lackierten Busses verstaute, und ging an Bord. Nur noch mein Platz war frei. Schon jetzt herrschte sehr schlechte Luft, und ich freute mich auf den Fahrtwind.

XII Planet der schwarzen Frösche

Nach einer unruhigen Nacht in dem Bus ohne Klimaanlage auf einer schlechten Straße erreichte ich Boa Vista, die nördlichste Stadt Brasiliens. In meinem Notizbuch suchte ich nach der Nummer von Bianca, dem studierenden Teilzeitmodel, das ich auf dem Weg in den Pantanal kennengelernt hatte und bei dessen Schwager in Campo Grande ich das beste Steak meiner bisherigen Reise essen durfte. Sie hob sofort ab.

»Robert, wie schön, dass du dich meldest! Wo bist du denn?«

»Wahrscheinlich nur ein paar Kilometer von dir entfernt, im Busterminal von Boa Vista.« Ich wusste, dass noch Semesterferien waren und Bianca deshalb nicht an der Universität in Manaus war, sondern bei ihrer Familie.

»Warte eine halbe Stunde, dann hole ich dich ab.«

Es waren kaum zehn Minuten vergangen, als Bianca in einem weißen Kleinwagen vorgefahren kam und aus dem Fenster winkte. Wir gaben uns die obligatorischen Begrüßungsküsse, ich lud meinen Rucksack ein, und wir fuhren los.

»Lass uns erst mal einen Kaffee trinken gehen«, schlug sie vor. »Du willst sicher auch etwas frühstücken. Danach fahren wir zu uns, und du kannst es dir gemütlich machen. Meine Mutter richtet gerade ein Zimmer für dich her.«

Neugierig schaute ich hinaus. Wenn Manaus schon abgelegen ist, was ist dann Boa Vista? Es liegt mehr als dreitausend Kilometer von São Paulo entfernt, dem wirtschaftlichen Zentrum Brasiliens, und deutlich über zweitausend Kilometer von der Hauptstadt Brasília. In nördliche Richtung besitzt es eine Straßenverbindung nach Venezuela, in südliche Richtung nach Manaus, von wo aus es nur per Schiff oder Flugzeug weitergeht. Alle anderen Routen verlieren sich im Dschungel oder im Bergland von Guyana, der früheren britischen Kolonie, in der noch heute Englisch die Amtssprache ist und deren Grenze nur eine Fahrstunde entfernt liegt.

Der Stadt sieht man diese ungewöhnliche Lage nicht an, sie wirkt mit ihren frisch geteerten, breiten Alleen und ihren gepflegten Parks sogar moderner und sauberer als viele Orte im dicht besiedelten Süden des Landes. Errichtet wurde Boa Vista in den Vierzigerjahren, als immer mehr Indios ihre traditionelle Lebensweise aufgaben und Anschluss an die Zivilisation suchten. Zugleich lösten Goldfunde in der Gegend einen Wirtschaftsboom aus.

Wir hielten vor einer eleganten Boutique, in die ein Café integriert war. Eine Verkäuferin begrüßte uns überschwänglich.

»Manchmal kaufe ich hier ein«, sagte Bianca, »aber eigentlich ist es mir zu teuer. Bei der Eröffnungsfeier bin ich hier über den Laufsteg flaniert. Ein paar Sachen durfte ich behalten.«

Ungewaschen und übermüdet, kam ich mir in der Boutique etwas fehl am Platz vor. Auch überkam mich jenes Gefühl der Erschöpfung, das auf langen Reisen manchmal eintritt: Der Speicherplatz für neue Eindrücke in meinem Gehirn war vorübergehend erschöpft. Ich brauchte ein paar ruhige Stunden, um meine Erlebnisse zu sortieren, sie zu Erinnerungen werden zu lassen, und um darüber nachzudenken, wie sehr sie mich beeinflusst und verändert hatten.

Bianca hatte dafür Verständnis. »Du kannst dich heute Nachmittag bei uns ausruhen. Abends gehen wir dann mit meinen Freunden in eine Kneipe, die sind alle schon begierig darauf, dich kennenzulernen.«

In einem Sportgeschäft kaufte ich mir Wandersocken und Sonnenmilch für die Besteigung des Roraima, die ich zwei Tage später angehen wollte. Danach fuhren wir zur langen Brücke über den Rio

Branco, von der sich der Blick auf ferne Gebirgszüge öffnete. Zwischen den Sandbänken lagen verrostete Kähne und Überbleibsel von Hafenanlagen. Der Fluss schlängelt sich von hier durch das Gebiet der Yanomami-Indianer hinab zum Rio Negro, doch wurde er als Transportweg aufgegeben, weil die Strecke zu weit und deshalb unwirtschaftlich geworden ist.

»Wenn es sehr warm ist, treffen wir uns abends oft mit ein paar Leuten auf dieser Insel.« Bianca deutete hinaus auf den Fluss. »Man kann mit einer Fähre übersetzen und kommt im Dunkeln wieder zurück. Sehr romantisch.«

»Warum sind deine Eltern eigentlich so weit in den Norden gezogen?«, fragte ich sie.

»Das ist schon eine ganze Zeit her. Sie haben sich überhaupt erst in Boa Vista kennengelernt. Ich bin genauso wie meine Geschwister hier geboren. Es ist also meine Heimat.«

Zum Mittagessen trafen wir sie alle, Biancas Eltern, ihren Bruder Jagú und ihre Schwester Liliana, die ich schon aus Campo Grande kannte. Wir gingen in eine Art öffentliche Kantine, in der es für einen Real ein komplettes Mittagsmenü aus paniertem Fisch mit *vatapá*, einer Art Krabbenpüree, gab. Frauen mit Plastikhandschuhen häuften dazu Reis und eine schwere Nachspeise auf die Teller, was mich an die Universitätsmensa in München erinnerte. Große Werbeplakate der Staatsregierung an den Wänden feierten Erfolge in der Landwirtschaft und der Energieversorgung.

Biancas Vater fragte mich über den Tisch hinweg aus.

»Wie alt bist du jetzt noch mal? Was machst du beruflich? Warum sprichst du Portugiesisch?«

Es hörte sich an, als wolle er wissen, ob ich als Umgang für seine Tochter geeignet sei. Mein Alter wollte er mir nicht glauben. Das war mir zuletzt oft so gegangen, scheinbar wirkt das Leben als Backpacker äußerlich verjüngend. Innerlich fühlte ich mich an diesem Tag

Sonnenuntergang über dem Amazonas: Entlang des Flusses gibt es kaum mehr unberührten Dschungel, dafür viele Viehweiden und Holzplantagen.

Schiffe wie die Novo Aliança auf dem Rio Negro sind die wichtigsten Transport-mittel im Amazonasgebiet.

Fünf Tage im Hängemattenlager: Von Belém an der Amazonasmündung bis Manaus reise ich auf dem sehr beengten Zwischendeck der Cisne Branco.

An der Praia do Tupé besuche ich ein Dorf der Indios, die aus tief im Dschungel gelegenen Dörfern hergezogen sind und weitgehend vom Tourismus leben.

An den Rändern fast aller Städte Brasiliens sammeln sich die Armen in Barackensiedlungen, wie hier an den Hängen von Manaus.

Der Kukenán ist noch schwieriger zu besteigen als sein Nachbarberg, der Roraima: Nur ein schmaler, steiler Felspfad führt auf das Tableau mit seinen bizarren Felsformationen.

In der Stadt Manaus hausen Menschen in verfallenen Kolonialbauten.

Friseursalon in einem Dorf bei Mérida: Venezolanischen Frauen wird nachgesagt, dass sie sich besonders ausgiebig der Schönheitspflege widmen.

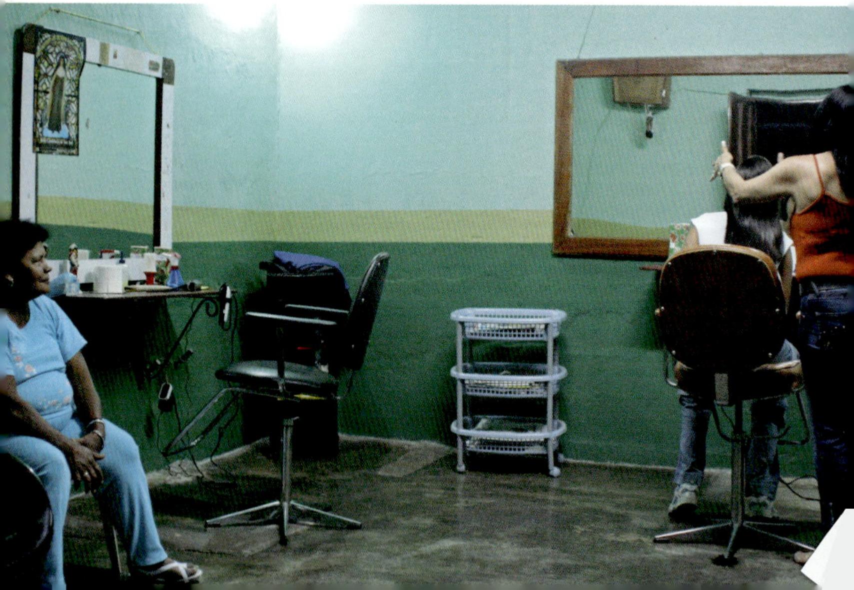

Alexander von Humboldt entdeckte die Verbindung zwischen den Flusssystemen des Orinoco – hier die Stromschnellen bei Puerto Ayacucho – und des Amazonas.

In dieser illegalen Goldmine in der Nähe von El Dorado verschaffen die Männer sich mit harter Arbeit ein kärgliches Auskommen.

»Wir gewinnen« – oder eben nicht: Die Revolution von Hugo Chávez
ist gescheitert. Auch die sozialistische Heldenverehrung kann Armut und
Kriminalität nicht verbergen.

eher gealtert. Ihr Vater schien offensichtlich zu bedauern, dass der Altersunterschied zwischen Bianca und mir so groß war.

Wir beide lächelten uns zu. Zwar waren wir uns sympathisch, aber wir wussten voneinander, dass wir Partner hatten und keine weiteren Absichten hegten.

Noch durfte ich mich nicht ausruhen. Die ganze Familie und ich statteten Biancas Großmutter einen Besuch ab, deren Vater wiederum aus Deutschland eingewandert war. Sie hatte ein paar deutsche Sätze behalten und verstand mich ziemlich gut. Ihre beiden Hunde sprangen an mir empor, als wären wir alte Freunde.

Jetzt freute ich mich wirklich auf eine Rast. Jagú hatte sein Zimmer für mich geräumt und die Klimaanlage auf die höchste Stufe geschaltet. Ich streckte mich im bequemsten Bett seit vielen Wochen aus und schlief auf der Stelle ein.

Als Bianca mich weckte, kam es mir vor, als hätte ich eine ganze Nacht hinter mir. Ein Blick auf meine Plastikuhr zeigte mir, dass es neun Uhr abends war.

»Komm, wir müssen los! Meine Freunde warten schon.«

Der Abend wurde sehr lustig. Zu Biancas Freundeskreis gehörten zwei Brüder, ein Rechtsanwalt und ein Ökonom, die mit Vornamen Gorbatschow und Maradona hießen. Brasilianer sind sehr einfallsreich, wenn es darum geht, wie sie ihre Kinder nennen. Gesetzlich erlaubt ist fast alles, oft bilden die Eltern ganz neue Buchstabenkombinationen, die dann etwas komisch aussehen, aber schön klingen.

Gegen Mitternacht kam auch Biancas Freund. »Wir kennen uns noch nicht sehr lange, aber er ist wirklich sehr lieb«, hatte sie mir bereits berichtet. Der junge Mann hieß Luíz und war Biologe. Wegen eines Forschungsprojekts hielt er sich für einige Wochen in Boa Vista auf.

»Ich studiere mit meinem Team eine einzige Frucht. Sie heißt Camu-Camu und ist selbst im Dschungel nur schwer zu finden«, erzählte er. »Wir vermuten, dass sie gesünder als jede andere Pflanze ist, die wir kennen. Sie enthält sehr viel Ascorbinsäure und Eisen.«

»Manchmal nennt er mich Camu-Camu«, unterbrach Bianca lächelnd, »weil ich mich angeblich so rar mache. Dabei stimmt das gar nicht. *Er* ist ständig unterwegs«

Es war schon zwei Uhr morgens, als Luíz uns in seinem Jeep nach Hause brachte.

»Ich fahre noch mit ihm mit«, ließ Bianca mich wissen. »Falls morgen meine Eltern fragen sollten, dann sag bitte, dass ich mit dir heimgekommen sei.«

Draußen hatte es noch in der Nacht nahezu dreißig Grad. Ich schlief in Jagús kühlem Zimmer tief und wachte erholt auf. Die befürchtete Frage der Eltern blieb beim Frühstück aus. Ich bemühte mich dennoch, im Vergleich zu Biancas Augen und ihrer schläfrigen Stimmung nicht allzu ausgeschlafen zu wirken, um keinen Verdacht zu erregen. Die ganze Familie verabschiedete mich vor der Tür, bevor Bianca mich am Busterminal absetzte. Ich sah, dass sie sich eine Träne aus dem Augenwinkel drückte. Venezuela lag vor mir, das vierte und letzte Land auf meiner langen Reise.

Drei Stunden später stieg ich in Pacaraima aus, dem letzten Dorf auf der brasilianischen Seite. Längst befand ich mich nicht mehr im Regenwald, sondern in einer trockenen, hellbraunen, manchmal ziegelroten Savanne. Am dunkelblau gestrichenen Grenzposten wies ein Schild darauf hin, dass die Beamten gerade Mittagspause machten. Meinen Ausreisestempel würde ich in frühestens zwei Stunden bekommen. Ich setzte mich auf eine Bank in den Schatten und zog mein Notizbuch aus dem Rucksack, um einige Gedanken zu notieren.

Manche Gegenden Venezuelas kannte ich von einer vierwöchigen Rundreise mit Sandra, die wir ein Jahr zuvor unternommen hatten. So begeisternd schön das Land ist und so freundlich seine Einwohner uns damals erschienen, so erschreckend wirkte auf uns, wie Präsident Hugo Chávez sein Land wirtschaftlich zugrunde richtet. Der Boom, den sich viele Ausländer erhofften, die schöne Posadas an den Stränden, im Bergland oder der Savanne eröffnet haben, ist ausgeblieben.

Die Regierung ist mit ihrer sozialistischen Revolution so sehr beschäftigt, dass sie die Kriminalität ignoriert. Oft ist ein Menschenleben nicht mehr wert als ein Handy. Die Hauptstadt Caracas ist der Statistik nach die kriminellste Stadt der Welt, nirgendwo kommen mehr Menschen gewaltsam zu Tode. Zwar spielen sich die schlimmsten Verbrechen in den Armenvierteln ab, aber auch für Touristen gilt Venezuela längst nicht mehr als sicheres Reiseland.

Ob sich die Lage wohl innerhalb der vergangenen zwölf Monate etwas gebessert hat? Als ich nach der brasilianischen Mittagspause mit meinem schweren Rucksack zwei Kilometer die Straße entlang zur Grenzstation auf der anderen Seite ging, nahm ich mir vor, genau darauf zu achten. Vielleicht hatte Venezuela vom Aufschwung im großen Nachbarland profitiert?

Ich drehte mich noch einmal um und sah die brasilianische Flagge auf einem Hügel wehen, als wolle sie sich von mir verabschieden. Einen Teil meines Herzens hatte ich in diesem riesigen, verrückten, verwirrenden Land gelassen und würde irgendwann dorthin zurückkehren. Ich ahnte, dass es eine Lebensaufgabe ist, Brasilien wirklich kennenzulernen, jenseits der Klischees von Samba, Fußball und Zuckerhut.

Jetzt aber stand die moderne venezolanische Grenzstation vor mir, die mindestens zehnmal so groß war wie der Posten auf der brasilianischen Seite. Von Plakaten grüßten der Gouverneur des Staates Bolívar und natürlich, wie sollte es anders sein, Hugo Chávez persönlich. Meinen Pass stempelte ein freundlicher, älterer Herr in ziviler Kleidung, und das geschah unter gleich drei Porträts des Präsidenten. Chávez wurde zwar demokratisch gewählt, aber er hat sich die Stimmen der Armen mit Beschäftigungsprogrammen und Hilfszahlungen erkauft, die kurz vor den Wahlterminen ihren größten Umfang erreichten.

Während meines ersten Aufenthalts stand gerade das Referendum über eine Verfassungsänderung an, die Chávez die unbegrenzte Wiederwahl ermöglichen sollte. Noch wenige Wochen vor der Abstimmung gaben Umfragen ihm keine Chance. Auf einmal aber waren im ganzen Land Menschen mit roten Shirts der Chávez-Partei PSDV und dem Aufdruck »Sí!« zu sehen, die gegen Tagelöhne die Straßen reinigten, Pflanzen zurückstutzten oder öffentliche Gebäude frisch anstrichen. Das half, Chávez gewann.

Hinab nach Santa Elena musste ich mangels Busverbindungen ein Taxi nehmen, eine Fortbewegungsart, die hier im Vergleich zu Brasilien äußerst günstig ist. In der Ferne sah ich die ersten *tepuís*, die Tafelberge der Gran Sabana, deren höchsten, den Roraima, ich besteigen wollte. Genau auf der Grenze von Venezuela, Brasilien und Guyana gelegen, führt der einzige Weg auf sein nach allen Seiten stark abfallendes Felstableau über venezolanisches Gebiet. Viele Mythen und Sagen ranken sich um den Berg, der Sir Arthur Conan Doyle zu seinem Roman *Die vergessene Welt* inspirierte. Die Dinosaurier, Affenmenschen und das schreckliche Monster Curupuri, die der britische Schriftsteller dort oben ansiedelte, wurden allerdings bis heute nicht gesichtet.

Wir kamen an einem Baseballfeld vorbei, auf dem Jugendliche gerade ein Spiel austrugen. Das dumpfe Geräusch eines Schlägers, der den Ball trifft, klang durchs offene Fenster, und ich zog den Kopf ein.

»Baseball ist so eine Art Nationalsport hier, oder?«, fragte ich den Taxifahrer.

»Ja, habe ich früher auch gespielt. Es gibt eine richtige Profiliga in Venezuela. Wenn die Endspiele laufen, sitzen alle vor dem Fernseher.«

Die Begeisterung für diesen Sport ist ein Hinweis darauf, wie nahe Venezuela einst den Vereinigten Staaten stand. Erst unter Chávez begann die Regierung, den mächtigen Partner im Norden zu diskreditieren. Dass die Ölgeschäfte mit den ungeliebten Kapitalisten immer noch bestens laufen, darüber spricht er nicht.

Am Ortseingang standen große Werbetafeln für »Cafe Madrid – der beste der Welt«. Das waren Überbleibsel aus einer anderen Zeit, wie ich feststellen musste, als ich meinen Proviant einkaufte: Kaffee gab es überhaupt nicht, Reis, Nudeln und Speiseöl waren auf eine Packung pro Haushalt rationiert. Für meinen fünftägigen Treck reichte das, aber größere Familien haben in Venezuela ein Problem. Längst ist eine Tauschwirtschaft entstanden, und Waren werden aus Brasilien oder Kolumbien ins Land geschmuggelt.

In Santa Elena leben vor allem Pemón-Indios und Gringos, die sich um abenteuerlustige Touristen kümmern. In einer Agentur buchte ich einen Bergführer. Es ist gesetzlich verboten, die Tafelberge zu besteigen. Sie liegen in einem Nationalpark, der zugleich als militärische Schutzzone geführt wird. Inzwischen werden Wanderer toleriert, aber nur, wenn sie von einem ortskundigen Führer begleitet werden.

Die meisten Bergsteiger gehen in größeren Gruppen und lassen ihre Ausrüstung von Pemón tragen. Ich buchte einen Führer nur für mich, um die Natur genießen zu können, ohne von lauten Backpackern aus Boston, Brighton oder Bielefeld gestört zu werden, die sich die Zusatzkosten für einen englischsprachigen Führer sparen wollten und mich als Übersetzer missbrauchen würden. Mein Gepäck wollte ich fünf Tage lang selbst schleppen.

Schon auf den ersten Metern, die ich am nächsten Tag mit Andrés durch das hohe Gras der Savanne stieg, ahnte ich, dass diese Entscheidung mutig war. Zwölf Kilo bei fünfunddreißig Grad Celsius durch schattenloses Gebiet bergauf zu tragen, das versprach anstrengend zu werden.

»Mach dir keine Sorgen, der Rucksack wird nach jeder Mahlzeit leichter«, tröstete mich Andres, der bisher kaum etwas gesagt hatte.

Hinter uns sahen wir noch die letzten Lehmhütten von Paraitepui, dem Ausgangspunkt der Tour. Ein Jeep hatte uns dorthin gebracht.

»Von was leben die Menschen dort eigentlich?«, fragte ich den missmutigen jungen Mann.

»Manche haben Vieh und bauen etwas an, aber inzwischen arbeiten fast alle als Träger. Es werden immer mehr Menschen, die den Roraima besteigen wollen, da herrscht großer Bedarf. Früher war das anders«, ergänzte Andrés, der selbst ein Pemón war. »Da wollten die Leute hier im Dorf mit den weißen Forschern und Abenteurern nichts zu tun haben. Sie hatten große Angst und haben sich in den Häusern verbarrikadiert, weil sie nicht wussten, ob es sich um Götter handelt. Inzwischen wissen sie, dass ihr auch nur normale Menschen seid.« Er lachte, zum ersten Mal an diesem Tag.

Nach einer langen Kurve führte der Weg hinab in ein Tal, durch das ein schmales Bächlein floss. Wir nutzten die Gelegenheit, unsere Wasserflaschen zu füllen. Ich bemerkte, was der Grund für Andrés schlechte Laune war: Seine Alkoholfahne war ziemlich stark. Es war Sonntag, und er hatte am Abend zuvor offenbar kräftig gefeiert. Rum zählt in Venezuela zu den Grundnahrungsmitteln, und auch in Zeiten der sozialistischen Revolution herrscht an dem dunkelbraunen, hochprozentigen Getränk kein Mangel.

Wir bezwangen einen ersten steilen Anstieg und blickten zum ersten Mal direkt auf unser Ziel, den Roraima, der den östlichen Horizont ausfüllte.

»Wir Pemón sind früher nie dort hinaufgestiegen«, erzählte Andres. »Für unsere Vorfahren war es verbotenes Gebiet. Sie glaubten, dass der Berg der Stumpf eines riesigen Baumes ist, an dem früher viele nahrhafte Früchte wuchsen. Weil ihre Vorfahren zu gierig waren, starb der Baum irgendwann ab, stürzte in die dichten Wälder auf der von uns abgelegenen Seite und war für immer verloren.«

Wie ein Baumstamm sah der breite, furchige Tafelberg tatsächlich aus. An seinem linken Rand öffnete sich eine Lücke, durch die dichte Wolken in die Talebene drangen. Daneben wuchs ein weiterer *tepuí* in die Höhe.

»Das ist der Kukenán, der kleine Bruder des Roraima«, erklärte Andres.

Auf einem trockenen Pfad schritten wir voran. Der Boden unter uns war hart und zerfurcht wie der Panzer einer Schildkröte. Irgendwie schafften es stachelige Sträucher mit gelben und roten Blüten, in diesem lebensfeindlichen Untergrund ihre Wurzeln zu schlagen. Falkenartige Raubvögel streiften durch die Luft, als suchten sie die Ebene nach Beute ab, die etwas leichter zu packen wäre als wir Wanderer.

»Es hat lange nicht mehr geregnet hier, oder?«, fragte ich Andrés.

»Das ist sicher schon einige Monate her. So schlimm war die Dürre schon lange nicht mehr. Aber du wirst sehen, am Roraima ist es ganz anders.« Er deutete zu den Wolken, die inzwischen die Oberkante des Berges verdeckten und durch die Senke zwischen Roraima und Kukenán zu uns drängten. Nur die Felsnadel am südlichen Rand ragte noch unverhüllt in einen hellblauen Himmel. Die Entdeckergruppe in Arthur Conan Doyles Roman gelangt über einen Baumstamm von der Felsnadel hinüber auf den Tafelberg, doch schon aus der Entfernung zeichnete sich ab, dass es einen so langen Baum kaum geben konnte, zumindest nicht hier.

Es kam mir vor, als würde der Roraima uns mit einem inneren Magnetismus anziehen. So sehr ich auch schwitzte und schnaufte, setzte ich doch in schnellem Wechsel einen Fuß vor den anderen. Unter der sengenden Sonne kamen wir immer wieder an Flächen vorbei, auf denen sämtliche Pflanzen abgebrannt waren.

»Gab es hier eine Art Steppenfeuer?«

»Nein. Das hat mit den Pemón zu tun, die in den Dörfern leben. Sie brennen die Savanne im Sommer aus religiösen Gründen ab und weil sie hoffen, dass der Boden dadurch fruchtbarer wird.«

Mir erschien das nicht sehr sinnvoll, denn die Flammen verschlangen das ohnehin spärliche Grün. Andrés bestätigte meine Skepsis.

»Inzwischen zeigt sich eher das Gegenteil«, sagte er. »Manchmal greifen die Feuer auf die Wälder über, die lebenswichtig für die Natur sind. Die Behörden wollen die Feuer deshalb verbieten.«

Die wenigen Bäche, die das Tal durchquerten, waren mit ihren ausladenden, dunkelgrünen Bäumen die einzigen schattigen Oasen in dieser menschenfeindlichen Landschaft. Wir erreichten ein Meer von Felsen, die wirkten, als wären sie vom Himmel in die Ebene gefallen. Manche waren verkohlt, andere von Flechten bewachsen. Zwei Eidechsen huschten davon, als wir uns näherten, und verschwanden in einem Erdloch.

Am frühen Nachmittag erreichten wir das erste Camp, dessen Umfeld einer Müllhalde glich. Auf dem Boden lagen Fetzen von Keksverpackungen, Klopapier und leere Plastikflaschen. In den Sträuchern hingen fein zusammengeknotete, weiße Plastiktüten mit Abfällen, die ihre Besitzer zurückgelassen hatten. Die größeren Gruppen verbringen ihre erste Nacht hier, aber Andrés und ich wollten den Aufstieg schneller hinter uns bringen, um mehr Zeit auf dem Berg zu haben. Um diese Uhrzeit war das Camp ausgestorben, bis auf einen streunenden Hund und einen alten Mann, der in einer Hängematte unter einem Strohdach schlief.

Einige Kilometer weiter nahm ich ein Bad im Río Kukenán, um mich zu erfrischen und den Staub von meiner Haut zu spülen. Das

Wasser floss direkt von den Tafelbergen hinunter und war sehr kalt. Die Sedimente im Boden verliehen ihm eine goldene Farbe, die sich auch auf die kleinen, schmalen Fische übertrug, die um meine Beine schwirrten. Ob sie wohl zu den seltsamen Lebewesen gehören, die nur um den Roraima herum leben?

Die Tafelberge in Venezuela gehören zu den ältesten geologischen Strukturen der Erde. Geologen schreiben ihrem quarzhaltigen Sandstein ein Alter von rund zwei Milliarden Jahren zu und vermuten, dass die heutigen Formationen entstanden sind, als die Kontinentalmasse Gondwana auseinanderdriftete und Afrika und Südamerika formte. Die flachen Gipfel sind seit so vielen Millionen Jahren von ihrem biologischen Umfeld isoliert, dass sich dort oben einzigartige Tier- und Pflanzenarten entwickelt haben.

Wenn unser Plan funktionierte, sollte ich die Ergebnisse einer getrennten Evolution am nächsten Abend zu Gesicht bekommen. Jetzt aber hieß es erst einmal weitermarschieren. Ich trocknete mich am Ufer ab und tauchte meinen runden, gestreiften Sonnenhut ins Wasser, der von einem Rockfestival in Dänemark stammte und mir in der Savanne gute Dienste leistete. In einem Baum neben mir baumelte ein Holzkreuz.

»Gab es hier einen Unfall?«, fragte ich Andrés, der ungeduldig auf mich wartete und den meine vielen Fragen sichtbar ermüdeten. Er runzelte die Stirn und rang sich zu einer Antwort durch.

»Ja, das war vor zwei oder drei Jahren, an einem Tag, an dem das Wasser viel höher stand als heute. Ein Träger wollte das Gepäck seiner Gäste in einem Boot auf die andere Seite ziehen. Er rutschte aus, schlug mit dem Kopf auf einen Stein, und der Fluss riss ihn fort. Ein paar Hundert Meter flussabwärts haben sie ihn tot geborgen.«

Mehrere Stunden lang schlängelte sich der Weg nun bergauf, und der Roraima rückte mit jeder Kurve näher. Schon stand er so dicht vor uns, dass seine beiden Ränder nicht mehr in mein Blickfeld passten. Die Strahlen der schräg stehenden Sonne erleuchteten den feuchten Fels, als stünde er in Flammen. Zum ersten Mal begegneten wir anderen Wanderern, einer Gruppe Japaner mit drei Trägern. Andres unterhielt sich in der Pemón-Sprache ein paar Minuten mit ihrem Führer, während ich verschnaufte.

»Die Japaner sind mit dem Hubschrauber auf dem Roraima gelandet«, berichtete er mir danach. »Das ist eine komische Sitte, die sich immer mehr ausbreitet. Zweitausend Dollar kostet das pro Person von Santa Elena aus. Zu Fuß gehen sie nur noch den Berg hinunter, als ob das besonders viel Freude bereiten würde.«

Bald erreichten wir das Campamento Militar, benannt nach einer Expedition, die vor mehreren Jahrzehnten in der Gegend unterwegs war, um die Grenzen zu markieren. Bis heute hat Venezuela die Grenze zu Guyana nicht anerkannt, Landkarten weisen den Nachbarstaat nicht mit seinem eigentlichen Namen aus, sondern als »von Venezuela beanspruchtes Gebiet«. Wir wollten unser Nachtlager hier aufschlagen.

Als ich unterhalb der Feuerstelle Wasser an einem Bach schöpfte, quakte mich ein dicker, brauner Frosch empört an. Mit dem Campingkocher bereitete ich dann ein Zweigängemenü aus Fertigsuppe und Reis mit Dosengemüse zu. Der Reis brannte an, was ihn nur schwer genießbar machte.

Ich bot Andrés an, das Abendmahl mit mir zu teilen. Er lehnte ab und begnügte sich mit seinem *cassava*, einem harten Maniokfladen, der in ganz Venezuela verbreitet ist. In Wasser getaucht, weicht er auf und wird zu einem sehr sättigenden, wenn auch etwas eintönigen Nahrungsmittel.

Als die Sonne unterging, schien nicht mehr nur der Fels zu brennen, sondern der ganze Himmel. Zikaden, Frösche und krächzende Vögel bildeten die einzige Geräuschkulisse. Ich fühlte mich verwoben mit dieser seltsamen, einsamen Natur um uns herum. Sie bannte mich so sehr, dass jeder Versuch, an entfernte Orte, zurückliegende Augenblicke oder weitere Reisepläne zu denken, scheiterte. Der geheimnisvolle Berg hatte mich in seinen Bann gezogen.

Am verglimmenden Feuer unterhielten wir uns noch eine Weile. Ich fragte Andrés, was er denn von Chávez halte, wissend, dass die Indios im Süden des Landes zu seinen treuesten Anhängern zählen. Anders als seine Vorgänger hat er ihnen Landrechte gegeben und sich damit ausnahmsweise echte Verdienste erworben.

»Ich mag ihn nicht besonders«, antwortete er. »Für viele Menschen haben sich die Umstände vielleicht gebessert, für mich aber nicht. Ich bin kein Gegner, aber auch kein Anhänger von ihm.«

»Arbeitest du eigentlich hauptberuflich als Bergführer?«

»Nein, das würde nicht genug einbringen. Ich habe zwei Kinder, die ich ernähren muss. Offiziell gehöre ich dem Militär an, seit zwölf Jahren, aber ich lebe nicht mehr in der Kaserne und bin meistens zivil unterwegs.«

»Und sie bezahlen dich trotzdem?«

»Ja, aber ich tue auch etwas dafür. Ich sammle Informationen im Auftrag der Staatsregierung.«

»Hört sich nach Geheimdienst an.«

Er lachte. »Nein, das sind ganz harmlose Daten. Es geht um die Zahl der Betriebsunfälle in den Firmen, um die Viehpreise und solche Dinge. Ich weiß nicht einmal genau, was die damit machen.«

Vielleicht gar nichts, dachte ich mir. Es ist eine bewusste Politik von Chávez, möglichst viele Menschen in den Staatsdienst zu holen, egal, ob sie dort gebraucht werden oder nicht. So erhalten sie zumindest einen geringen Lohn und Pensionsansprüche. Das Geld dafür kommt aus den Ölexporten, die zwar nicht mehr ganz so reichlich sprudeln wie früher, aber immer noch Milliarden einbringen. Der Präsident schafft sich so eine treue Wählerschar.

Im Halbdunkel baute ich mein Zelt auf. Andrés behauptete, er liege lieber auf dem blanken Fels. Immerhin hatte er einen dicken Schlafsack dabei, denn es wurde ziemlich kalt in dieser Nacht. Als ich nach ein paar Stunden fröstelnd aufwachte und nach draußen ging, leuchteten die Sterne so grell, dass ich glaubte, ich würde durch das Weltall schweben.

Der Fels verhalf Andrés offenbar zu einer erholsamen Nachtruhe, denn er wirkte am nächsten Morgen deutlich ausgeschlafener. Ich machte mir noch einen Tee und verzehrte mein Frühstück aus Toastbrot, Formkäse und Mortadella, bevor wir uns auf den Weg zum Basislager machten, direkt am Fuß des Felsens, der fast tausend Meter senkrecht in die Höhe ragt. Am Nachmittag wollten wir die höchste Stelle des Roraima auf 2810 Metern über dem Meeresspiegel erreichen.

Auch im Basislager trafen wir keine anderen Wanderer an, dafür recht viel Müll. Beinahe stieg ich mitten in die Verdauungsreste eines Bergsteigers, der es nicht mehr bis ins Gebüsch geschafft hatte. Ich packte den Proviant, den ich für den Rückweg aufheben wollte, in eine Plastiktüte, die ich unter dem Dach eines Unterstands festband.

»Hoffentlich ist noch etwas davon da, wenn wir wiederkommen«, scherzte Andrés, »sonst wirst du auf dem Rückweg sehr hungrig sein. Hier gibt es viele wilde Tiere.«

Das schwierigste Stück des gesamten Weges lag vor uns. Der Himmel war wolkenfrei. Mein Rucksack war etwas leichter geworden, aber schon nach ein paar Hundert Metern kam es mir wieder so vor, als würde ich eine zweite Person in die Höhe tragen. Immerhin wuchsen an der Felsflanke kleine Bäume, Sträucher und Farne, die uns beim Aufstieg etwas Schatten spenden würden.

Bald hatte ich Andrés abgehängt. Seine kürzeren Beine benachteiligten ihn auf dem steinigen, schmalen Pfad. Auch trieb ihn nicht die

Neugier an, denn er hatte den Roraima schon zwei Dutzend Male bestiegen. Eine Weile ging es durch einen ausgetrockneten Wasserfall wie auf hohen Treppenstufen nach oben. Noch war die Lücke im Felsmassiv nicht erkennbar, durch die wir hinaufgelangen sollten.

An einer Wasserstelle begegneten wir zum zweiten Mal, seit wir in Paraitepui aufgebrochen waren, anderen Wanderern. Wieder waren es Japaner, vermutlich verband sie irgendein Aberglaube mit diesem Berg. Wenigstens war diese Gruppe nicht auch mit dem Hubschrauber gelandet, sondern hatte sich selbst auf den Berg geschleppt.

»Es ist sehr kalt oben«, berichtete einer von ihnen in schwer verständlichem Englisch. »Wir wollten länger bleiben, aber haben nach einer Nacht aufgegeben.«

Als ich das hörte, freute ich mich, dass ich ausreichend warme Kleidung eingepackt hatte. Ich würde sie wohl noch brauchen. Bisher hatte sie vor allem meinen Rucksack noch schwerer gemacht.

Bald lichtete sich das Wäldchen, es ging kurz bergab, bevor wir einen Engpass erreichten, an dem linker Hand der Fels nach unten in die Savanne stürzte und sich rechts die löchrige Wand senkrecht erhob. Ich schätzte, dass wir die Hälfte des Höhenunterschieds überwunden hatten. Andrés holte auf.

»Das ist der Pass der Tränen«, sagte Andrés. »Er heißt so, weil ständig Wasser vom Tafelberg hinabgeweht wird. Normalerweise ist es viel mehr als heute.«

Der folgende Anstieg führte uns durch ein Geröllfeld, vorbei an einem terrassenartig bewachsenen Hang, der wie ein Reisfeld aussah. Bald hatte ich wieder ein paar Kurven Vorsprung, und ehe ich mich versah, flachte der Weg sich ab, und eine dunkle Felswüste lag vor mir. Einzelne Wolkenfetzen trieben wie kleine, schnelle Luftschiffe über die dampfende Fläche. Ich war angekommen in der Welt des Roraima, die sehr wenig mit der zu tun hatte, die ich erst vor ein paar Stunden verlassen hatte. Die Sträucher, Tümpel und Gräser, die um mich herum wuchsen, sahen so seltsam aus, als stünde ich auf einem fremden Planeten.

Eine Viertelstunde später kam Andrés keuchend um die letzte Kurve. Ich hatte mich immer wieder nach ihm umgesehen, ganz so, als wäre ich der Bergführer und er der Gast, nicht umgekehrt. Er verschnaufte kurz, blickte um sich und kam gleich wieder seiner Aufgabe nach.

»Schau, hier, diese Gewächse, das sind fleischfressende Pflanzen.« Andrés zeigte auf hellgrüne Kelche, die rund zwanzig Zentimeter hoch waren und rote Perlen am Rand trugen, ganz so, als würden sie vor allem weibliche Insekten in die Falle locken. Mein Führer kannte ihren Namen nicht, sodass ich sie erst später anhand eines Fotos als *Heliamphora nutans* identifizierte. Unter Freunden exotischer Pflanzen auch als Nickender Sumpfkrug bekannt, gibt es diese Art nur auf dem Roraima und einigen der benachbarten Tafelberge. Die Exemplare, die in botanischen Gärten in Europa oder Nordamerika zu bewundern sind, gehen allesamt auf hier heimlich ausgegrabene und ausgeführte Pflanzen zurück.

»Dort drüben, das ist eine andere Gattung, die auch Insekten verdauen kann.«

Ich folgte Andrés' Blick und sah ein kleineres, rotes Gewächs, das Saugnäpfe an seinen schleimigen Ärmchen zu tragen schien. Diese Pflanze fand ich unter den Bildern auf der Rückseite einer Landkarte, die ich bei den Parkwächtern in Paraitepui gekauft hatte: Es handelte sich um die *Drosera roraimae,* eine Sonderform der auch anderswo gängigen Pflanze mit dem deutschen Trivialnamen »Sonnentau«. In dichten Gruppen wuchs sie auf dem feuchten Boden zwischen den vielen kleinen Tümpeln mit schwefelig stinkendem Wasser.

Auf den trockeneren Flächen dieses seltsamen Planeten, auf dem

ein leicht moderiger Geruch herrschte, standen knorrige Bonnetia-
bäume. Offenbar waren die Bedingungen hier oben, auf knapp dreitausend Metern, nicht sehr günstig für sie, denn von der Größe
entsprachen sie eher Sträuchern. Nur wenige ragten über meinen
Kopf hinaus.

»Wir müssen uns noch ein Hotel suchen«, rief Andrés mir zu.

Aus der Karte wusste ich bereits, dass er keinen Witz machte. Im
Laufe der rund zwanzig Jahre, die Bergtouristen in größerer Zahl
den Roraima besteigen, haben sich eigenwillige Namen für die
windgeschützten Stellen herausgebildet, an denen man Zelte auf-
bauen kann, ohne dass sie davonfliegen. Es gibt das *Hotel Indio*, das
Hotel Jacuzzi, das *Hotel Sucre* und einige andere. Wir hatten weitgehend freie Auswahl. Nur an einem Felsen in östlicher Richtung
entdeckte ich drei grellfarbene Zelte.

»Hast du denn einen Lieblingsplatz?«, fragte ich Andrés.

»Ja, das *Hotel Guácharo*, aber ich glaube, es ist von Japanern besetzt. Lass uns das *Hotel Principal* nehmen, dort sehe ich nur ein anderes Zelt.«

Der Name klang gut, ich hatte nichts dagegen. Zunächst sah es so
aus, als könnten wir unsere Unterkunft in wenigen Minuten erreichen, doch der Weg zog sich hin, denn ständig mussten wir sumpfi-
gen Flächen und großen Pfützen ausweichen. Einmal öffneten sich
überraschend Spalten im Boden, die mehrere Meter tief waren. Der
Roraima schien mir kein geeigneter Ort für einen Familienurlaub
mit Kindern zu sein.

Am Hotel angekommen, legten wir unsere Rucksäcke in einer
kleinen Höhle unter einem Vorsprung ab. Die Wolken hatten sich
verzogen, und wir wollten die Gelegenheit nutzen, um den Autofelsen zu besteigen, den höchsten Punkt des Roraima, und von dort
den Sonnenuntergang zu beobachten. Tatsächlich hatte das steinerne Gebilde von unten so ausgesehen, als läge ein Auto auf der

flachen Oberseite des Tafelbergs, zwar etwas kantiger als die aktuelle Mode im Fahrzeugdesign, aber von der Grundform her ziemlich passend.

Als wir auf dem Felsen ankamen, öffnete sich das weite Rund der Savanne, die tief unten in gelblich grünen Wellen bis zum Horizont rollte. In die andere Richtung blickten wir über das Tableau des Roraima, das in seiner weitesten Ausdehnung mehr als fünfzehn Kilometer misst. Lange Schatten machten diese Landschaft noch dunkler, die vermutlich schon so aussah wie heute, als unten wirklich noch Dinosaurier lebten.

Eine kleine Gruppe mit einer hübschen Bergführerin erreichte kurz nach uns den Aussichtspunkt. Andrés' Laune machte bei ihrem Anblick noch einmal einen deutlichen Sprung nach oben: Er kannte die Führerin und machte uns miteinander bekannt.

»Das ist Marisol. Sie kommt aus Guyana, du kannst also Englisch mit ihr sprechen.«

»Stimmt, da bin ich aufgewachsen. Jetzt lebe ich aber schon lange in Santa Elena.«

Marisol war mit einem chilenischen Familienvater und seinen drei Kindern einen Tag vor uns auf dem Roraima angekommen. Es waren ihre Zelte, die ziemlich nah am Eingang unseres Hotels standen.

»Schau her!«, rief Andrés plötzlich, der sich ein paar Meter entfernt hatte. »Das ist ein schwarzer Frosch. Lebt nur auf den Tafelbergen. Kann nicht hüpfen, nur krabbeln und sich einrollen.« In einer feuchten Kuhle saß tatsächlich ein schwarzes, warzig aussehendes Tier, das nicht größer war als zwei Fingernägel. Derart von uns beobachtet, schien es beschlossen zu haben, sich tot zu stellen.

Die schwarzen Frösche des Roraima sind genetisch enger mit afrikanischen Artgenossen verwandt als mit jenen in Südamerika. Das gilt als weiteres Indiz für die lange umstrittene These, dass die beiden Kontinente in Urzeiten einmal zusammenhingen und erst in einer riesigen tektonischen Plattenverschiebung getrennt wurden.

»Die britischen Erstbesteiger des Roraima haben behauptet, dass hier oben gar kein Leben zu finden ist«, erzählte Andrés. »Aber sie haben sich nicht genau umgesehen. Es gibt Mäuse, Lurche und sogar Heuschrecken, die so groß sind wie meine Hand. Vielleicht sehen wir eine von ihnen.«

Erst jetzt, als die Sonne nur noch schwache Strahlen zu uns hinabschickte, merkte ich, wie viel kälter es hier oben war als in der trockenen Ebene. Der starke Wind hatte schon wieder eine Wolkenwand aufgetürmt.

»Mach dir deshalb keine Sorgen«, beruhigte mich Marisol. »Der Roraima hat sein eigenes Klima. Das Wetter hier oben ändert sich sehr schnell, und wie es morgen sein wird, kann niemand wissen. Das dort drüben sind übrigens Orchideen, es gibt neunhundert Arten hier oben.« Sie zeigte auf schmale, elegante rote Blüten. »Sammeln ist streng verboten, wenn du etwas mitnimmst, wird man dich verhaften.« Sie lachte.

Ich hatte nicht vor, zum Orchideendieb zu werden. Von den Pflanzen gefielen mir ohnehin nicht die Orchideen oder Fleischfresser am besten, sondern die *Stegolepis*, deren Blätter essbar sind und deren Blüten wie gelbe, stachelige Golfbälle aussehen. Zahlenmäßig beherrschten sie mit ihren langen Halmen den Tafelberg, als handle es sich um die Antennen einer geheimen Macht, die tief unten im Fels die Geschicke dieses seltsamen Planeten steuerte.

Als ich später das Abendessen zubereitete, erzählte mir Andrés ein paar Legenden, die der Roraima angeblich geschrieben hat. Vor rund zehn Jahren habe ein älterer deutscher Bergsteiger eines Nachts im *Hotel Indio* einen Herzanfall erlitten und sei gestorben.

»Seither geht er als Gespenst um, das Ausrüstung und Nahrung aus den Zelten stiehlt. Der einzige Weg, ihn abzuhalten, ist es, eine Kerze oder ein anderes Licht vor dem Zelt aufzustellen und die ganze Nacht brennen zu lassen«, erzählte mein Bergführer.

Das könnte auch ein gut ausgedachtes Komplott einer Diebesbande aus Fleisch und Blut sein, die sich hier oben herumtreibt, dachte ich mir.

Im Schein meiner Stirnlampe sah Andrés selbst aus wie eine Spukgestalt, allerdings eine eher friedliche mit einem runden, freundlichen Gesicht. Selbst in diesem Zwielicht erkannte ich das Leuchten, das in seinen Augen stand, seit wir seine Kollegin oben auf dem Autofelsen getroffen hatten. War sie seine heimliche Liebe?

»Ich werde heute in Marisols Zelt schlafen«, sagte er, als hätte ich seine Gedanken erraten. »Vermutlich wird es regnen, dann habe ich es etwas trockener. Wenn du etwas brauchst, weißt du, wo du mich findest.«

Es war kurz nach Mitternacht, als mich das Prasseln großer Regentropfen auf meinen Zeltplanen weckte. Der Wind wehte so heftig über den Tafelberg, dass sich meine Zeltstangen bogen. In genau dem Augenblick, als ich den Reißverschluss öffnete, um nach draußen zu schauen, erhellte für wenige Sekunden ein Blitz den Himmel. Die Felsformationen, die schon tagsüber an Schildkröten, Kobolde und Nilpferde erinnerten, sahen aus, als wären sie lebendig und würden aus allen Richtungen auf mich zumarschieren. Der Donner grollte so laut, dass ich befürchtete, eines der natürlichen Hotels auf dem Berg werde gerade in die Luft gesprengt.

Es dauerte lange, bis ich wieder in einen leichten Schlaf fiel. Als der Morgen anbrach, regnete es noch immer. Die Wolken hingen so tief, als könnte man sie anfassen, und trennten uns wie ein Vorhang von der Welt um uns herum. Andrés saß in der Höhle und aß seinen durchfeuchteten Maniokfladen.

»Das wird wohl nichts mit unserem Ausflug heute«, sagte er enttäuscht. »Wir werden viel zu nass.«

Eigentlich wollten wir an jenem Tag zum *Punto Triple* wandern, jenem Punkt auf dem Roraima, an dem sich die Grenzen von Brasilien, Venezuela und Guyana berühren. Ich hätte mit meiner Regenkleidung durchaus losziehen können, aber Andres hatte nicht mehr als sein *Lonsdale*-Kapuzenshirt aus schwerer Baumwolle dabei, das sich binnen weniger Minuten komplett vollsaugen würde.

So waren wir also gefangen im *Hotel Principal*, das weder livrierte Pagen noch ein wärmendes Kaminzimmer oder gar einen Wellnessbereich aufwies, in dem wir den Tag zubringen konnten. Stattdessen musste ich erst einmal mein Zelt versetzen, unter dem sich eine Pfütze gebildet hatte, deren Pegel minütlich anstieg. Ich zog mir meine warmen Oberteile an und verkroch mich im Schlafsack.

Marisol kam zu uns hinauf. Auch sie hatte mit ihrer Gruppe auf einen Ausflug verzichtet und wartete ab, bis sich die Wolken verziehen würden.

»An diesem Wetter sind die vielen Hubschrauber für die Touristen schuld«, behauptete sie forsch. Ich stutzte. Glaubte sie etwa, dass die Rotorblätter die Wolken heransaugten und ein eigenes Klima auf dem Berg erzeugten? Doch das war nicht ihre Logik.

»Der Roraima ist ein mystischer, unberechenbarer Ort. Er rächt sich an den Menschen, wenn sie hier oben zu viel unsinnige Dinge tun und ständig Lärm machen.«

Marisol sagte das, ohne zu lächeln, sie schien wirklich überzeugt zu sein von ihrer Theorie. Andrés schwieg und musterte sie, vielleicht hatte er gar nicht zugehört, sondern sie nur still bewundert.

Erst am Nachmittag brach für kurze Zeit die Sonne durch die unterste Wolkenschicht. Ich nutzte die Gelegenheit, um einen Spaziergang hinüber zur Kante des Tableaus zu machen.

»Verlauf dich nicht, das geschieht hier sehr leicht«, warnte mich Andrés. Er wollte lieber in der Nähe des Hotels bleiben. In Marisols Auftrag bat er mich, ihr währenddessen einen Kugelschreiber zu leihen.

Auf dem ausgewaschenen Boden, dessen Farbe zwischen Hellgrau und Hellrosa wechselte, entdeckte ich Versteinerungen, die aussahen wie die Fußspuren eines Riesen. Meine Schuhe passten doppelt hinein. Arthur Conan Doyle war zwar selbst nie auf dem Roraima, aber es ist nachvollziehbar, dass die Zeichnungen und Berichte der ersten Forscher seine Phantasie stark angeregt haben.

Von der Kante aus sah ich etwas, das am Vortag noch nicht existiert hatte: Ein Wasserfall stürzte vom Kukenán in die Tiefe. Der nächtliche Regen musste dieses Phänomen ausgelöst haben. Der Anblick dieser fallenden Wassersäule erinnerte mich an den Salto Ángel, der mehrere Hundert Kilometer westlich lag. Sandra und ich hatten ihn nach einer aufwendigen Anreise mit einer Cessna und motorisierten Holzbooten erreicht. Der höchste Wasserfall der Welt misst fast einen Kilometer von der Oberkante des dortigen Tafelbergs bis in die Talsohle. Chávez hatte ihn gerade offiziell umbenannt in Kerepakupai Merú, den Namen, den ihm angeblich die Pemón schon vor Urzeiten gegeben hatten. Ángel dagegen ist einfach nur ein nordamerikanischer Pilot gewesen, der den Salto in den Dreißigerjahren für die moderne Welt entdeckte.

Auf dem Rückweg kam mir Andrés entgegen. Offenbar hatte er sich Sorgen gemacht, weil ich schon recht lange unterwegs war. »Kann es sein, dass es am Kukenán einen Wasserfall gibt, der gestern noch nicht da war?«, fragte ich ihn.

»Ja, das ist ganz normal. Er kommt und geht, je nach Laune. Wenn er sich zeigt, dann ist er der zweithöchste Wasserfall der Erde. Er ist ganz unberechenbar, auch wenn es regnet, bleibt er manchmal aus.«

Ich trottete hinter ihm her zum Hotel zurück. Marisol gab mir den Kugelschreiber wieder.

»Was hast du denn damit gemacht?«, fragte ich neugierig.

»Ein Gedicht geschrieben.«

»Machst du das öfter?«

»Ja.« Sie wich meinem Blick aus, als fürchte sie die nächste Frage.

»Kann ich es lesen?«

Marisol zögerte. »Es ist nicht gut, nur ein Versuch. Dir gefällt es sicher nicht.«

Ich überzeugte sie mit dem Argument, dass ein kleiner Teil des Gedichtes mir gehöre, weil sie es mit meinem Kugelschreiber verfasst habe. Es war ein Liebesgedicht, und sie hatte es dem Roraima gewidmet:

Viele Male hat sie es gedacht
Während sie es denkt
Und endlich sich entscheidet
Fühlt sie die anziehende Energie
Als sei sie nur gekommen
Auf der Suche nach diesem Gefühl.

Viele Sonnen und Monde
Haben ihren Weg beleuchtet
Bis sie den Gipfel des Himmels erreichte
Phantastischer Ort, wo zwischen Winden
Und in großer Rührung
Zwei Liebende sich vereinen.

Ich fragte mich, ob sie dieses Gedicht auf Andrés bezog, aber sie schien sich ihm gegenüber inzwischen etwas abweisend zu verhalten. Ohnehin konnte ich mir schwer vorstellen, dass unser kleiner Soldat mit seiner Baseballmütze, der dicken silbernen Kette und den ungepflegten Bartstoppeln solch tiefe Gefühle in der klugen, jungen Frau mit ihren lebensfrohen Augen auslösen würde.

Wir ließen Marisol und die vier Chilenen zurück, um einige Höhlen aufzusuchen, die nicht allzu weit von unserem Hotel entfernt lagen. Auf halber Strecke zogen wieder Wolken auf, und binnen einer Minute sahen wir noch bestenfalls zehn Meter in jede Richtung. Die Geschichten von Wanderern, die sich auf dem Roraima nur ein paar Meter von ihren Gruppen entfernt haben und nie wieder gefunden wurden, erschienen mir auf einmal glaubhaft. Kühler Regen fiel auf uns herab, und wir drehten um.

Am letzten Tag auf dem Tafelberg wachte ich so früh auf, dass ich die Sterne dabei beobachten konnte, wie sie einer nach dem anderen verblassten. Wir nutzten das schöne Wetter und gingen vor dem Abstieg noch hinüber zur *ventana*, dem Fenster, das als der beste Aussichtspunkt auf dem Roraima gilt. In einer Schlucht tief unter uns wuchs immergrüner Regenwald, genährt von den Wassermengen, die von den beiden Tafelbergen hinabflossen. Der Kukenán sah von hier aus noch geheimnisvoller und bedrohlicher aus als der Roraima.

»Komm, wir müssen los«, drängte mich Andrés, nachdem wir ein paar Fotos gemacht hatten. Marisol und die Chilenen wollten das Hotel schon am Morgen verlassen, da überraschte es mich nicht, dass mein Führer keine Zeit zu verlieren hatte. Auf dem Rückweg kamen wir an breiten Ablagerungen von rosafarbenem Quarzsand vorbei. Als hätte sie jemand nach dem Zufallsprinzip verstreut, lagen die Kristalle auf dem Boden herum.

»Sie sind sehr wertvoll, aber niemand darf sie mitnehmen. Die Strafen sind hoch«, sagte Andrés. »Du könntest ins Gefängnis kommen. Manche der Steine hier willst du gar nicht anfassen, sie strahlen radioaktiv. Auf dem Roraima gibt es sogar Uran und Bleischichten direkt unter der Oberfläche.«

Ich wollte Andrés' vermeintlichem Glück nicht zu sehr im Wege stehen und verzichtete deshalb auf ein Bad in den natürlichen Jacuzzis, die mich mit ihrem goldenen Wasser anlockten. Zurück im *Hotel Principal,* war mein Zelt halbwegs getrocknet. Ich packte zusammen, und wir traten den Abstieg an. Ich fühlte einen starken Abschiedsschmerz, ganz so, als sei ein Teil meiner Seele mit dieser urzeitlichen Welt verwachsen.

Diesmal hängte mich Andrés ab, weil er viel behänder über die Felsen abwärts kletterte. Es dauerte kaum zwei Stunden, bis wir das Basislager erreichten. Ich erschrak, weil ich tatsächlich meine Plastiktüte mit den zurückgelassenen Vorräten vermisste. Außer einem Apfel und ein paar Keksen trug ich keinen Proviant mehr in meinem Rucksack. Doch bald beruhigte mich Andrés, der unter dem Dach des Unterstands herumturnte: Ein umsichtiger Bergführer hatte meine Sachen in einen größeren Sack umgepackt, weil die Tüte gerissen war.

Es kam mir vor, als liefe der Aufstieg wie ein Film in meinem Kopf rückwärts. Wieder wurde Andrés schweigsam, an der Hitze in der Savanne hatte sich nichts geändert, und wieder nahm ich ein Bad im Río Kukenán, genau unter dem Holzkreuz für den verunglückten Träger. Während mich auf dem Hinweg ein Magnet zum Roraima zu ziehen schien, war es jetzt so, als ließe mich die Energie des Berges nicht los. Wenn ich mich umblickte, stand der breite Fels genauso mächtig über der Savanne wie eine halbe Stunde zuvor.

Kurz nach dem Fluss kam uns ein Trupp Einheimischer mit großen Körben auf dem Rücken entgegen. In der Hand trugen sie Zangen und sammelten den Müll auf, den unachtsame Wanderer entlang des Weges zurückgelassen hatten. Drei von ihnen trug ein rotes Chávez-Shirt. In dieser armen Gegend dient sogar ein dünner Stofffetzen als überzeugendes Wahlgeschenk. Bald holten wir Marisol und die Chilenen ein.

Am frühen Abend erreichten wir das letzte Camp auf dem Weg

nach Paraitepui. Der Abfall rundherum war verschwunden, der Trupp hatte gute Arbeit geleistet. Hatten wir auf dem Hinweg nur einen Mann und seinen Hund angetroffen, drängten sich jetzt knapp zwei Dutzend rote und grüne Zelte auf dem trockenen, harten Boden. Mehrere große Gruppen schickten sich an, den Roraima in unseren Spuren zu besteigen.

Andrés hatte wohl gehofft, das Zelt wieder mit seiner Freundin teilen zu dürfen. Seine Gesichtszüge verdunkelten sich aber, als uns Leo, ein großer, kräftiger venezolanischer Bergführer, im Camp begegnete. »Leo ist ein alter Jugendfreund von mir«, flüsterte mir Andrés zu. »Er führt eine Liebesbeziehung mit Marisol, aber nur hier am Berg. Unten im Tal gehen sie wieder getrennte Wege.« Damit war auch klar, an wen sich das Gedicht der hübschen Bergführerin richtete. Wir hatten uns beim Abstieg vergeblich beeilt.

Nicht nur für Marisol stellte Leo die Hauptattraktion an diesem Abend dar. In einer Plastikflasche hatte er eine unauffällige, etwa einen Meter lange Schlange mit hellbraunem Streifenmuster gefangen, angeblich, um sie einer Forschungsstation in Ciudad Bolívar, der Provinzhauptstadt, zu übergeben.

»Das ist eine gemeine Lanzenotter, die giftigste Schlange, die es in Südamerika gibt«, erklärte Leo. »Bei einem Biss gibt sie eine Giftdosis ab, die ausreicht, um drei Menschen zu töten.« Diese Bösartigkeit war der dünnen Schlange, die sich in ihrem durchsichtigen Gefängnis räkelte, gar nicht anzusehen.

Andrés und ich hielten uns abseits vom Trubel im Camp. Er wirkte traurig, als er seine Isomatte an einer Hauswand ausrollte. Aus dem Augenwinkel sah ich noch, wie Marisol im Halbdunkel mit ihrem Waschzeug und einem Handtuch zum Fluss hinabstieg.

XIII Hundert Bolívares für eine Frau

Claude, ein Franzose, nahm uns in seinem grauen, englischen Jeep zurück in den Ort. Er hatte gerade im Auftrag einer Agentur einige Wanderer in Paraitepui abgesetzt. Ich saß vorne und konnte meine Beine ausstrecken, die nach dem fünftägigen Treck schmerzten. Körperlich war ich zwar erschöpft, aber nicht übermüdet: In der Nähe des Äquators wird es früh dunkel, und weil man im Dunkeln auf einem Tafelberg wenig anfangen kann, hatte ich mich abends immer recht früh in mein treues, gelbes Zelt verkrochen.

»So ein Auto hat außer mir niemand hier in der Gegend«, sagte Claude stolz. »Mach es dir gemütlich.« Auf der Fahrt erzählte er mir seine Lebensgeschichte, sichtlich erfreut, dass er dies in seiner Muttersprache tun konnte. »Es kommen nicht viele Franzosen hierher und Kanadier erst recht nicht«, bedauerte Claude, der wegen einer Frau schon vor langer Zeit nach Venezuela ausgewandert war und viele Jahre in Caracas als Programmierer gearbeitet hatte. Ich schätzte ihn auf etwas über fünfzig Jahre.

»Irgendwann habe ich es in Caracas nicht mehr ausgehalten«, seufzte er. »Es gibt dort nichts, was schön oder interessant wäre, wirklich gar nichts. Die Stadt ist grau, schmutzig und unsicher. In die Altstadt kannst du überhaupt nicht gehen, ohne von Dieben belästigt zu werden. Kein guter Ort, um zu leben.«

»Eigentlich wollte ich nächste Woche dorthin.«

»Mach das nur, wenn es nicht anders geht. Es ist kein angenehmes Erlebnis. Ich hatte irgendwann genug, bin aus der Hauptstadt geflüchtet und habe mir hier die Posada gebaut. Vielleicht hast du sie gesehen, ein Holzhaus mit blauer Leuchtreklame an der Calle Urdaneta.«

Das hatte ich tatsächlich. Von außen hatte sie den Eindruck erweckt, als wäre sie um ein Vielfaches teurer als die typische Backpacker-Unterkunft, weshalb ich bei meiner Zimmersuche gar nicht erst hineingegangen war.

»Läuft der Laden denn gut?«

»Nicht besonders. Es kommen zwar ein paar Deutsche, Russen und andere Europäer, allerdings weniger, als ich erwartet hatte. Venezuela ist einfach zu unsicher geworden und steht immer nur negativ in den Schlagzeilen. Aber vielleicht ändert sich das ja, wenn Chávez endlich weg ist.«

»Danach sieht es aber nicht aus, oder?«

»Doch, es gibt ein paar Anzeichen dafür. Inzwischen laufen ihm sogar schon seine eigenen Minister weg, weil es ihnen zu peinlich wird. Auch verscherzt er es sich mit den Indios hier in der Gran Sabana, die immer zu ihm gehalten haben. In den letzten Monaten hat er immer mehr Menschen aus den Slums in San Félix oder anderen Großstädten angesiedelt. Das schmeckt den Indios gar nicht, denn sie betrachten das als ihr Land.«

Ein urtümlich schönes, weites, wenn auch nicht besonders fruchtbares Land, dachte ich mir, als wir von einer staubigen Schotterpiste in die breite, geteerte Straße einbogen, die Caracas mit der brasilianischen Grenze verbindet. Nur in den Tälern standen in weitem Abstand voneinander Palmen, sie schienen die einzige Baumart zu sein, die in diesem Klima gedeiht. »In genau dieser Hochebene wurden viele Szenen von *Jurassic Park* gedreht«, berichtete mein Fahrer. »Man kann sich gut vorstellen, dass dort Dinosaurier herumlaufen, oder?«

Andrés war auf der Rückbank inzwischen eingeschlafen.

Wir kamen an eine Straßensperre, an der uns ein bewaffneter Soldat herauswinkte. Für Andrés auf der Rückbank interessierte er sich nicht, verlangte aber nach meinem Reisepass, blätterte ihn sehr sorgfältig durch und nahm ihn dann mit in die kleine Hütte, über der die venezolanische Staatsflagge wehte. Einige Minuten später kam er zurück und händigte mir den Pass wieder aus, mit einem breiten Grinsen im Gesicht: »Deutschland ist ein gutes Land. Ich bewundere Hitler.« Dazu fiel mir nichts ein, und Claude drückte aufs Gaspedal.

»Diese Straßensperren sind völlig sinnlos«, klagte er. »Sie halten nur den Verkehr auf, sonst nichts. Es gibt immer mehr davon, als Beschäftigungstherapie für junge Soldaten und Militärpolizisten. Erst hat Chávez sie vom Land in die Kasernen geholt, um ihnen Sold geben zu können und sie zu treuen Wählern zu machen. Dann hat er gemerkt, dass der Einfluss der Generäle, die längst nicht alle auf seiner Seite sind, schlecht für sie sein könnte. Da hat er sie zurück aufs Land auf diese Kontrollposten geschickt. Sie sind extrem schlecht ausgebildet und schikanieren besonders uns Ausländer.«

Etwas mehr als eine Stunde mussten wir noch bis Santa Elena fahren. Ich wollte mich dort nur gründlich waschen und mein restliches Gepäck holen, das ich in der Agentur zurückgelassen hatte, die mir meinen Bergführer vermittelt hatte. Mein nächstes Ziel war El Dorado, eine Goldgräberstadt einige Stunden weiter nördlich, in jener Gegend, in der die Spanier einst tatsächlich nach dem sagenhaften Goldvorkommen suchten, das sie aber nie fanden. Joseph von Eichendorff hat dem Ort ein Gedicht gewidmet, dessen erste Strophen ich irgendwann einmal auswendig gelernt habe:

Es ist von Klang und Düften
Ein wunderbarer Ort,
Umrankt von stillen Klüften,
Wir alle spielten dort.

Wir alle sind verirret,
Seitdem so weit hinaus
Unkraut die Welt verwirret,
Findt keiner mehr nach Haus.

Verirrt fühlte ich mich noch nicht, und ich hoffte, dass ich problemlos wieder nach Hause finden würde. In rund zehn Tagen würde es so weit sein.

Als ich Claude von meinem Plan erzählte, machte er ein erschrockenes Gesicht.

»Muss das wirklich sein? El Dorado ist definitiv kein Ort für Touristen. Dort leben vor allem Goldgräber und Prostituierte. Sehr gefährlich. Sie haben sogar ein eigenes Hochsicherheitsgefängnis, und das hat seinen Grund. Was willst du denn da?«

»Ich würde mir gerne eine der Goldminen anschauen und sehen, wie die Goldgräber so leben.« Es gab wirklich Gold in diesem El Dorado, wenn auch nicht so viel wie erhofft.

»Sei bloß vorsichtig und mache Menschen ausfindig, denen du vertrauen kannst«, sagte Claude. »Andernfalls riskierst du, dass du nach einer Stunde in dem Ort alle deine Sachen losgeworden bist und in deinem letzten Hemd am Straßenrand sitzt.«

Ich bedankte mich für den Hinweis und schaute hinaus. Im hellblauen Dunst breiteten sich die Tafelberge der Gran Sabana am Horizont aus. Besonders gefiel mir ein Berg mit nicht ganz flacher, sondern unregelmäßiger Oberseite und einem tiefen Einschnitt im Felstableau. Von Andrés wusste ich, dass die Pemón zu jedem Tafelberg eine Geschichte haben, doch er schlief immer noch. Claude half aus.

»Der dort hinten, der breiteste Berg, wird ›Schlafende Frau‹ genannt«, erklärte er. »Die Legende geht so, dass die Frau friedlich ruht, solange die Menschen anständig bleiben und einander nicht bestehlen. Wenn sie vom Gegenteil erfährt, richtet sie sich angeblich langsam auf und führt mit ihren schweren Schritten das Ende der Welt herbei.«

»Und woher weißt du das? Hast du in eine Indiofamilie eingeheiratet?«

»Nein. Ich habe mir in den vergangenen Jahren alle Geschichten von Freunden erzählen lassen und sie aufgeschrieben. Meine Gäste interessiert das sehr. Ich könnte wahrscheinlich längst ein Buch daraus machen. Über die Pflanzen weiß ich nicht so viel. Nur, dass die Palmen dort unten verschiedene Sorten von Euterpen sind. Die Palmherzen kann man essen, aber wenn sie geerntet werden, sterben die Palmen ab.«

»Die habe ich bisher vor allem in Brasilien auf den Speisekarten gesehen. Dort gibt es sie sogar als Pizzabelag«, erzählte ich.

»Ja, wahrscheinlich werden sie dorthin exportiert. Wegen der nahen Grenze geht es Santa Elena besser als den meisten anderen Städten in Venezuela. Auch bei uns sind manche Sachen knapp, aber wir haben ein viel besseres Warenangebot als in den großen Städten im Norden, wo die meisten Regale ganz leer sind. Die Polizei schaut nicht so genau hin, weil sie auch profitiert, indem sie Bestechungsgelder kassiert.«

»Was hat das denn mit der Polizei zu tun?«

»Nun ja, neben dem offiziellen Handel blüht der Schmuggel. Fast jede Familie in Santa Elena ist irgendwie daran beteiligt. Das gilt nicht nur für Nahrungsmittel, sondern vor allem für Benzin. Das ist bei uns viel billiger, ein Liter kostet umgerechnet nicht einmal einen Cent. Die Leute bauen ihre Autos so um, dass sie unter den Bänken und im Kofferraum mehrere Tanks unterbringen können. Dann fahren sie über die Grenze, und in Hinterhöfen wird der Stoff mit großem Gewinn verkauft. In letzter Zeit läuft das Geschäft aber nicht mehr ganz so gut«, schränkte Claude ein und deutete auf eine Autoschlange vor uns. »Manchmal gibt es tagelang kein Benzin. Venezuela hat zwar riesige Ölvorkommen, aber nicht mehr genug Ingenieure, um die Raffinerien in Betrieb zu halten. Wenn sie können, hauen sie ab nach Amerika und suchen sich dort einen Job.«

Die Fahrzeugschlange mit ihren amerikanischen Limousinen aus den Siebziger- und Achtzigerjahren reichte über mehrere Kilometer bis zur Tankstelle in Santa Elena.

»Viele Leute gehen zwischendurch nach Hause und lassen sich von anderen Wartenden anrufen, wenn Benzin angeliefert wurde«, berichtete mein Fahrer.

Wir setzten Andrés in einer Pemón-Siedlung am nördlichen Ortsrand ab. Sie bestand aus runden, recht neu wirkenden Lehmhäusern mit Strohdächern, von denen einige sogar mit Solaranlagen ausgestattet waren. Danach brachte mich Claude zu meiner Unterkunft. Ich konnte es kaum erwarten, endlich wieder unter einer Dusche zu stehen und ein kühles Getränk zu mir zu nehmen.

»Pass gut auf dich auf«, mahnte er mich zum Abschied. »Du scheinst mir riskante Dinge zu unternehmen. Das nächste Mal übernachtest du bei mir, ich gebe dir einen Rabatt.«

In meiner Pousada erfuhr ich, dass abends noch ein Bus Richtung Norden gehen würde und mich in El Dorado absetzen könnte. Eine ältere Mitarbeiterin hörte davon und kam auf mich zugestürzt.

»Bist du dieser Deutsche, der nach El Dorado will? Das ist verrückt, das darfst du auf keinen Fall machen. Erst recht nicht abends. Sie werden dir alles stehlen, du wirst nur noch in Unterwäsche dastehen und froh sein, wenn nicht noch mehr passiert.«

»Ist es wirklich so schlimm?«

»Ja, es gibt dort kein Recht und Gesetz. Tagsüber geht es vielleicht, aber wenn es dunkel ist, kann man dort auf gar keinen Fall herumlaufen. Bleib hier, du darfst umsonst übernachten, wenn du möchtest.«

Dies schien mir fast schon mütterliche Besorgnis zu sein, und auch wenn die Frau etwas überreizt wirkte, entschied ich mich, ihrem Rat zu folgen. Wenn man sich in Ländern wie Venezuela auf eines verlassen kann, dann sind es die Warnhinweise der Einheimischen, die besser über die Lage informiert sind als jeder Reiseführer und jedes ausländische Konsulat, die sich nur selten auf dem aktuellsten Stand befinden.

So blieb ich also noch eine Nacht in Santa Elena. In einem kleinen Restaurant gegenüber bestellte ich eine Pizza. Als ich gerade den ersten Bissen kaute, bemerkte ich, dass der schwarze, längliche Belag zwischen der Salami nicht, wie zunächst gedacht, aus Oliven bestand, sondern aus Insekten. Kurz befürchtete ich eine Unachtsamkeit der Küche, aber wie könnte man gleich mehrere tote Tierchen übersehen? Die Bedienung deutete meinen verwunderten Gesichtsausdruck richtig und lieferte mir eine Erklärung.

»Das sind gegrillte Termiten, eine Spezialität des Hauses. Sie geben der Pizza einen besonderen Geschmack. Wenn du sie nicht möchtest, lass sie einfach liegen.«

Ich aß noch eine zweite der tatsächlich würzigen Termiten, den Rest beförderte ich an den Rand meines Tellers. In Kolumbien hatte man mir vor einigen Jahren geröstete Riesenameisen angeboten, aber als Pizzabelag war mir solches Getier noch nicht untergekommen. Als sei er beleidigt, stellte mir der Wirt eine Rechnung aus, die mehr als doppelt so hoch war wie der Betrag, den ich erwartet hatte. Als ich reklamierte, hob er mit unschuldiger Miene seine Schultern, nahm den kleinen Zettel wieder mit und brachte mir kommentarlos ein neues, korrektes Exemplar.

Nach dem Essen packte ich meine Sachen, um frühmorgens den einzigen Bus zu erwischen, der tagsüber die Strecke in Richtung El Dorado zurücklegte. Als ich gegen fünf Uhr morgens aus dem Bett zu steigen versuchte, schmerzten meine Glieder. Die Aussicht auf mehr Termiten und Betrugsversuche in Santa Elena aber verhinderte, dass ich mich noch einmal umdrehte.

Im Terminal war eine Stunde Verspätung angekündigt. Ich nutzte die Zeit, um in den Zeitungen die aktuellsten Nachrichten aus Caracas zu lesen. Manche Kommentatoren in europäischen Zeitungen hegen eine gewisse Sympathie für Chávez. Ich gehe jede Wette ein, dass die meisten von ihnen ihre Meinung ändern würden, wenn sie einmal nach Venezuela reisten und dort etwas vom normalen Leben mitbekämen. Allein die Unsicherheit auf den Straßen entwertet alle Verdienste des Präsidenten. Manche Bürgerkriege fordern weniger Opfer als die ganz alltägliche Gewalt in diesem Land, in dem es nicht einmal eine wirksame Waffenkontrolle gibt.

Zwei der Zeitungen, die ich in die Hände bekam, waren weitgehend regierungstreu, mit ellenlangen, theoretisierenden Kolumnen von Anhängern der angeblichen sozialistischen Revolution. Nur ein Blatt äußerte Kritik und berichtete über den Fall eines Journalisten, der kürzlich im Westen des Landes ermordet und dann verscharrt worden war. Die Polizei verkündete, dass die Ermittlungen mangels Hinweisen bald wieder eingestellt werden müssten. Auch enthielt die Zeitung ein Interview mit dem Chef eines der größten Fernsehsender, der wegen zu großer staatlicher Einflussnahme zurückgetreten war. Einige kleinere Sender hat die Regierung gleich ganz verstaatlicht.

Beherrschendes Thema war allerdings die Energiekrise im Land. Mehrfach hatte es in den Städten längere Stromausfälle gegeben, da die Kraftwerke veraltet sind und den Bedarf nicht erfüllen. Das Nachbarland Kolumbien bot seine Hilfe an, »aber das haben wir nicht nötig«, teilte Chávez mit. Kolumbien sei ein kapitalistisches Land, das sich von den USA ausbeuten lasse.

Das Verhältnis beider Staaten ist schon seit Langem angespannt:

Kolumbien wirft Chávez vor, Guerillatruppen auf venezolanischem Territorium zu dulden, die von dort aus Anschläge in kolumbianischen Städten verübten. Immer wieder hat Chávez öffentlich Sympathien für die FARC bekundet, einst eine linke Rebellenorganisation, die heute vor allem von Drogengeschäften und Entführungen lebt.

Hoffnungsvolle Nachrichten für Venezuela fand ich nicht, und so war ich ziemlich nachdenklich gestimmt, als der kleine Bus nach einer weiteren halben Stunde endlich losfuhr. Von der ersten Minute an stellte der Beifahrer die Musikanlage auf volle Lautstärke. Die Scheiben vibrierten, und es kam mir vor, als würde das ganze Gefährt mit seinen dünnen Seitenwänden im Calypso-Rhythmus schwingen. Von außen betrachtet muss das sehr lustig ausgesehen haben. Eine stark geschminkte Frau um die Vierzig mit Zahnlücken, die einzige weitere Passagierin, wippte in ihrem Sitz, was sich auf ihre spektakuläre, in ein enges Top mit Tigermuster gezwängte Oberweite übertrug. Sie versuchte, ein Gespräch mit mir anzufangen, ich verstand sie aber wegen ihrer undeutlichen Aussprache kaum.

Bald gerieten wir in eine Straßensperre, diesmal nicht von beschäftigungslosen Militärs errichtet, sondern von einer Polizeistreife, die ein Radrennen absicherte. Mir kam es absurd vor, auf dem heißen Asphalt in einer wüstenartigen Gegend diesem Sport nachzugehen, aber den Männern in ihren bunten, engen Trikots schien die Hitze noch nichts anzuhaben. Wir stiegen aus, denn die Sache schien eine Weile zu dauern. Die Frau mit den Zahnlücken klatschte und applaudierte am Straßenrand.

Nach zehn weiteren Kilometern stieg meine Nachbarin aus, und ich war alleine an Bord, während die Gran Sabana draußen an uns vorbeizog. An einem Kiosk in der Nähe des Wasserfalls von Chinak Meru legten wir eine Frühstückspause ein. Zwei Frauen verkauften rote Jaspissteine, die manche Flussbetten in der Gegend färben. Der

Halbedelstein war einst sehr wertvoll und wird sogar in der Bibel erwähnt, ist aber heute wegen der vielen, weltweit verstreuten Fundorte keine Rarität mehr.

Zurück auf der schnurgerade verlaufenden Straße, erreichten wir die nördliche Kante der Hochsavanne, die auf rund tausend Metern liegt. Wir umkurvten den Piedra de la Virgen, den Jungfrauenfelsen. Das Ungetüm besteht aus mehreren meterhohen Sandsteinbrocken, die sich übereinander auftürmen. Streifen von beigefarben bis dunkelgrau ziehen sich über die Oberfläche, die eher wettergegerbt als jungfräulich wirkt. Noch immer war ich der einzige Passagier im Bus.

»Weißt du, warum der Felsen so heißt?«, fragte mich der Beifahrer, der für das Einsammeln der Fahrgelder und das Musikprogramm zuständig war.

»Nein, kann ich mir nicht erklären.«

»Wenn du genau hinschaust, erkennst du in dem hellen Stein das Gesicht einer jungen Frau, die aus einem Auge weint. Der Fels ist ein Wallfahrtsort.«

Wir waren so schnell vorbeigerumpelt, dass ich keine Chance hatte, auf solche Feinheiten zu achten. Plötzlich ging es in vielen Kurven steil bergab. Ich musste mich an dem Sitz vor mir festhalten, um nicht auf den Gang geschleudert zu werden. Auch im Bus beschützte uns das Gesicht eines Fräuleins: Mehrere Aufkleber der venezolanischen Volksheiligen Francisca Duarte umkränzten den Rückspiegel.

Die Vegetation am Straßenrand wurde immer grüner und dichter, je tiefer wir gelangten. Vier Stunden Fahrtzeit waren seit Santa Elena vergangen, als wir Claritas erreichten, eine der vielen Goldgräberstädte, die sich in dieser immer noch ertragreichen Gegend aneinanderreihen. Wir tankten, nachdem uns ein Soldat die Absperrkette vor der Zapfsäule geöffnet hatte. Ein Schild verkündete zwar, dass Benzin ausverkauft sei, aber für Überlandbusse wurde eine Notration vorgehalten.

Schon in der Gran Sabana war es ziemlich heiß, doch hier unten herrschte eine drückende Schwüle mit noch einigen Grad mehr. Die Autos am Straßenrand waren von einer Schicht aus Schlammspritzern und Staub überzogen, was darauf hinwies, dass es außerhalb der Stadt nur wenige geteerte Wege gab. In großen Plastikkanistern und Tanklastern wurde Trinkwasser durch den Ort gefahren.

»Hier haben wir fünfzehn Minuten Aufenthalt«, ließ mich der Fahrer wissen. Am Kiosk *La Tazita de Plata* oder »Silbertässchen« kaufte ich kein Silber, sondern Cola und Chips, eine nicht sehr nahrhafte Mischung, die sich aber für mich als Gegenmittel bei jener Form des Unwohlseins bewährt hat, die schnell durchfahrene Kurven hervorrufen. Ein Motorrad bretterte vorbei, dessen Fahrer ein lebendes Schwein im Arm hielt.

Vor einem der Läden stanken große Fische in der Sonne. Mein Arm juckte, und ich entdeckte rote Flecken. Eine Puri-Puri musste sich in den Bus geschlichen haben, eine jener winzigen Stechmücken, die in der Gran Sabana ihr Unwesen treiben und nicht nur bei Touristen, sondern auch bei Einheimischen berüchtigt sind.

»Wie weit ist es noch bis El Dorado?«, fragte ich den Beifahrer, der an einem der Außenspiegel lehnte und Lose rubbelte.

»Nicht mehr weit. Eine Stunde, vielleicht etwas mehr.«

Für ihn schien es ein deutlich arbeitsreicherer Abschnitt zu werden, denn der Bus hatte sich während der Pause gefüllt. Auch die beiden Plätze hinter mir waren jetzt besetzt, von einem kleinen, dunkelhäutigen Mädchen mit einer sehr schrillen Stimme und ganz vielen bunten Haarspangen, das mit seiner Mutter reiste. Es zupfte mir an den Haaren, warf Papierschnipsel nach vorne und ließ sich auch sonst allerhand neckische Spielereien einfallen, denen die Mutter bald mit einem Klaps Einhalt gebot.

Wir bogen in eine schmalere Straße ein, und nach ein paar Kilometern passierten wir das Ortsschild von El Dorado, neben dem die steinerne Statue eines Goldgräbers aufragte. Ich war der einzige Passagier, der hier ausstieg, was mich an den schlechten Ruf des Ortes erinnerte. Kurze Zeit später stand ich mit meinem Rucksack zwischen den Marktständen auf dem zentralen Platz.

Das Leben rund um den großen Brunnen in der Mitte schien mir ungefährlich zu sein. Auf einem Planwagen kam ein Dutzend Männer herangefahren, alle mit Bärten und schmutzigen Gummistiefeln. Das mussten Goldgräber sein, deren Schicht zu Ende war. Rund um den Platz versuchten Goldankäufer, mit protzigen Werbetafeln glückliche Finder in ihre Läden zu locken. Gemüsehändler wogen Tomaten ab.

Ich machte mich auf die Suche nach einem Hotel, in dem ich vor zwielichtigen Elementen halbwegs sicher sein konnte. Ein Schild wies zum *Universo*, dessen Namen ich aus meinem Reiseführer hatte. Ich suchte den Weg dorthin und kam an einem kleinen Hafen vorbei, in dem Ruderboote lagen. Sie transportierten Passagiere auf dem Cuyuni, der über die Grenze nach Guyana fließt und in der Nähe der Hauptstadt Georgetown den Atlantik erreicht. Das Wasser wirkte ziemlich schlammig und trüb.

An fast jedem Laternenpfosten und jeder zweiten Hauswand hing ein Plakat mit einem traurig blickenden Mann vor dem Stockbett einer Zelle: »Freiheit für Bürgermeister Carlos Chancellor – unschuldig im Gefängnis«. War das nun ein gutes oder ein eher schlechtes Zeichen, dass in diesem Ort der amtierende Bürgermeister in Haft saß? Um das beurteilen zu können, musste ich weitere Informationen einholen.

»Was hat der Bürgermeister denn angestellt?«, fragte ich die kleine, korpulente, dunkelhäutige Frau, die mir im *Universo* mein Zimmer zugewiesen hatte. Die Tür trug zwei Schlösser und war darüber hinaus mit einem Metallgitter versehen.

»Das weiß niemand so genau. Er hat der Regierung oft widersprochen und zusammen mit den Goldgräbern Straßensperren organisiert, um gegen die Verstaatlichung der Minen zu protestieren. Er hat sieben Jahre bekommen«, sagte sie und wies mit ihrem Kopf ans andere Ende des Hotelflurs. Dort öffnete sich ein Fenster auf eine Insel im Fluss, an deren Ufer hohe Zäune vor einigen Baracken standen. »Das ist unser Gefängnis. Es ist sehr berühmt, weil Papillon dort eingebuchtet war.«

Den Namen des Helden im autobiografischen Roman von Henri Charrière hatte ich in dieser Gegend schon mehrfach gehört. Der Franzose saß in den Dreißigerjahren wegen eines Mordes in Paris auf einer Atlantikinsel vor der früheren Strafkolonie Französisch-Guyana ein. Seine Schilderung der schlimmen Haftbedingungen und der immer wieder erfolgreichen Fluchtversuche wurde zum Bestseller, aus dem ein Hollywoodfilm mit Steve McQueen und Dustin Hoffman entstand.

»Nach einem seiner Ausbrüche wurde er bei uns in der Gegend gefasst«, berichtete die Frau. »Wie lange er einsaß, weiß niemand so genau.«

Unser Gespräch nutzte sie dazu, um mir einige Vorsichtshinweise zu geben. »Du solltest nicht alleine auf die Straße gehen, schon tagsüber ist das nicht zu empfehlen, aber in der Dunkelheit fast selbstmörderisch. Erst heute früh ist ein paar Blocks von hier eine Frau mit einer Pistole überfallen, ausgeraubt und mit einem Messer verletzt worden.«

Nur mit den nötigsten Gegenständen in meiner Umhängetasche, ging ich zurück zum Dorfplatz. Dort wollte ich Geld wechseln und einen Transport zu einer Goldmine organisieren. Die Verkäuferin eines Gemüsestands schickte mich in ein Elektrogeschäft. Zwischen Ventilatoren und Waschmaschinen, die hier von niedrigerer Qualität waren als in Brasilien, händigte mir der Besitzer ein Bündel Scheine aus.

Chávez hatte die Währung gerade offiziell abwerten müssen, aber es war immer noch günstiger, schwarz zu tauschen als in Banken oder mit der Kreditkarte Geld abzuheben. Abgesehen davon, gab es in El Dorado weder Geldautomaten noch Bankfilialen. In solchen Orten wird entweder in Gold oder in Bargeld bezahlt.

»Wie komme ich denn zu den Goldminen?«, fragte ich den Ladenbesitzer.

»Siehst du die Jeeps dort draußen? Sie bringen dich überall hin. Ist aber nicht gerade billig. Die Sicherheitsleute in den Minen, die dem Staat gehören, lassen keine Besucher rein. Du müsstest also zu einer der illegalen Minen wie *Bayabal* oder *La Camorra*.«

Draußen kaufte ich mir an einem Blechwagen erst einmal einen großen Hamburger und einen frisch gepressten Baumtomatensaft. Der Preis überraschte mich.

»Ist das nicht etwas teuer?«, fragte ich den Grillmeister in seiner fettigen Schürze.

»Mag sein, aber in einer Goldgräberstadt ist das normal.«

Diese Angabe bestätigte sich, als ich bei den Jeepfahrern herumfragte. Sie wollten fünfhundert Bolívares von mir kassieren, das waren mehr als fünfzig Euro.

»Da ist eine Sicherheitsgebühr dabei«, erklärte mir ein dicker Mann, der einen Sombrero und ein kariertes, kurzärmeliges Hemd trug, das er zur Hälfte aufgeknöpft hatte. »Ich würde mich nicht auf jeden verlassen, der hier so herumläuft.«

Ich fragte noch ein paar andere Männer, aber sie hatten offenbar ein Preiskartell gebildet. Orselio, der Mann mit dem Sombrero, würde mich zur Mine *Sianouro* fahren, die am leichtesten zu erreichen war. Sein kleiner, ebenfalls dicker Sohn stieg mit mir auf die lange Sitzbank des Pick-ups, auf dessen Ladefläche Schaufeln und Pickel befestigt waren.

Bald erreichten wir den Stadtrand. Vor einem kleinen Laden hielt Orselio an, sein Sohn lief hinein und kam mit fünf Flaschen Speiseöl wieder heraus.

»Die haben gerade eine Lieferung bekommen, so was spricht sich herum«, erklärte Orselio. »Es kann lange dauern, bis wir wieder etwas kriegen.«

Von der Teerstraße bogen wir auf eine rötlich braune Piste ab, die in einen dichten Wald geschlagen war. Kaum hatten wir die erste Kurve passiert, erreichten wir einen Kontrollpunkt. Inzwischen kannte ich die Prozedur: Wieder musste ich meinen Reisepass aushändigen, erntete neugierige Blicke, verfolgte das Tuscheln der Soldaten und war erleichtert, als mir Fragen erspart blieben und sie uns anstandslos passieren ließen, obwohl ich hier nun wirklich nichts zu suchen hatte.

Linker Hand wies ein Schild zur landwirtschaftlichen Kollektive *Pueblo Libre* oder »freies Volk«. Auch das gehört zur Politik von Oberstleutnant Chávez: Große Farmen werden dazu genötigt, ihren Besitz dem Staat zu überschreiben. Er verkauft das als Gabe an das Volk, obwohl nur die Herren gewechselt haben. Die sozialistische Revolution ist eine sehr oberflächliche Angelegenheit, denn bei genauerem Hinsehen handelt es sich um einen Staatskapitalismus, verbunden mit einer Günstlingswirtschaft, die Menschen im Umfeld des Präsidenten zu reichen Leuten gemacht hat.

»Wir sind bald dort«, informierte mich Orselio. »Tapata, ein Freund von mir, wird dich vom Parkplatz auf einem Fußweg zur Mine bringen. Es ist nicht gut, alleine dort herumzulaufen.«

»Wie läuft denn das Goldgeschäft momentan?«, fragte ich.

»Sehr gut, der Preis steigt immer weiter. Du wirst sehen, ganze Familien arbeiten inzwischen auf der Mine und suchen gemeinsam nach Goldkörnern.«

»Wie viel bringt denn ein Gramm?«

»Hier im Ort sind es momentan rund 160 Bolívares. Aber es kann auch ein paar Tage dauern, bis du eines gesammelt hast.«

Zum damaligen Kurs auf dem Schwarzmarkt waren das rund 30 Dollar, etwas weniger als der Weltmarktpreis, aber die Zwischenhändler wollten ja auch noch etwas verdienen. Wir passierten die Zufahrt einer staatlichen Mine, die durch hohe Zäune und Überwachungskameras abgeschirmt war, bevor die Piste auf einer großen Fläche endete. Wir stiegen aus, auf dem Boden lagen leere Tablettenpackungen verstreut, vor allem Schmerz- und Aufputschmittel. Auf Baumstümpfen saßen drei Goldgräber und zwei Frauen, die Orselio in langsamen, trunkenen Bewegungen zuwinkten.

»Wir warten noch kurz auf meinen Freund. Du kannst ihm vertrauen, aber solltest ihm ein Trinkgeld geben.«

Tapata war ein kräftiger Mann mit einem sehr einfältigen Blick. Ich folgte ihm auf dem Weg durch den Wald, in sicherem Abstand zum Zaun, der das Gelände der staatlichen Minengesellschaft umgab. Immer wieder kamen uns einzelne Goldgräber mit Rucksäcken entgegen. Es war Freitagabend, und sie kehrten in die Stadt zurück.

»Leben sie alle in El Dorado?«, fragte ich Tapata.

»Nein, nur manche. Du wirst sehen, die meisten wohnen um die Mine herum.«

Wir begegneten einem hageren, jungen Mann in schmutzverschmierten Shorts und freiem Oberkörper, der mit einer Steinschleuder in die Baumwipfel zielte. Er bedeutete uns, leise voranzugehen.

»Er ist auf der Jagd nach Leguanen«, erklärte Tapata. »Sie lassen sich gut verspeisen, in der Suppe oder gebraten. Sehr nahrhaft.«

Das tiefe, andauernde Brummen, das ich schon am Parkplatz gehört hatte, wurde immer lauter. Der Wald lichtete sich, und vor uns öffnete sich eine weite Senke mit tiefen Gräben und einem großen See am hinteren Ende. In den Rinnen rannten Menschen in bunten

Oberteilen wie Ameisen hin und her und bedienten schwere Pressslufthämmer, die das Geräusch verursachten. Windige Holzgestelle trugen Blechwannen, durch die grauer Schlamm hinab zu großen Filtern lief. Immer wieder schrie jemand im Versuch, das Lärmen zu übertönen, doch das gelang nicht.

Rundherum waren schwarze Zeltstädte aufgebaut. Mit den vielen seltsamen Gerüsten und labyrinthartigen Pfaden sah das schlammige Gelände aus wie ein provisorischer Freizeitpark, nur mit dem Unterschied, dass hier hart gearbeitet wurde.

Tapata ging direkt neben mir her und bemühte sich, laut zu sprechen, damit ich seine Erklärungen verstand: »Normalerweise arbeiten wir in Gruppen von vier bis sechs Leuten, die wochenlang zusammenbleiben und im gleichen Zeltlager wohnen. Einer ist der Chef, und meistens ist auch ein Koch dabei. Die Ausbeute wird unter allen Mitgliedern aufgeteilt.«

Wir näherten uns der Grube mit ihren vielen Pfützen. Ein grauhaariger Mann, dessen Körper komplett von grauem Lehm überzogen war, trug auf seiner Schulter einen schwarzen Bottich zu seiner Zeltstadt. Dort schüttete er den Schlamm in ein großes Drahtsieb, das zwischen schiefen Stöcken hing, die der Goldwäscher offenbar aus dem Wald herbeigeschafft hatte. Ein räudiger Hund bellte mich an.

»Leute wie er sind eher die Ausnahme«, sagte Tapata. »Er arbeitet auf eigene Rechnung.« Der Mann winkte uns zu und erlaubte mir, ihn bei der Arbeit zu fotografieren.

Wir arbeiteten uns durch den Schlamm entlang der Grube vorwärts zu einer Stelle, an der besonders viele Arbeiter versammelt waren. Auf langen, schiefen Brettern, die von Ölfässern gestützt wurden, stand ein Generator, der für den Lärm entscheidend verantwortlich war und die Pressluftbohrer antrieb. Dicke Feuerwehrschläuche waren auf dem Gelände verlegt, zwei Männer spritzten mit einem kräftigen Wasserstrahl die freigelegten Erdschichten ab. Mittendrin stand eine Frau in einem engen, rosafarbenen Shirt und rief einem der Arbeiter etwas zu.

»Ein paar Männer leben sogar mit ihren Familien hier in den Zelten«, erklärte mein Begleiter. »Aber das sind die wenigsten. Wenn du nicht unbedingt musst, dann willst du lieber nur zur Arbeit hier sein. Meistens ist der Lärm sogar in der Nacht noch unerträglich. Manche Teams arbeiten rund um die Uhr. Auch ist es sehr schwer, an Verpflegung zu kommen. Immerhin können die Frauen beim Auswaschen helfen.«

»Und man braucht dazu giftiges Quecksilber, oder?«

»Ja, das stimmt, nur interessiert das hier niemanden, solange die Einnahmen stimmen.«

Ein Mann mit einer grauen Baseballmütze saß mit dem Hosenboden im Schlamm. Seinen rechten Arm benutzte er dazu, in der feuchten Erde herumzurühren, sein linker Arm war nur ein Stumpf, der kurz unter der Schulter endete. An der Böschung am Rand der Grube saßen drei Jungs, die mich neugierig musterten.

»Was machst du denn hier?«, fragte einer von ihnen, mit einem Unterton in seiner Stimme, der eher verwundert als drohend klang.

»Mich umschauen, einfach so. Bin neugierig.«

»Du bist doch Journalist, oder?«

»Nein«, antwortete ich »Warum?«

»Wegen deiner Kamera. Aber es hätte mich gewundert, denn normalerweise würden sie niemanden von der Presse hereinlassen.«

So langsam verstand ich, dass ich Orselio nicht nur die Fahrt, sondern auch eine Art Eintritt und ein Schutzgeld bezahlt hatte. So gesehen, war der Preis gar nicht so hoch gewesen. Hoffentlich wartete er auf mich.

»Lohnt sich denn die Arbeit für euch?«, fragte ich die Jungs.

»Ja, sicher. Warum, meinst du, wären wir sonst hier?«

Wir machten uns einander bekannt. Sie hießen Davids, Jorge und Chiquito. Ich schätzte sie auf höchstens zwanzig Jahre.

»Und, fahrt ihr heute noch in die Stadt?«

Es war Freitag, und der Feierabend näherte sich.

»Nein, das können wir uns momentan nicht leisten«, bedauerte Jorge. »Das lohnt sich nur, wenn man Geld für eine Frau hat.«

»Wie hoch ist denn der Tarif momentan?«

»Hundert Bolívares«, antwortete Jorge. »Für das normale Programm. Alle Sonderwünsche kosten natürlich extra.« Der Marktwert einer Prostituierten in El Dorado war also deutlich niedriger als der eines Gramms Gold.

»Woher kommen denn die Frauen?«

»Meistens aus den großen Städten im Norden, manche sind Indios. Die sind gar nicht schlecht.« Diesmal hatte Davids geantwortet, seine beiden Kumpels lachten. »Heute Abend solltest du auf der Hut sein«, warnte er. »Viele Betrunkene im Ort.«

Auf der Rückfahrt fragte ich Orselio, ob El Dorado denn wirklich so unsicher sei, wie fast alle meiner Gesprächspartner behaupteten. »Viele Leute haben mir abgeraten, überhaupt hierherzukommen«, berichtete ich.

»Sagen wir einmal so, es war schon mal deutlich schlimmer hier«, antwortete er. »Vor rund einem Jahr ist die Situation völlig außer Kontrolle geraten. Es gab Schießereien auf der Straße und ständig Raubüberfälle. Irgendwann konnte die Polizei gar nicht anders, als einzugreifen. Seitdem sitzen ziemlich viele Leute im Gefängnis.«

»Ausländer kommen nicht viele her, oder?«

»Früher schon, alleine wegen des Namens. Aber seit ein paar Jahren hat sich das ziemlich erledigt. Ich denke, die Touranbieter haben uns aus dem Programm gestrichen. Manchmal kommen Leute wie du auf der Durchreise vorbei.«

Als ich später mit Orselio zurückfuhr, hielten wir mehrfach an, um Goldgräber auf dem Heimweg mitzunehmen. Sie sammelten sich auf der Ladefläche des Pick-ups und mussten Orselio eine kleine Gebühr entrichten. Für ihn war die Fahrt, die ich ja schon voll bezahlt hatte, ein gutes Geschäft. Er setzte mich direkt vor dem *Universo* ab und gab mir seine Telefonnummer. »Melde dich, wenn du etwas brauchst oder noch einen Ausflug machen willst.«

Beim Blick in den Spiegel stellte ich fest, dass mein Gesicht von einer Staubschicht überzogen war. Ich wusch mich und suchte nach den Resten meines Proviants vom Roraima, die ich in meinem Rucksack verstaut hatte. Ich verzichtete darauf, in der Dunkelheit alleine durch El Dorado zu laufen, und verbrachte den Abend in meinem mehrfach gesicherten Hotelzimmer.

Von Eichendorffs Romantik hatte ich an diesem Ort nichts gespürt, aber auch die angeblichen Gefahren erschienen mir etwas überzeichnet. Es war spannend, den Goldgräbern zuzuschauen, und zugleich war ich froh, nicht auf diese Weise mein Geld verdienen zu müssen. Am nächsten Tag wollte ich weiterfahren, der Hauptstadt entgegen, die der Endpunkt meiner langen Reise durch Südamerika sein würde.

XIV Vom Rasiermesser des Freiheitshelden

Auf dem Weg nach Puerto Ordaz, der Stadt am Orinoco, in der ich meine Verbindung nach Caracas erreichen wollte, betrachtete ich eine Karte von Venezuela. Wenn ich beide Aufenthalte in diesem Land addierte, dann hatte ich viele seiner wunderschönen Landschaften gesehen, von den schneebedeckten Andengipfeln im Westen über das Tierparadies des Llanos-Schwemmlandes in der Landesmitte bis hinauf zu den wilden, einsamen Stränden des Nationalparks Mochima. Wie traurig, dachte ich mir, dass dieses reiche Land sich seit einigen Jahren geradezu rückwärts zu entwickeln scheint.

In Tumerémo stieg ich aus dem Bus, der an jeder kleinen Ansiedlung gehalten hatte, und wechselte das Verkehrsmittel. Weil das Benzin so billig ist, hat sich in Venezuela ein System von Sammeltaxis entwickelt, die sich auf den Weg machen, sobald die vier freien Plätze verkauft sind. Das ist selbst dann schneller als die Linienbusse, wenn der Fahrer unterwegs Pakete abliefert, die Reifen auswuchten lässt oder am Straßenrand neue CDs kauft, die er in einer kaum erträglichen Lautstärke abspielt. Das alles geschah auf unserer Fahrt nach Norden.

Während der Reifenreparatur kam ich mit den beiden anderen männlichen Passagieren ins Gespräch, als wir an einem Kiosk Getränke besorgten. Einer von ihnen war Metzger, der andere besaß einen kleinen Werkzeugladen in einer nahe gelegenen Stadt. Sie waren ziemlich resigniert über die Lage in ihrem Land.

»Wir haben nicht einmal mehr gut ausgebildete Mechaniker«, seufzte der Ladeninhaber. »Das ist bei euch in Deutschland sicher ganz anders. Selbst wenn einer bei euch nichts wert ist, hier würde er zehnmal mehr bringen als jeder Venezolaner.«

»Das ist übertrieben.«

»Vielleicht, aber so ungefähr stimmt es schon. Unsere Leute sind genau das Gegenteil von euch Gringos, gleich, ob Deutsche oder Amerikaner. Wir hier sind zu zehn Prozent Arbeiter und zu neunzig Prozent Faulpelze. Bei euch ist es genau umgekehrt. Deshalb kommt Chávez vielen Leuten so gelegen. Sie haben zwar ziemlich wenig Geld, aber müssen auch nicht arbeiten. Das gefällt ihnen.«

Das war die einfachste Erklärung von Chávez' Wahlerfolgen, die ich bisher gehört hatte, und von meinen Gesprächen mit den Menschen im Land wusste ich, dass sie nur für einen Teil zutraf.

»Faule Leute gibt es überall, auch bei uns«, antwortete ich diplomatisch.

Schon wieder steckte ich also in einem politischen Gespräch, in dem der Präsident die Hauptrolle spielte, diesmal, ohne dass ich das Thema aufgebracht hatte. Venezuela ist eine gespaltene Republik, der Diskussionsbedarf ist enorm hoch, und besonders Ausländer werden gerne nach ihrer Meinung gefragt.

»Chávez mag euch Gringos nicht besonders, oder?«, fragte der Metzger.

»Er hat nichts dagegen, wenn wir unser Geld in Venezuela ausgeben. Aber man wird als Reisender schon manchmal schikaniert, das stimmt.«

»Geh davon aus, dass es noch schlimmer wird. Irgendwann lässt er nur noch die Leute rein, die ihm in den Kram passen. Ich gehe jede Wette ein, dass er sein ganzes Leben an der Macht bleiben wird. Ihm gehört ja alles, das Land, die Fabriken. Chávez hat als einziger Dollar, Öl und die absolute Kontrolle.«

Der Kioskbesitzer mischte sich ein.

»Dazu wird es immer unsicherer«, schimpfte er. »Meinen Kiosk haben sie zweimal in der Nacht aufgebrochen und ausgeräumt. Das ist früher nie passiert.«

Der Mann zeigte uns einen Zeitungsausschnitt mit einem Bericht über einen Reisebus, der kurz nach Weihnachten in der Nähe von San Félix überfallen worden war. »Sie haben den Passagieren alles Geld und Wertsachen abgenommen, sechs Frauen vergewaltigt und sind abgehauen, bevor die Polizei gekommen ist. Bis heute haben sie keinen aus der Bande verhaftet. Vermutlich haben sie es nicht einmal versucht. Vielleicht ist es Chávez sogar recht, wenn die Leute Angst haben, dann wählen sie ihn.«

Die dritte Passagierin an Bord unseres Sammeltaxis machte die lange Pause nervös, denn sie lief Gefahr, zu spät zur Schichtarbeit in der Fabrik zu erscheinen.

»Das wäre nicht das erste Mal«, sagte sie. »Irgendwann feuert mich mein Chef.«

Unser Fahrer wollte seinen Ruf nicht verlieren und machte den Zeitverlust mit besonders lässigen Manövern wieder wett. Eine Autoschlange, die vor einer roten Ampel wartete, überholten wir, indem wir auf den rechten Bürgersteig auswichen. Zwei Fußgänger mussten zur Seite springen. Die folgende Kreuzung querten wir mitten durch den Gegenverkehr, permanent hupend.

Niemand regte sich auf, es galt das Chaosprinzip, nach dem der Verkehr genauso sicher ist, wenn sich keiner an die Regeln hält, wie wenn sich alle an die Regeln halten. Man muss nur wissen, welches der beiden Extreme im jeweiligen Land gilt, denn brenzlig wird es, wenn nur ein Verkehrsteilnehmer von dieser Vorgabe abweicht. Bei einer ähnlichen Fahrt saß einmal eine Nonne neben mir, deren Ruhe sich auf mich übertrug. Als wir unser Ziel erreicht hatten. schenkte sie mir einen Gebetszettel.

Je näher wir der Großstadt Ciudad Guyana kamen, die als künstliches Gebilde aus den beiden Orten San Félix und Puerto Ordaz entstanden ist, desto öfter standen riesige Werbetafeln für die Regierung am Straßenrand. Eine schlichte Brückenbaustelle bekam den Titel eines »Sozialistischen Verschönerungsprojekts«. Wenig später hieß es vor einem überdimensionalen Gesicht des Oberleutnants Hugo Rafael Chávez Frías: »Gemeinsam schaffen wir die Grundlagen für eine neue Gesellschaft und ein besseres Leben.« Vergleichbares hatte ich bisher nur in China gesehen, und selbst dort waren die Sprüche besser.

Auf einer langen, breiten Brücke überquerten wir den Rio Caroní, der sich wenige Kilometer flussabwärts, vom hohen Bogen der Straße andeutungsweise zu sehen, mit dem Orinoco zu einem riesigen Flussdelta vereint. Der mächtige Strom bildet das dritte der drei großen südamerikanischen Flussbecken, die ich auf meiner Reise durchquert hatte – angefangen bei den Zwillingsflüssen Rio Paraná und Rio Paraguay, die sich vor Buenos Aires zum Rio de la Plata verbinden, hinauf zum Amazonas, dem zweitlängsten Fluss der Welt, und jetzt hinab in die venezolanische Tiefebene.

Ähnlich wie der Amazonas besitzt auch der Orinoco eine eigene Tierwelt. Mir fiel ein, dass ich ein Jahr zuvor mit Sandra in einem Hotel in Ciudad Bolívar eingecheckt hatte. Nach mehreren Nachtbusreisen und sehr provisorischen Unterkünften mit allerlei Ungeziefer wollten wir uns dort ein gutes Essen und bequeme Betten gönnen. Wir bestellten einen gegrillten Lao-Lao aus dem Fluss, der vorzüglich schmeckte. Zurück auf dem Zimmer, schrie Sandra plötzlich gellend: Sie hatte meine Fototasche hochgehoben und darunter eine Vogelspinne entdeckt, so groß wie eine Männerhand.

Solche unerwarteten Begegnungen waren vermutlich normal, als Alexander von Humboldt mit seiner Expedition entdeckte, dass der Orinoco über den Rio Negro mit dem Amazonas verbunden ist. Für die damaligen Geologen war das eine Sensation. Jeder Tropfen Wasser, der an der Quelle des Orinoco im Hochland zwischen Venezuela und Brasilien an die Oberfläche gelangt, kann sich also zwischen zwei Wegen entscheiden: Entweder erreicht er den Atlantik über die Amazonasmündung bei Belém oder durch das Delta des Orinoco mit seinen vielen Flussinseln und Indianersiedlungen der Warao, die Humboldt in seinen Tagebüchern beschrieben hat.

»Ich setze dich in Puerto Ordaz ab, oder?«, fragte unser rasanter Fahrer, nachdem wir den Fluss überquert hatten. Der Metzger und sein Freund waren schon in San Félix ausgestiegen, die nervöse Frau saß noch mit mir auf der Rückbank.

»Ja. Ich muss mich umhören, wie ich nach Caracas weiterkomme.«

»Wenn du ein paar Tage Zeit hast, solltest du zum Guri-Wasserkraftwerk fahren. Das ist sehr beeindruckend, einer der größten Stauseen der Welt.«

»Liegt das hier in der Nähe?«, fragte ich, auch wenn ich bereits ahnte, dass ich auf den Kraftwerksbesuch verzichten würde.

»Ja. Aber momentan ist wenig Wasser darin, das ist einer der Gründe für unsere Energiekrise. Das Kraftwerk müsste dringend erweitert werden.«

Plötzlich schlug ich mit dem Kopf gegen das Innendach des Autos, denn unser Fahrer hatte sich spontan entschlossen, die Straße zu verlassen, über einen Grünstreifen zwischen zwei Bäumen hindurchzurumpeln und dann auf dem Parkplatz eines Krankenhauses einen Hochgeschwindigkeitsslalom hinzulegen. Wir mussten noch eine geschlossene Schranke umfahren, dann landeten wir wieder auf einer regulären Straße.

»So kommt unsere Freundin noch rechtzeitig in die Arbeit«, erklärte er.

Um seinen neuen Renault, der auf der Bordsteinkante aufsetzte, schien er keine Angst zu haben. Das Trinkgeld war wichtiger. Wir überquerten die nächsten Kreuzungen ordnungsgemäß, setzten meine Sitznachbarin vor ihrer Fabrik ab und erreichten kurz darauf die Innenstadt.

Im Vergleich zu Brasilien kam mir Venezuela klein vor, und das, obwohl man Deutschland auf seiner Fläche beinahe dreimal unterbringen könnte. Die letzten Fahrten waren für mich deshalb eher vergnüglich als nervenaufreibend. Ich hatte nicht mehr viel Zeit für Caracas, denn schon drei Tage später ging mein Heimflug über Frankfurt nach München. Zwar erinnerte ich mich an die Worte von Claude aus Santa Elena, dass es in der Hauptstadt nichts zu sehen gebe, aber das machte mich erst recht neugierig.

Schon lange bevor die eigentliche Stadt begann, türmten sich Hüttensiedlungen an steilen Hängen übereinander, die auf die breite Ringstraße hinabzustürzen drohten. Baufällige Wohnsilos trugen riesige, beleuchtete Werbetafeln für amerikanische Kosmetikprodukte, die sich in Venezuela immer weniger Menschen leisten können. Noch ein Tunnel, und ich hatte das Zentrum von Caracas erreicht, eingepfercht zwischen zwei Gebirgszügen, die bis zu dreitausend Meter hoch sind.

Meine Pension lag in einem Viertel zwischen den realitätsfernen Gettos der Reichen im Osten und den heruntergekommenen, gefährlichsten Stadtteilen im Westen des Talkessels. Die Fußgängerzone Sabana Grande war nicht weit entfernt, und mit ihren Ramschläden, Schnellrestaurants und Drogeriemärkten hatte sie tatsächlich etwas von einer eintönigen Savanne, allerdings bevölkert von sehr vielen Menschen in knallbunter, selten geschmackvoller Kleidung.

Im *Gran Café*, dessen Name etwas überzeichnet war, nahm ich ein nahrhaftes *arepa* zu mir, einen Maisfladen gefüllt mit Rührei, Bohnen, Schinken und Käse. Die Fladen werden in Venezuela typischerweise zum Frühstück serviert und mit so viel Butter gebraten, dass sich mein Magen danach jedes Mal anfühlt, als sei er von innen mit Fett ausgestrichen. An einem Kiosk las ich mir die Schlagzeilen durch, was völlig genügte, um die tägliche Ration an schlechten Nachrichten aufzunehmen: Venezuelas Wirtschaft war in den vergangenen zwölf Monaten um zehn Prozent geschrumpft. Chávez hatte jetzt auch die größte Supermarktkette des Landes verstaatlicht. Die Inflation beschleunigte sich.

Auf dem Pflaster pickten seltsame braune Vögel mit sehr langen, orangefarbenen Schnäbeln nach Körnern. Ich hatte sie noch nie gesehen, vermutlich waren sie im benachbarten botanischen Garten beheimatet und hatten sich verflogen. Im Stadtbild zeigte sich: Das kapitalistische Caracas und die angeblich so hoffnungsvolle Hauptstadt einer von oben verordneten sozialistischen Revolution existieren noch nebeneinander. Auf einem Hochhaus drehte sich eine überdimensionale rote Nescafé-Tasse, während auf dem Nachbargebäude das Logo der mächtigen Steuer- und Zollbehörde Seniat in den Staatsfarben Gelb, Blau und Rot prangte.

In einer jener Shoppingmalls, die Chávez zum Teufelszeug erklärt hat, kaufte ich mir neue Kopfhörer. Ich hatte meine im Sammeltaxi liegen lassen, und meine Pension lag so nahe an einer stark befahrenen Straße und mehreren Nachtclubs, dass mir etwas sanfte Musik das Einschlafen erleichtern würde. Am nächsten Tag wollte ich die Altstadt besichtigen und Carlos treffen, einen Bekannten von Karine, jener in München lebenden venezolanischen Freundin, die mir vor der Abreise *Siddhartha* geschenkt hatte. Ich interpretierte die Erzählung für mich persönlich als Reisebuch, wenn auch die darin geschilderte Reise ein ganzes Leben umspannt.

Ausgeruht stieg ich am nächsten Morgen in der Nähe des Kapitols aus der Metro aus, die sekundenschnell und leise von einer Haltestelle zur nächsten eilt. Am Ende der Rolltreppe versuchten zwei Blumenverkäufer, mir verwelkte Rosen anzudrehen. Ein paar Blocks musste ich noch zurücklegen, um das Haus zu erreichen, in dem die einflussreichste Person der südamerikanischen Geschichte geboren wurde: Simón Bolívar, genannt *el libertador*, der Befreier, der die spanischen Kolonialherren vom Kontinent verjagte. Sein Traum einer vereinten südamerikanischen Republik erfüllte sich nicht, aber sowohl Venezuela als auch Bolivien, Peru, Ecuador und Kolumbien haben durch seine militärischen Erfolge die Unabhängigkeit erlangt.

Vor dem blütenweiß gestrichenen Parlament musterte mich ein Militärpolizist eindringlich. Um nicht verdächtig zu wirken, hätte ich meine Kamera in der Pension lassen und ein rotes T-Shirt überstreifen müssen, aber selbst dann wäre ich als Ausländer zu erkennen gewesen und hätte Misstrauen erregt. Als Fremder könnte man die Venezolaner schließlich auf die Idee bringen, dass die bolivarische Revolution nicht der einzig mögliche Weg zu mehr Gerechtigkeit ist und zu Frieden erst recht nicht.

Eines kann man ihrem Erfinder nicht vorwerfen, nämlich dass er sich an seinem Vorbild vergreift: So erfolgreich Bolívar aus politischer und militärischer Sicht auch war, als aufgeklärten Demokraten kann man den kleinwüchsigen Feldherrn nicht bezeichnen. In seinem berühmten *Brief aus Jamaika*, wo er einige Zeit im Exil zubrachte, und einigen anderen Schriften erwies er sich als Anhänger einer autokratisch regierten Republik, mit einem Präsidenten, der auf Lebenszeit gewählt wird – ganz im Sinne von Chávez also.

Seit den bösen Blicken des Polizisten fühlte ich mich überwacht. Dieses Gefühl hielt an, als ich in einem Café einen Saft aus frischen Papayas oder *lechosas*, wie die Venezolaner sagen, und ein *empanada* mit Hackfleisch bestellte. Vermutlich handelte es sich um Verfolgungswahn, aber es kam mir vor, als hätte ich die beiden älteren Herren in ihren Anzügen, die am Nachbartisch Platz nahmen, schon einmal gesehen. Die beiden Frauen in den Uniformen der Stadtpolizei, die an der Eingangstür standen, wirkten dagegen harmlos: Sie waren vermutlich für die Kontrolle der Parkregeln zuständig.

Ich ließ mich nicht beirren, auch nicht von den vielen Marktschreiern, die mich zum Geldwechseln in die mehrgeschossigen

Häuser der Altstadt locken wollten, deren Läden verrammelt waren. Unter dem mächtigen Reiterstandbild des Freiheitshelden hindurch betrat ich die Kathedrale, die ich durchs Seitenportal wieder verließ, um den laufenden Gottesdienst nicht zu stören. Die Sitzreihen waren nur spärlich gefüllt, was mich daran erinnerte, dass auch in Venezuela die katholische Kirche immer mehr Gläubige an protestantische Sekten verliert, die mit ihren Heilsversprechen überzeugender wirken.

Ehrfürchtig überschritt ich die Türschwelle von Bolívars Geburtshaus, das aber, wie ich einer Tafel entnehmen musste, nur eine originalgetreue Nachbildung war. Viele alte Möbel standen herum, darunter auch sein Schreibtisch und sein kurzes Bett. Interessant fand ich die Vitrinen mit den persönlichen Gegenständen. Ein Kamm zählte dazu und Strümpfe, die an mehreren Stellen geflickt waren. Das verwunderte mich nicht, denn Schlachten in den Anden zu führen strapaziert die Ausrüstung sicher sehr. Besonders gefielen mir das elegant geschwungene Rasiermesser und eine Herrenhandtasche aus schwarzem Leder, in der Bolívar angeblich seine persönlichen Gegenstände aufbewahrte.

Um meinen historischen Spaziergang abzuschließen, stieg ich noch hinauf zum *Panteón Nacional*, einem hellrosa gestrichenen, sakral wirkenden Gebäude, dessen drei Türme auf ihrem Hügel aussehen wie aus der Zuckerbäckerei. Sechs Soldaten in weinroten Festtagsuniformen standen um das Grab des Freiheitshelden. In Deckenmalereien waren die wichtigsten Momente seiner Feldzüge verewigt. In der Halle sind Grabstätten freigehalten für Antonio José de Sucre, Bolívars in Kolumbien ermordeten Compagnon, und für Francisco de Miranda, seinen Vorläufer im Unabhängigkeitskampf, der im Gefängnis von Cádiz in Spanien starb. Vermutlich haben ihn Bolívars Leute an die Spanier ausgeliefert. Manche Historiker behaupten, es war Bolívar selbst, der auf diese Weise seine Haut gerettet habe.

Auf dem Rückweg näherte ich mich dem Präsidentenpalast, bis mich ein Polizist anhielt und mir deutlich zu verstehen gab, dass ich in dieser Gegend nichts zu suchen hatte. Da es sich Polizisten in Caracas zu einem Zusatzverdienst gemacht haben, Ausländern ihre Pässe abzunehmen und erst gegen eine Bearbeitungsgebühr wieder herauszurücken, trug ich nur eine Kopie bei mir. Wortreich gelang es mir, den jungen Beamten, der einen offiziellen Stempel vermisste, von meiner Harmlosigkeit zu überzeugen. Durch einen Park erreichte ich die Metro, vorbei an einem großen Wandgemälde, das Fidel Castro und Che Guevara zeigte, darunter der Ausruf: »Wir werden gewinnen!«

Am anderen Ende der Stadt, im vornehmen Altamira, traf ich mich mit Alejandro zu einem verspäteten Mittagessen. Er zeigte mir kurz seine Wohnung, ein Penthouse im obersten Stock eines Mietsgebäudes. Der Komfortlevel stand mit dem doppeltürigen Kühlschrank, moderner Kunst an den Wänden, dem Marmorboden und den zwei Bädern einem vergleichbaren Objekt in Frankfurt, London oder New York in nichts nach. Karines Freund gehörte zur Oberschicht, die Chávez so verhasst ist.

Sein Vater, erzählte er, hatte ein großes Unternehmen in der Lebensmittelproduktion aufgezogen und lebte in einer Villa außerhalb der Stadt.

»Zumindest, bis sie ihm die auch noch wegnehmen«, schränkte Alejandro ein. »Einige Fabriken hat er schon verloren. Die Regierung wird immer skrupelloser mit ihrer Enteignungspolitik.«

Auf dem Weg zu einem italienischen Restaurant wagte auch er mit traurigem Gesicht die Prognose, dass Chávez das Land bis an sein ebensende regieren werde, weil er das ganze System auf sich ausgerichtet habe: »Die Frage ist nur, ob er eines natürlichen Todes stirbt oder ob ihn vorher jemand umbringt.«

Ich wiederum äußerte eine These, deren Grad an Provokation ich nicht einschätzen konnte. »Auch mir kommt es ziemlich absurd vor, was Chávez da veranstaltet«, sagte ich, »aber immerhin gewinnt er die Wahlen. Sind die Reichen im Land nicht letztlich selbst schuld an der Entwicklung, weil sie jahrelang ihr Geld gehortet haben, statt die ärmeren Teile der Bevölkerung am Wohlstand teilhaben zu lassen?«

»Doch, das stimmt«, antwortete Alejandro zu meiner Überraschung. »Das kann man so sehen.« Eine Dame in pinkfarbenem Kostüm mit einem frisierten Pudel an der Leine kam uns entgegen.

»Warum lebst du eigentlich noch hier?«, fragte ich ihn. Von Karine und anderen venezolanischen Freunden wusste ich, dass gerade junge, wohlhabende Leute alles daransetzten, das Land zu verlassen.

»Mir gefällt es hier trotz der Probleme einfach gut, und außerdem habe ich einen viel höheren Lebensstandard als meine Freunde, die in westlichen Großstädten wohnen.« Das erinnerte mich an das ökonomische Argument, das mir ausgerechnet ein venezolanischer Professor beigebracht hatte: nämlich dass es besser ist, arm in einem reichen Land zu leben als reich in einem armen Land.

»Was machst du eigentlich beruflich?«, fragte ich.

»Ich arbeite als freier Unternehmensberater und importiere Möbel aus China. Eigentlich würde ich gerne Journalist werden, aber das ist schwierig in Venezuela.«

Bald erreichten wir das Restaurant, auf dessen schattiger, mit Efeu umrankter Terrasse ich mich unwohl fühlte. Die Menschen um mich herum strahlten einen Wohlstand und eine Zufriedenheit aus, die nicht so ganz zu den ständigen Klagen über die Realität im Land passten. Zugleich wusste ich, dass es sich um eine kleine Minderheit handelte.

Ich war mal wieder nur wenige Minuten gefahren, aber in einer anderen Welt angekommen, wie so oft auf diesem Kontinent mit seinen riesigen Unterschieden zwischen Menschen, die nur ein paar Kilometer voneinander entfernt leben.

Am vermeintlich letzten Abend auf dieser Reise saß ich auf einem Plastikstuhl vor meiner Pension. Der Stuhl gehörte zu einer Bar, die Bier und Pommes frites mit Würstchen anbot. Der Wirt hatte den Kopf auf einen der Tische gelegt und schlief, die Wirtin roch sehr stark nach Schweiß und hatte unsaubere Hände. Plötzlich kam in höchstem Tempo ein junger Mann angerannt und blieb vor der Tür stehen. Er zitterte am ganzen Leib, über seine Stirn lief der Schweiß herab.

»Sie haben mich ausgeraubt«, stammelte er. »Gleich dort vorne, an der nächsten Kreuzung.«

Die Wirtin blieb gelassen, wahrscheinlich erlebte sie solche Szenen öfter.

»Beruhige dich! Setz dich hin, ich bring dir ein Bier.«

Ich sprach kurz mit ihm, und er schilderte mir, was ihm zugestoßen war.

»Drei Jungs sind auf mich zugekommen. Einer von ihnen hat mir ein Messer an die Kehle gehalten, der andere trug eine Pistole. Sie haben mir alles abgenommen.«

Er bat die Wirtin um ein Telefon, um Freunde anrufen zu können, damit sie ihn abholten. Ich nahm mir vor, die letzten Stunden in dieser Stadt noch vorsichtiger zu sein, als ich es ohnehin schon war.

Für den letzten Morgen hatte ich mir etwas aufgehoben, das mir als würdiger Abschluss meiner Reise erschien: Ich wollte die Seilbahn auf den El Ávila nehmen, den höchsten Berg der Gipfelkette, die Caracas umringt. Die Zeit, dort mit eigener Kraft hinaufzusteigen, hatte ich nicht mehr, und die Hitzewelle, die über die Stadt hereingebrochen war, hätte das auch zu einem sehr erschöpfenden Unterfangen gemacht.

Es war ein Feiertag, die ganze Stadt hatte frei, und so war ich mit meiner Idee nicht allein. Die Schlange am Ticketschalter schreckte mich nicht ab, schließlich hatte ich bis zum Abflug noch sieben Stunden Zeit. In der Gondel saß ich mit einer vierköpfigen Familie, deren zwei Töchter im Grundschulalter zum ersten Mal ein frei schwebendes Fortbewegungsmittel benutzten. Vor jedem Pfosten begannen sie zu schreien, so lange, bis das darauffolgende, kurze Absacken überstanden war.

Auf dem Berg war ein Freizeitpark mit Karussells und Essensständen aufgebaut. Ich genoss die Sonnenstrahlen auf meinem Gesicht, blendete den Trubel aus und freute mich sogar über die Panflötenklänge, die ein lächerlich verkleideter Inkaherrscher mit einem mächtigen Verstärker über den Berg klingen ließ. Ich fragte mich, ob er auf seiner Tournee auch in deutschen Fußgängerzonen Station machte.

Ich blickte über die Bergketten hinweg nach Süden und rief mir die Gesichter der vielen wundervollen Menschen in Erinnerung, die ich auf meinem weiten Weg kennengelernt hatte. Ich war bereit heimzukehren, denn noch mehr Eindrücke hatten in meinem Gehirn keinen Platz mehr, und doch war ich auch traurig, dass diese schöne, erlebnisreiche Zeit vorübergehen sollte.

Vier Monate Reisezeit lagen hinter mir, in der ich ganz Südamerika durchmessen hatte, rund 7500 Kilometer von Ushuaia bis Caracas. Wegen der vielen Umwege schätzte ich meine tatsächliche Strecke auf mindestens das Doppelte. Ich hatte mehrere Klimazonen durchquert, vom kühlen Sommer auf Feuerland bis zur tropischen Hitze im Pantanal. Ich war durch vier Länder gereist, in jedem von ihnen hatte ich mich willkommen gefühlt, auch in Venezuela, wenn ich von manchen staatlichen Gängeleien absah.

Nichts Unangenehmes war mir zugestoßen, weder wurde ich krank, noch biss mich eine Schlange oder bildete sich ein Gauner ein, sich meiner Sachen bemächtigen zu müssen. Ich fühlte mich, als sei ich mit Südamerika, seinen Menschen und seiner Natur verschmolzen. Besonders die Wochen in Brasilien, jenem Land, vor dem ich allein schon wegen seiner Größe einen gewissen Respekt hatte, brachten eine Leichtigkeit und eine Zuversicht in mein Leben, die ich mir für die Monate nach meiner Rückkehr bewahren wollte.

Wenn ich auf die Karte blickte, sah ich auch jetzt noch unzählige Orte in Südamerika, die sich zu weit ab von meinem Weg befunden hatten oder die ich gerne noch einmal besuchen würde. So unterschiedlich die Länder auch sind, alle haben sie in mir einen großen Entdeckertrieb geweckt, der noch lange nicht befriedigt ist. Das gilt auch für das kleine und beschauliche Uruguay, das mir schon deshalb sympathisch ist, weil es sich über die Jahrhunderte hinweg gegen zwei so übermächtige Nachbarn behauptet hat.

Argentinien, der südliche dieser Nachbarn, war das Land, das ich vor dieser Reise schon am besten kannte. Selten habe ich mich freier gefühlt als in seinen patagonischen Ebenen, begrenzt von schneebesetzten Gipfeln, deren Gletscher in der Sonne des tiefen Südens funkeln, als bestünden sie aus Edelsteinen. Im Norden und in der Gegend um Buenos Aires strengte mich gelegentlich der Hang der Bewohner zum Melodrama an, dem leider auch die Politiker unterliegen. Entweder sind sie nicht fähig oder nicht willens, das Land in eine bessere, wirtschaftlich stabile Zukunft zu führen. Es hätte alle Voraussetzungen dafür, an seine so oft zitierten Glanzzeiten anzuknüpfen und sogar darüber hinauszuwachsen, indem es die überlebenden Indios und seine Natur stärker respektiert.

Von den großen Ländern habe ich nur Paraguay nicht besucht, aber auch dort wird mich meine Reiselust irgendwann hinführen. Echte Abenteuer versprechen die vergleichsweise kleineren staatlichen Gebilde an der Nordostküste, Guyana, Surinam und Französisch-Guyana, das bis heute von Paris aus regiert wird. Sie lagen leider nicht auf meiner Route. Im Pantanal hatte ich einen deutschstämmigen Dänen getroffen, der viele Jahre als Buschpilot für die Regierung von Guyana gearbeitet hatte. Seine Geschichten verkürzten unsere gemeinsame Busfahrt erheblich.

Jetzt aber ging ich erst einmal zurück zur Seilbahn. Von dem geteerten Weg blickte ich in nordöstliche Richtung aufs Meer hinaus und bildete mir ein, ganz hinten am Horizont, jenseits der karibischen Inseln, die Küste Europas zu erkennen. Nur noch wenige Stunden sollten vergehen, bis ich dorthin aufbrechen würde, in einem Flugzeug, das mich nicht nur auf einen anderen Kontinent, sondern auch in eine andere Jahreszeit bringen würde: Der härteste Winter in Mitteleuropa seit vielen Jahren neigte sich gerade erst dem Ende zu. Mich schauderte bei dem Gedanken daran, aber zugleich freute ich mich, dass ich meine Heimat bald wiedersehen sollte.

Meine Reiselektüre

José de Alencar: *Ubirajara*. Coleçao Grandes Mestres da Literatura Brasilera 23. Editora Escala. São Paulo 2006. (nicht übersetzt)

Jorge Luis Borges: *Fiktionen*. Erzählungen 1939–1944. Fischer Taschenbücher 10581, Frankfurt am Main 1992.

Ricardo Güiraldes: *Ich ritt mit den Gauchos*. Ueberreuter Verlag, Wien 1970 (momentan vergriffen, erhältlich auf Spanisch unter dem Originaltitel *Don Segundo Sombra* bei Lingkua).

José Hernández: *Der Gaucho Martin Fierro*. Akademischer Verlag, Stuttgart 1995 (momentan vergriffen).

Hermann Hesse: *Siddhartha. Eine indische Dichtung*. Suhrkamp Taschenbuch. Frankfurt am Main 1974.

Mario Vargas Llosa: *Der Krieg am Ende der Welt*. Suhrkamp Taschenbuch. Frankfurt am Main 1987.

Juan Madrid: *Mein Amazonas. Eine fantastische Reise*. Frederking & Thaler, München 2007.

Quellen

Ben Box: *South American Handbook 2010*. Footprint, London 2009.

William S. Burroughs, Allen Ginsberg: *Auf der Suche nach Yage. Ein Briefwechsel*. Limes Verlag 1999. 97 Seiten. (derzeit nur lieferbar auf Englisch als »The Yage Letters« bei Penguin Books)

Arthur Conan Doyle: *Die vergessene Welt*. Arena. Würzburg 2000. 277 Seiten.

Euclides da Cunha: *Krieg im Sertão*. Suhrkamp Taschenbuch. Frankfurt am Main 2000.

Joseph von Eichendorff: *Sämtliche Gedichte und Versepen*. Hg. von Hartwig Schultz. Insel Verlag. Frankfurt 2007.

Alexander von Humboldt: *Reise in die Äquinoktial-Gegenden des Neuen Kontinents*. Zwei Bände. Hg. von Ottmar Ette. Insel Verlag, Frankfurt am Main 1999.

Antonio Pigafetta: *Mit Magellan um die Erde. Ein Augenzeugenbericht der ersten Weltumsegelung 1519–1522*, Hg. von Robert Grün. Edition Erdmann. Wiesbaden 2009.

Hans Staden: *Brasilien. Historia von den nackten, wilden Menschenfressern, 1548–1555*. Hg. von Gustav Faber. Edition Erdmann. Wiesbaden 2006.

Wie die wilden Kerle reisen.

Ewan McGregor/Charley Boorman
Long Way Round
Der wilde Ritt um die Welt

Mit den beiden Lehrmeistern des Abenteuers in 115 Tagen um die Welt.

»Ein Männertraum.«
ZDF

Charley Boorman
Auf die harte Tour
Auf direktem Weg durch 24 Länder und drei Kontinente, ohne dabei ein Flugzeug zu besteigen: Die erste Solotour Charley Boormans ist »eine Abenteuerreise mit Herz und hohem Kultpotenzial.«
Wochenblatt

Colin Angus
Amazonas Extrem
Drei Männer, ein Boot, ein Abenteuer

Ein schwindelerregender Rafting-Trip mit dem NATIONAL GEOGRAPHIC »Adventurer of the Year«.

MALIK NATIONAL GEOGRAPHIC

Einfach mal aussteigen

Ewan McGregor/Charley Boorman
Long Way Down
Von Schottland nach Kapstadt

Zwei Männer, zwei Motorräder, 15 000 Meilen von den schottischen Highlands nach Südafrika: »Witzig, äußerst unterhaltsam und dabei immer authentisch.«

Motorrad

Robert Jacobi
Amerika der Länge nach
Meine Reise auf der Panamericana

Allein und mit leichtem Gepäck auf Amerikas Traumroute: »Packende und humorvolle Abenteuerliteratur.«

Süddeutsche Zeitung

Gillian Kendall
Mr. Dings Hühnerfüße
Als Lehrerin allein unter chinesischen Matrosen

Turbulenter Sprachkurs auf hoher See: Aus unbändiger Reiselust und chronischer Geldnot bricht eine junge Australierin auf zu dem Abenteuer ihres Lebens.

MALIK ■ NATIONAL GEOGRAPHIC